KB130071

중국은 왜 그럴까?

양인환 지음

중국은 왜 그럴까?

초판 1쇄   2021년 03월 11일

지은이   양인환
발행인   김재홍
총괄 · 기획   전재진
디자인   이근택 김다윤
교정 · 교열   전재진 박순옥
마케팅   이연실

발행처   도서출판지식공감
등록번호   제2019-000164호
주소   서울특별시 영등포구 경인로82길 3-4 센터플러스 1117호(문래동1가)
전화   02-3141-2700
팩스   02-322-3089
홈페이지   www.bookdaum.com
이메일   bookon@daum.net

가격   13,000원
ISBN   979-11-5622-582-9 03910

ⓒ 양인환 2021, Printed in South Korea.
- 이 책은 저작권법에 따라 보호받는 저작물이므로 무단전재와 무단복제를 금지하며, 이 책 내용의 전부 또는 일부를 이용하려면 반드시 저작권자와 도서출판지식공감의 서면 동의를 받아야 합니다.
- 파본이나 잘못된 책은 구입처에서 교환해 드립니다.
- '지식공감 지식기부실천' 도서출판지식공감은 창립일로부터 모든 발행 도서의 2%를 '지식기부 실천'으로 조성하여 전국 중 · 고등학교 도서관에 기부를 실천합니다. 도서출판지식공감의 모든 발행 도서는 2%의 기부실천을 계속할 것입니다.

중국은 왜 그럴까?

양인환

머리말

　내가 중국을 처음 접한 것은 1994년 홍콩~베이징 랠리에 참가했을 때였다. 선전에서 광저우까지의 고속도로가 막 개통을 앞둔 시기였다. 수십 ㎞가 넘는 고속도로의 양쪽에 차렷 자세로 도열해 우리를 맞이하는 공안의 모습은 경이로웠다. 또한 내륙에서 만난 초췌한 복장의 중국인은 표정이 전혀 없어 보였다. 그래선지 중국에 대한 첫인상은 칙칙하고 음습했다. 그렇지만 30여 년이 지난 2021년의 중국은 자신감에 넘쳐 있다. 중국은 2020년 코로나 바이러스 사태에서도 유일하게 플러스 경제 성장을 이룩했다. 이런 기세를 몰아 미국을 넘어 세계 최강의 자리를 꿰차겠다는 중국의 꿈이 실현될 날도 머지않아 보인다. 다만 중국이 세계의 패권국이 되기 위해서는 넘어서야 할 산이 많다. 또 설사 경제 대국으로 올라선다 해도 세계인의 존경을 받기에는 다소 거리가 있어 보인다.

　미국이 2차 세계대전 이후 세계를 선도하는 국가가 된 것은 동맹국의 안보와 해양에서의 안전을 보장하고 시장을 개방했기에 가능했다. 그러나 중화사상에 심취해 있는 중국에서 그런 유연성과 포용성을 기대하기 어려운 것이 사실이다. 또한 중국이 진정한 대국으로서 인정을 받으려면 이에 걸맞은 선진적 사고와 문화 창출이 필요하다. 그러기 위해서는 각계각층에서 다양한 목소리가 거침없이 나와야 한다. 그렇지만 공산당이 존재하는 한 그런 기대는 거두는 것이 좋을 듯하다.

우리에게 있어 중국은 가깝고도 먼 나라다. 고대로부터 근대에 이르기까지 우리 역사와 문화에 가장 큰 영향력을 끼쳤고 경제적으로도 상당히 긴밀한 관계를 맺고 있다. 그럼에도 우린 중국에 대해 잘 모른다. 실제로 20여 년간 중국에서 생활하다 보니 내가 알고 있었던 중국과는 너무나 다른 모습에 때론 충격을, 때론 좌절감을 맛보았다. 우리는 싫으나 좋으나 중국과 함께 살아가야 할 운명이다. 그렇기 때문에 중국을 제대로 알아야 한다.

요즘 시중에 나오는 중국에 관한 책들은 대부분 미국과 중국의 패권 경쟁에 관한 것들이다. 중국인의 삶 속에 숨어있는 그들의 사고와 본질에 대해서는 별로 다루지 않았다. 이 책은 내가 20년간 중국인과 부대끼면서 겪었던 생생한 삶의 현장을 그대로 적어 놓았다.

또한 그동안 중국 전역을 돌아다니면서 많은 사람을 만났다. 이 과정에서 기록해 두었던 노트만 30여 권이 넘는다. 그 기록을 여러분과 함께 공유하고자 한다. 이 글을 통해 조금이나마 중국인들의 생각과 중국의 문화를 이해하는 데 도움이 되었으면 한다.

끝으로 책을 펴내는 데 적극적인 조언을 해주신 전재진 박사와 지식공감 김재홍 대표님께 감사를 드린다.

양인환

목차

제2장 못 말리는 중국인

제4장 중국 속의 한국인

제5장 중국의 변화

제1장

—

골
때리는
중국

자본주의의 나라

초자본주의의 나라

중국은 공산당이 지배하는 사회주의 국가다. 오랜 기간 우리는 중국을 '중공(中共)'이라고 불렀다. 마오쩌둥(毛澤東, 모택동)의 중국 공산당이 장제스(蔣介石, 장개석)의 국민당을 물리치고 천안문 광장에서 중화인민공화국을 선포한 것이 1949년 10월이다.

본래 공산주의에서는 개인의 사유 재산을 허용하지 않는다. 공평하게 함께 생산하고 함께 나누어 먹는 것이 공산주의 이념이다. 즉 재산을 함께 공유함으로써 계급이 없는 평등한 사회를 이루자는 것이 공산주의의 근본 취지다. 그러나 모든 인민이 골고루 평등하게 산다는 공산주의는 실패했다. 현재 지구상 어디에서고 공산주의 국가라고 주장하는 나라는 하나도 없다. 중국도 공산주의를 중국식 사회주의로 슬그머니 변경하고 개개인의 사업을 권장하고 있다.

공산주의가 실패한 것은 우리의 사회 구조가 근본적으로 배급제가 제대로 이루어질 수 없기 때문이다. 공동으로 생산하고 공동으로 분배한다는 것이 이론적으로는 대단히 이상적이지만 그런 체제가 효율적이 아니라는 것은 이미 역사를 통해 증명되었다.

작은 거인이라 불리는 덩샤오핑(鄧小平, 등소평)은 공산주의 체제로는 인민을 먹여 살릴 수 없다는 것을 제대로 깨달았다.

덩샤오핑의 개방 정책은 중국의 모든 것을 바꾸어 놓았다. 본래 중국인들은 어느 민족보다 돈에 대한 집착이 강하다. 우린 기도를 할 때 가족의 건강과 평안을 최우선으로 한다. 그런 반면 중국인들은 가족들을 제쳐두고 "복을 달라"고 빈다. 그런 중국에서 어떻게 공산주의가 성공했는지 참으로 의문스럽다. 물론 공산당이 정권을 쥘 수 있었던 것은 마오쩌둥의 탁월한 치고 빠지는 게릴라 전술이 한몫을 했지만, 그보다는 강력한 힘을 가졌던 장제스 정권의 부정부패와 민심 이반이 가장 큰 요인으로 작용했다.

덩샤오핑의 개방 정책 이후 중국은 눈부시게 발전했다. 중국인들은 공산주의 체제하에서 억눌려 있던 돈에 대한 욕심을 개방 정책으로 인해 마음껏 발산할 수 있었기 때문이다. 개방 당시 중국은 1인당 GDP가 286달러에 불과한 세계 최빈국의 하나였지만, 2019년에는 만 달러가 넘어서는 중진국으로 우뚝 올라섰다. 이 사실만으로도 중국인들이 개방 이후 돈을 벌기 위해 얼마나 악착같이 일을 했는지 잘 증명해 주고 있다.

덩샤오핑은 중국인들의 마음을 제대로 읽었던 것이다. 인민들에게 돈을 벌게만 해주면 중국이 부강해질 수 있다는 것을 헤아리고 있었기에 개방 정책은 성공할 수 있었다. 본래 중국인들은 장사를 잘하는 것으로 이름이 나 있다. 중국에는 5천 년 전에 중국의 차를 티베트의 말과 교환하기 위해 해발 4~5천m가 넘는 길을 넘나드는 차마고도(茶馬古道)가 만들어졌다. 또한 목숨을 걸고 거친 타클라마칸 사막을 건너 아라비아까지 갔던 실크로드는 중국인들의 상술이 얼마나 대단했는지를 보여준다.

　이우(義烏)의 종합 운동장에는 술집이 있다. 그것도 아가씨들이 있는
고급 술집이다. 어둠이 다가오면 술집은 화려한 조명으로 손님들을 유
혹한다. 그 옆에 있는 체육관에도 스탠드바가 있다. 한국에서 이와 같
은 상황이 발생했다면 어떤 일이 벌어질까? 아마도 저녁 종합 뉴스에서
가장 먼저 보도되지 않을까 싶다. 또한 국회에서는 어떻게 건전한 체육
시설에 유흥업소가 영업할 수 있도록 허가를 내주었느냐며 정부를 성토
할 것이 분명하다. 그렇지만 이런 큰 규모의 체육 시설을 유지하기 위해
서는 매년 막대한 비용이 들어간다. 우리도 2019년 평창 동계 올림픽이
끝난 후 경기장의 활용 및 관리 문제로 골머리를 앓고 있다. 이우시에서
는 개인 사업자에게 일부 시설을 빌려준 후 그 임대료로 운동장과 체육
관 운영 비용을 충당하고 있다. 얼마나 실속 있는 일인가? 일종의 실용
주의다. 그런 면에서 중국은 철저한 자본주의 국가다. 그것도 보통의 자
본주의 국가보다 더한 초자본주의 국가라 할 수 있다.

재물신의 천국

　앞서 설명한 대로 중국인들은 지구상의 어느 나라 사람들보다 돈에
대한 집착이 강하다. 체면을 중시하는 중국인들이지만 돈에 대해서는
아주 솔직담백하다. 우리는 주위에서 돈을 너무 밝히는 사람을 보면
추하다고 여기지만 중국인들은 오히려 이를 당연시하고 돈에 대한 각
별한 애정도 직설적으로 표현한다. 이들은 집이나 사무실에 재물신을

모셔두고 매일 예를 올리며 돈을 벌게 해달라고 청한다. 춘절(春季, 설)이 되면 모든 사람은 대문 앞에 '복(福)'자를 걸어 놓는다. 글자를 똑바로 걸어 놓는 경우도 있지만, 많은 집에서 거꾸로 붙여 놓는데, 이는 복이 도망가지 못하게 붙들어 놓으려는 뜻에서다. 들어온 복은 절대 놓치지 않겠다는 의지의 표현이다.

사회주의를 표방하는 중국이지만 중국인들은 돈을 가장 귀한 것으로 여긴다. 그래서 우리가 상상하기 어려운 평범한 물건도 재물신으로 둔갑한다. 흔하디흔한 배추도 재물신으로 모셔지는 중국이다. 광동의 상점에 가면 배추를 책상 위에 올려놓은 것을 흔하게 볼 수 있다. 배추를 바이차이(白菜)라고 하는데 백 가지 재물이라는 바이차이(百財)와 같은 발음이다. 이처럼 돈과 연관될 만한 것은 모두 재물신으로 만들어버리는 중국인들의 상상력은 기발하다고 하겠다. 일부 중국인들은 대륙에서 공산주의 혁명을 이룩한 마오쩌둥을 재물신처럼 모시기도 한다. 많은 가게나 집 안에 마오쩌둥의 사진이나 형상을 모셔두고 돈을 벌게 해달라고 하는 모습은 우리의 상상력을 초월하게 만든다. 부르주아를 타도해야 한다며 공산주의 혁명을 일으킨 공산주의자와 재물이 연관되기는 어려운 게 사실이지만 중국에선 별문제가 되지 않는다. 돈만 들어온다면….

중국인들은 돈이 된다면서 상상 속의 동물을 재물신으로 만들기도 한다. 중국인들이 재물신으로 모시는 피슈(貔貅)는 지구상에 없지만 중국인들의 마음속에 존재하는 희귀한 동물이다. 얼굴은 용의 형상이고 몸통은 말의 모양을 지닌 이 동물은 입만 있고 항문이 없다. 즉 모든 것을 받아들이지만 절대 밖으로 내보내지 않는 욕심 많은 동물이다. 피슈에는 중국인들의 솔직한 마음이 그대로 담겨 있다고 할 수 있다. 피슈는 본래 용의 아들이었으나 식욕이 너무 왕성해서 배탈이 자주 났기 때문에 옥황상제의 미움을 샀다. 이로 인해 항문이 없어지는 벌을 받았다고 전해진다. 그러니까 돈을 받아들이기만 할 뿐 절대 내보내는 일이 없다. 이런 의미를 지니고 있어 재물을 끌어모으는 신통력을 발휘한다고 믿고 있다. 슬픈 사연을 간직한 동물 피슈이지만 중국에서는 아주 귀한 재물신으로 통한다.

재물신으로 둔갑한 관우

돈이 많다는 것은 결코 나쁜 일은 아니다. 그렇지만 본래 돈을 많이 벌어 부자 대열에 오른 많은 인사는 우리에게 별로 좋은 인상으로 남아 있지 않다. 자본주의가 가장 발달한 미국이 가장 대표적인 사례라 할 수 있다. 석유왕 록펠러, 철강왕 카네기 등등. 이런 부자들은 대부분 경쟁 상대를 무자비하게 짓밟고 그 분야를 평정했다. 이들은 자신들의 탐욕과 실수를 희석시키기 위해 사회에 봉사한다는 명목으로 재단을 만들었다.

우리나라에서도 재벌에 대한 인식은 별로 좋지 않다. 회사의 자금을 빼돌리는 수법은 기본이고 후계자들에게 재산을 불법으로 상속하는 일은 다반사로 일어난다. 우리나라 재벌들의 회장들 가운데 법정에 서지 않은 이가 거의 없다. 이들이 법정에 들어설 때에는 항상 휠체어를 이용하는데, 이런 모습을 너무 많이 봐서 절대 낯설지 않다. 또한 재산 상속이나 경영권 다툼으로 벌어지는 불상사는 연례행사처럼 벌어진다.

이에 반해 중국에서는 돈을 벌게 해준다는 재물신은 잔인함과는 거리가 멀다. 상점마다 걸어 놓은 재물신의 모습은 잘생기기도 했지만, 무척 인자한 인상을 지니고 있다. 중국에서 돈이란 악이 아니라 선으로 인식되기 때문이다.

인자한 재물신과 달리 육중한 체구의 험상궂은 인물이 중국 최고의 재물신으로 추앙받고 있다는 점은 아주 각별하다. 그는 삼국지에 등장하는 관운장이다. 삼국지에서 용맹을 떨치던 관우가 재물신으로 둔갑하니 참으로 흥미롭다. 관우만큼 중국인들의 존경을 받는 인물도 흔하지 않다. 중국에서는 한때 그의 탄생일을 공휴일로 정한 적도 있다. 오늘도 많은 중국인이 매일 아침 관우상에 예를 올리고 하루를 시작한다.

관우상은 두 가지 용도로 쓰인다. 하나는 집을 지켜주는 수호신이고, 하나는 돈을 벌게 해주는 재물신이다. 본래 관우는 하루에 천 리를 간다는 적토마를 타고 80근이 넘는 청룡언월도를 휘두르며 상대방의 간담을 서늘하게 했던 용맹한 장수다. 허공을 가르는 그의 청룡도에 무수히 많은 장수의 목이 날아갔다. 또한 관우는 유비와 의형제를 맺고 죽을 때까지 그에게 충성을 다한 의리의 사나이다. 중국인들은 그의 의리와 충성심을 최고의 가치로 인정한다. 그래서 그를 모셔두면 집을 용감하고 충직하게 지켜줄 것으로 믿고 있다.

또한 관우는 재물을 많이 가져다주는 인물로 인정받고 있다. 본래 관우는 산시성에서 소금 장수를 했던 경력이 있다. 당시에는 소금이 대단히 귀한 물건이었으므로 소금을 파는 사람들은 거부에 속했다. 삼국지를 읽어보면 하비성이 위나라에게 함락당한 후 관우는 조조에게 항복한다. 그가 모시던 유비의 가족들을 보호하기 위해서였다. 그때 조조는 신하들의 반대에도 불구하고 그를 자신의 편으로 끌어들이기 위해 적토마와 함께 많은 금은보화를 하사했다. 그렇지만 관우는 유비의 부인과 함께 탈출하면서 조조가 선물로 주었던 재물에는 전혀 손을 대지 않았던 것으로 유명하다. 그만큼 그는 주군에 대한 충절도 강했지만 돈에 대해서는 청렴했다고 전해진다. 그가 재물신으로 추앙받는 이유다.

미신이 더 친숙한 중국인

중국의 헌법에는 종교의 자유가 보장되어 있다. 그렇지만 이걸 곧이곧대로 믿는 사람은 없다. 그래도 좀 어설프기는 하지만 중국에도 제한적인 종교의 자유가 있다. 종교는 인정하되 종교 시설을 벗어난 선교는 금하고 있다.

이슬람을 믿는 회족이나 신장의 위구르족은 신앙심이 무척 강하다. 또한 시장(西藏, 티베트)의 장족(藏族)들의 일상생활은 불교가 중심이 된다. 그렇지만 전체적으로 보면 중국에서는 종교보다는 미신에 더 믿음을 갖고 있는 사람들이 많다.

이들은 춘절(春季, 설)이나 경조사가 있을 때에는 폭죽을 터트린다. 좋은 일이 있을 때에는 이를 더욱 축하하기 위해서다. 또한 부음이 있을 때에는 귀신을 쫓기 위해 폭죽을 사용한다. 춘절에는 가정마다 경쟁적으로 폭죽을 쏘아 올려 온 동네가 떠나갈 듯 요란하다. 다른 집보다 많이 폭죽을 터트려야 체면이 서기 때문이다.

우리 사무실의 건물주는 이우에 여러 채의 건물을 가진 알부자다. 가진 돈은 많지만 절대 허투루 돈을 쓰지 않는다. 벤츠와 같은 고급 승용차를 타고 다녀도 될 만한데 10년 넘게 한국 중형차를 애용하고 있다. 이 친구는 주위의 친구들이 골프를 좋아하는 것을 못마땅하게 생각한다. 왜 힘들여 가며 돈을 쓸데없는 곳에 쓰느냐는 생각을 가진 그런 인물이다. 그렇지만 풍수와 미신에는 대단한 집착을 가지고 있다.

그는 매일 아침 출근하면 사무실 안에 있는 관운장상에 과일을 올리고 향을 피우며 예를 올린다. 당연히 복이 들어오게 해달라는 주문을 왼다. 그런데 얼마 전에 큰돈을 들여 건물 앞에 있던 전신주를 옆으로 옮겼다. 전신주가 문을 가려 복이 들어오는 것을 막는다는 이유에서였다. 우리로 치면 한국전력에 해당하는 전력국에 전신주를 옮겨 달라고 요청하고, 이에 소요되는 비용을 자신이 지불했다. 평소에는 돈을 구두쇠처럼 아껴 쓰지만 이런 데에는 전혀 인색하지 않다. 나도 이참에 재물신을 하나 장만해야 하지 않을까 싶다.

건물의 5층을 우리가 쓰고 건물주는 6층을 사용하고 있다. 내게 5층을 내준 이유는 이곳으로 돈이 들어오는 기운이 가장 강하기 때문이란다. 그렇지만 그 말을 액면 그대로 믿기엔 어색한 구석이 있다. 돈이 들어오는 기운이 느껴지면 절대로 남에게 양보할 위인이 아니기 때문이다.

가끔 중국 뉴스에 일부 승객이 항공기의 엔진에 동전을 던졌다가 천문학적인 벌금형을 받았다는 소식을 듣는다. 많은 중국인이 동전을 던져 행운을 얻는다는 생각을 가지고 있다. 그래서 유명 관광지의 저수지에는 동전을 던져서 행운을 시험해 보는 장소가 많다.

만약 항공기 엔진에 동전이 들어가면 폭발 사고로 이어질 수 있다. 그렇지만 이와 같은 사건이 중국에서는 반복적으로 발생한다. 이는 자살 행위나 다름없다. 혼자만 죽으면 그럴 수도 있겠지만 항공기에 탄 모든 승객의 목숨을 위협하는 대단히 위험한 짓이 아닐 수 없다.

중국에서도 미신처럼 믿는 금기 사항이 여럿 있다. 우리나라에서는 사랑하는 연인에게 신발을 선물하지 않는다. 신발을 갈아 신고 떠난다고 여기는 속설이 있다. 이와 유사하게 중국에서는 연인에게 우산을 선물하지 않는다. 우산의 '산(傘)'이 헤어진다는 의미를 담고 있기 때문이다. 또한 선물할 때 괘종시계는 금물이다. 시계의 종(鍾)이라는 발음은 끝낸다는 종(終)과 같다. 즉 세상을 하직한다는 뜻이다. 우리나라에서는 한동안 개업 선물로 괘종시계를 많이 기증했다. 나 역시 사업하는 친구들이 사무실을 열면 시계를 선물해서 벽에 걸어 주었던 아름다운 기억이 있다. 이런 경험 때문에 중국 진출 초기에 큰 실수를 범할 뻔한 경우가 있었다.

우리와 거래하는 진출 공사가 사무실을 이전한다고 해서 우리나라에서 했던 것과 같이 커다란 괘종시계를 선물하려고 했다. 중국 직원이 절대 안 된다고 말려서 포기했던 기억이 아련하다. 만약 괘종시계를 선물했더라면 "이 친구가 나를 저세상으로 보낼 생각인가?" 하고 서운해하지 않았을까 하는 생각을 하면 지금도 오금이 저린다.

8은 행운을 가져다주는 숫자

서양인들이 좋아하는 숫자는 행운의 7이다. 이런 영향으로 우리나라에서도 7을 좋아하는 이들이 많다. 좋아하는 숫자가 있으면 당연히 싫어하는 숫자도 있다. 서양에서 가장 싫어하는 숫자는 13이다. 서양인들이 13이란 숫자를 싫어하게 된 이유에는 여러 가지 설이 있다. 그 중에서 그리스도가 열두 제자와 마지막 만찬을 할 때 열세 번째 인물이 유다였다는 것에서 유래한 것이라는 설이 가장 유력하다. 또한 예수가 골고다 언덕에서 죽은 날이 금요일이다. 그래서 서양에서는 13일의 금요일을 가장 끔찍하게 여긴다. 이런 배경으로 미국에서 가장 무시무시하고 끔찍한 장면이 연속적으로 이어지는 '13일의 금요일'이란 영화가 탄생하기도 했다. 서양인들은 같은 사건이라도 13일의 금요일에 발생하는 경우에는 꼭 의미를 부여한다. 13일의 금요일에 주가가 폭락할 경우 '금요일의 저주'라고까지 독설을 퍼붓는다.

이에 반해 중국인들은 8이란 숫자를 가장 좋아한다. 8(八, ba)이란 발음이 돈을 번다는 파차이(發財)의 파(發, fa)와 비슷하기 때문이다. 엄밀히 따지면 두 글자의 발음이 같다고 할 수 없지만, 돈에 관한 것이라면 모든 것을 연관 지으려는 중국인들은 이를 비슷하다고 우기고 있다. 그래서 중국의 5성 호텔의 전화번호는 모두 8로 시작해서 8로 끝난다. 또한 돈이 좀 많다고 하는 사람들은 8자로만 구성된 차량 번호판을 달고 다닌다. 이런 번호판은 입찰을 통해 판매하기도 한다.

몇 년 전 상하이에서 8가 연속으로 된 번호판이 우리 돈으로 3억 4천만 원에 낙찰되기도 했다. 그러니 중국에서는 모든 번호가 8자로 된 번호판을 단 자동차는 권력이 있거나 돈을 좀 만지는 사람이 소유한 것으로 인식해도 된다.

중국인들이 일 년 중 가장 좋아하는 날은 8월 8일이다. 8자가 연속으로 이어지기 때문이다. 그래서 2008년 베이징 올림픽 개막식 선언을

8월 8일 저녁 8시 8분에 했다. 중국인들이 가장 좋아하는 시간을 골랐다. 이 시간에 베이징 올림픽을 시작함으로써 중국의 기운을 온 세상에 뻗치도록 하겠다는 뜻에서였다.

당연히 중국인들도 싫어하는 숫자가 있다. 중국에선 보통 4(四)자는 사용하지 않는다. 죽을 사(死) 자와 발음이 같기 때문이다. 우리나라에서도 중국의 영향을 받아 4자를 싫어한다. 중국인들은 대대로 내전을 겪어서 죽는 것에 초연할 줄 알았는데 그렇지 않다. 그래선지 중국에는 건물에 4층이 없는 곳이 많다. 당연히 사람들은 4자가 들어간 곳에서는 살려고 하지 않기 때문이다. 이런 건물들은 3층에서 바로 5층으로 건너뛴다. 그래서 우리 사무실의 건물에도 4층이 없다.

도박도 급이 다르다

우리나라에서 잊을 만하면 유명인들의 도박 사건이 터져 나온다. 그렇다고 이들이 돈을 딴 경우는 거의 없다. 대부분 돈을 잃고 불법으로 도박 자금을 해외로 빼돌리다가 문제가 생겨 경찰이나 검찰의 수사를 받게 된다. 도박을 싫어하는 사람은 그리 많지 않은 것 같다. 많은 사람이 일확천금의 행운을 얻을 수 있다는 유혹 때문에 도박에 빠져든다. 그렇지만 중국인들만큼 도박을 좋아하는 민족도 흔치 않다.

라스베이거스나 마카오에서 크게 배팅을 하거나 밤새도록 슬롯머신에 앉아 있는 사람 대부분이 중국인이다. 길거리나 상점에서 카드놀이를 하는 사람들을 쉽게 볼 수 있는가 하면 며칠 밤을 새우면서 마작을 즐기는 곳이 사회주의 국가인 중국이다. 당연히 중국에서 도박은 불법이다. 그렇지만 중국령인 마카오는 도박으로 먹고사는 곳이다.

마카오는 포르투갈에 150년 넘게 지배를 받다가 1999년에 중국으로 반환되었다. 정작 마카오를 돌려받았지만, 그곳에는 도박 이외에는 먹고 살 길이 없어 아직도 도박업을 그대로 유지하고 있다. 게다가 마카오가 포르투갈령에 속했을 때보다 더 성업 중이다. 중국인들 덕분이다. 2019년 마카오를 방문한 전체 관광객은 3,940만 명이다. 이 중에서 70%인 약 2,800만 명이 중국인 방문객이니 이런 사실을 잘 입증해 주고 있다. 만약 중국인들이 아니라면 마카오는 불황에 허덕일 수밖에 없다.

제대론 된 사회주의 국가라면 포르투갈로부터 마카오를 돌려받는 순간 모든 도박장은 부수어 버렸어야 마땅했다. 그런데 중국 공산당은 그러지 못했다. 이미 카지노 산업이 짭짤한 장사라는 사실을 잘 알고 있기 때문이었다. 그러니까 사회주의 국가에서는 용납할 수 없는 부도덕한 자본주의 영업을 묵인하고 있는 셈이다.

중국인들의 도박에 대한 집착은 대단하다 못해 병적이다. 2000년 초에 중국과 국경을 맞대고 있는 북한의 신의주에 외국인들을 상대로 한 도박장이 문을 열었다. 물론 중국인들을 겨냥한 포석이었다. 주 고객의 대부분은 북한을 오가며 사업을 하는 중국인이었지만 일부는 중국 공무원들도 끼어 있었다.

누구나 도박에서 돈을 따고 싶어 하지만 실제 돈을 딸 확률은 거의 없다. 도박을 한 사람들은 대부분 돈을 잃었다. 그런데 자기 수중의 돈을 잃는 것은 대수가 아니겠지만 나라의 공금을 빼내 도박 자금으로 사용하는 것이 문제였다. 또 돈을 잃게 되면 이를 만회하기 위해 더 큰 돈을 동원하기 마련이다. 간 큰 공무원들이 정부로부터 빼낸 돈을 북한 카지노에서 몽땅 잃어버리니 큰 문제가 아닐 수 없었다. 결국 중국 정부에서 공무원들의 신의주 출입을 금지했다. 이 여파로 카지노는 문을 닫았다. 중국인이 오지 않는 도박장은 있으나 마나였기 때문이다. 그것도 가장 큰 고객인 고급 공무원들의 발길이 끊겼으니 당연한 일이었다.

이우 시내의 고급 커피점에는 밤이 되면 고급 승용차들이 즐비하게 주차된 모습을 볼 수 있다. 그렇지만 정작 객장에는 손님이 한 명도 보이지 않는다. 대신 고객들은 별도로 마련된 방에서 마작이나 카드놀이로 밤이 새는 줄 모른다. 이들의 일부는 도박으로 하룻밤에 전 재산을 털리는 이도 있고, 또 어마어마한 규모의 공장을 날린 사람도 있다. 그동안 무역 회사를 운영하면서 바이어가 송금한 돈을 모두 잃고 소리소문없이 사라진 경우도 보았다.

내가 알고 있는 공장 사장은 탁구광이다. 그는 친구들과 어울려서 탁구를 하는데 한 게임에 만 위안을 걸고 시합을 한다. 이들은 돈이 걸려야 탁구도 재미있다고 여긴다.

2018년 러시아에서 개최되었던 월드컵은 독일을 2대 0으로 이기고도 16강전에 합류하지 못한 우리에게는 두고두고 아쉬움이 많이 남는 대회다. 한국 대표 팀은 비록 예선전에서 스웨덴과 멕시코에 패했지만, 독일과의 마지막 경기에서 두 골 차 이상으로 이기면 16강에 오를 수 있다는 희망을 가지고 있었다. 결국 모두의 염원대로 독일을 2대 0으로 이기기는 했지만, 멕시코가 스웨덴에 패배하면서 16강 진출은 물거품이 되고 말았다. 이때 일부 중국인 중에는 극한 선택을 한 사람들이 있었다. 대한민국이 당연히 패한다고 거금을 독일에 베팅한 중국인들이다. 반대로 한국에 돈을 건 이들은 대박을 냈으니 독일과의 대전은 극과 극의 상황을 만들어냈다고 할 수 있다.

중국의 힘은 왕서방의 돈에서 나온다

중국이 2012년 일본을 제치고 세계 제2의 경제 대국으로 올라섰다. 중국은 세계의 공장이다. 우리가 사용하고 있는 생활필수품의 대부분이 중국에서 만들어진다. 이를 반영하듯 미국에서는 중국산 상품 없이 며칠을 살 수 있는지를 실험해 보는 텔레비전 프로그램이 인기리에 방영되기도 했다. 이를 시청한 미국인들은 중국산 없이는 3일을 넘기지 못한다는 결과에 충격을 받았다.

중국산 제품이 전 세계를 휩쓸고 있다. 이를 통해 주머니 사정이 두둑해진 중국인들이 세계를 누비고 있다. 중국의 명품 시장은 세계에서 제일 크다. 돈이 많은 중국인은 직접 프랑스나 이탈리아 등 명품 산지를 찾는다. 중국에서도 살 수 있는 명품을 굳이 현지까지 방문해서 사는 것은 나는 당신들과는 다르다는 것을 과시하기 위해서다. 일종의 자기만족이라 할 수 있다.

중국은 외국과 마찰이 생기면 관광객들을 무기로 삼아 보복을 가한다. 우리나라도 사드 사태로 경제적인 보복 조치를 당했다. 한국 상품 불매 운동과 함께 단체 관광객의 한국 여행을 금지시켰다. 이 때문에 롯데는 중국에서 철수해야 했고, 한국의 면세점들과 관광 업계는 한동안 불황의 여파에 시달려야 했다. 그만큼 중국 여행객들의 힘이 막강해졌다는 것을 알 수 있다.

요즘 중국과 타이완의 관계는 살얼음판을 걷는 것처럼 아슬아슬하다. 타이완은 홀로서기를 주장하고 있고, 중국은 하나의 중국을 강조하며 무력으로라도 통일을 하겠다는 의지를 불태우고 있다. 양안관계가 급속 냉각되면서 중국인들의 타이완 단체 관광이 금지되었다. 중국 샤먼(廈門. 하문)과 마주하고 있는 타이완의 금문도(金門島)에는 아시아에서 제일 큰 어마어마한 규모의 면세점이 있다. 그렇지만 중국 관광객이 없어서 파리만 날리고 있다. 상황이 이러하니 이곳에서 장사하는 분들로부터 '국민당이면 어떻고 공산당이면 어떠냐'는 푸념을 들을수 있었다. 이 소리를 듣고 내 귀를 의심하지 않을 수 없었다. 이들은 타이완 정부의 강경한 독립 의지 때문에 장사가 안된다며 정부에 대한 불만을 토로했다.

한때 대한민국과 함께 세계 최고의 반공 국가였던 타이완에서 공산당이면 어떠냐는 식의 말을 듣게 되다니 세상이 많이 바뀌었다는 생각이 든다. 우리의 일상에서 가장 중요한 먹고사는 문제는 이념을 초월한다. 결국 돈에 의해 모든 것이 좌우되는 세상이 도래했다는 뜻이다.

미국과의 무역 전쟁은 중국에게 가장 아픈 상처를 남겼다. 중국은 매년 미국과의 무역에서 엄청난 무역 흑자를 기록했는데, 이를 포기하면 중국 경제에 치명타를 입을 수밖에 없다. 2019년에만 중국의 대미 무역 흑자가 3,500억 달러가 넘는다. 그래서 중국 정부에서는 일부의 지적 재산권 등을 인정하는 등 미국에 많은 부분을 양보하고 무역 전쟁을 종결시키려는 노력을 하고 있다.

중국은 한편으로는 미국과 무역 협상을 시도하면서 다른 한편으로는 중국인들의 미국 여행을 막았다. 미국은 안전이 보장되지 않기 때문에 여행하기에는 위험한 나라라고 노골적으로 선전했다. 이렇듯 중국은 다른 나라와 분쟁이 생기면 관광객들을 보내지 않는다. 실제 중국 여행객들의 씀씀이는 어느 나라 관광객보다 크다. 그래서 모든 나라가 중국 관광객을 끌어들이기 위해 안간힘을 쓰고 있다. 중국 여행객이 오지 않으면 관광 업계에 찬 서리가 내릴 정도다.

마카오의 카지노 사업은 중국에 반환된 이후 미국의 라스베이거스보다 훨씬 큰 규모로 성장했고, 앞으로의 전망도 밝다.

마카오는 광동성 주하이에서 육로를 통해 들어갈 수 있다. 주하이와 마카오를 연결하는 이민국의 통로는 종합 운동장만큼이나 크다. 또한 24시간 문을 열어둔다. 가장 큰 고객인 중국인들에게 언제든지 방문하라는 뜻이다. 만약 중국 정부에서 중국인들의 마카오 출입을 금지하면 마카오 경제는 치명타를 입게 될 것이다. 그래서 마카오 정부는 중국 정부의 입만 쳐다보는 중이다.

죽어서도 돈이 필요한 나라

중국에는 종교의 자유가 있지만 그리 신통력을 발휘하지 못한다. 중국에서도 많은 교회와 절, 그리고 이슬람 사원을 볼 수 있다. 유명한 사찰 중에는 천 년이 훨씬 넘는 유구한 역사를 지닌 곳도 있다. 중국의 서북부 지역 사람들은 전통적으로 이슬람을 믿는다. 그렇다고 중국에도 종교의 자유가 있다고 생각하면 오산이다.

중국의 종교인들은 철저하게 중국 정부의 통제를 받는다. 중국에선 종교보다 국익이 우선시되기 때문이다. 종교가 있기는 하지만 교회나

절보다는 미신에 더 많이 의지한다.

중국인들도 사후 세계를 믿는다. 필자가 살았던 이우에서도 사람이 죽으면 성대하게 장사를 치른다. 온 동네 사람들이 모여 함께 추모하며 가는 길을 배웅한다. 그러나 우리처럼 죽은 이에게 절을 하지는 않는다. 이우 진출 초창기에 우리 직원의 부친이 돌아가셔서 상가를 방문하게 되었다. 한국에서 하던 식으로 부의금을 전달하고 절을 했더니 모두 신기한 표정으로 쳐다보았다. 그러면서 "한국 사람들은 역시 다르다."고 한마디씩 했다.

사실 유교는 중국에서 시작되었지만 그 꽃을 피운 것은 한국과 일본이다. 중국인들도 공자의 사상을 높게 사지만 그렇다고 이를 곧이곧대로 따르지 않는다. 또한 1966년 중국에서 일어난 문화혁명 시기에는 공자의 사당이 파괴되는 아픔까지 겪었다. 공자의 사상이 봉건적인 종법 사상과 제도라고 폄하되었기 때문이다.

상가를 방문하면 역시 조의금을 내는 것이 예의다. 그런데 중국의 상가에서는 돈을 태운다. 죽은 이가 저승에 가서 노잣돈으로 쓰라고 하는 예식이다. 물론 진짜 돈은 아니고 가짜다. 때론 아무것도 인쇄되지 않은 누런 종이를 사용하지만, 옥황상제가 그려진 것도 있고 달러로 표시된 돈도 있다. 중국은 죽어서도 돈이 필요한 나라다.

중국은 나라가 커서 지역마다 장사를 지내는 방법이 조금씩 다르다. 티베트의 경우에는 죽은 이를 독수리가 먹도록 높은 곳에 올려놓는다고 한다. 자연에서 왔으니 자연으로 돌아가는 방식이라고 한다.

중국에서 발인할 때에 보통 새벽 3시경에 폭죽을 터뜨린다. 야간에, 그것도 새벽 3시경이면 모두 곤히 잠들 시간이다. 이 시간에 폭죽이 터지면 마치 천지가 개벽하는 것 같은 굉음 때문에 잠을 이룰 수 없다. 나도 여러 번 이런 경험을 했다. 이런 경우에는 일찌감치 호텔로 가서 잠을 자는 게 상책이다.

중국인들이 폭죽을 터뜨리는 것은 귀신을 물리치기 위한 수단이다. 중국에서는 우리처럼 추석이나 설에 성묘를 하지 않는다. 보통 따뜻한 날이 시작되는 청명절에 성묘하는데, 이때에도 폭죽을 터뜨린다. 청명에 폭죽을 터뜨리는 것은 고인에게 자신들이 왔다는 것을 알리기 위함이다. 그나저나 요란한 폭죽 때문에 돌아가신 분이 깨어나지 않을까 걱정이 된다.

모순과 함께하는 나라

무늬만 있는 종교의 자유

중국에도 교회와 절은 물론 이슬람 사원도 있다. 이에 근거하여 중국 정부에서는 자신들에게도 종교의 자유가 있다고 주장한다. 그렇지만 종교란 중국 정부의 허락하에서만 모임을 가질 수 있으니 자유란 말과는 거리가 멀다. 2019년 초에 이우의 한인 교회 목사가 추방을 당했다. 비자 없이 이우의 교회에서 신도들에게 설교했다는 이유에서다. 중국에서 종교 활동을 하려면 이에 맞는 비자를 받아야 한다. 그렇지만 중국 대사관에서는 외국인에게 종교 비자를 발급해 주지 않는다. 결국 종교 활동을 하지 말라는 이야기다.

중국에도 신학 대학이 있다. 그렇지만 무늬만 신학 대학이지 실제로는 공산당의 활동에 필요한 하나의 기관에 지나지 않는다. 중국에서는 신앙보다는 공산당이 우선이다. 중국에서는 당연히 선교 활동이 금지되어 있다. 만약 외국인이 선교 활동을 하다 적발되면 일정 기간 구금 조치를 한 후 추방한다. 종교 활동은 교회 안에서만 하고 밖에서의 활동은 금지되어 있다.

이우 교회의 건물에는 십자가가 없다. 저장성 교회가 대부분 비슷하다. 시진핑(習近平) 정권이 들어선 이후 교회의 건물 상단에 달려있던 십자가를 모두 떼어냈다. 십자가 없는 교회를 상상해 본 적이 있는가? 특히 원저우(溫州. 온주)에는 어느 지역보다 교회가 많은데 2017년 십자가를 떼어내는 것 때문에 교인들과 원저우 정부가 심각한 대립을 빚었다. 그렇지만 원저우의 모든 교회는 예외 없이 십자가를 떼어내야 했다. 십자가는 예수 그리스도의 상징인데 이를 인정하지 않는 것은 종교를 인정하지 않는 것과 같다.

일요일에 교회에 가면 문 앞에서 검문검색을 받아야 한다. 감시 카메라가 설치되어 있는 것은 물론이고 검색대를 지나야 입장할 수 있다. 교회에 들어가는데 검문검색을 받는다는 것은 감시를 받고 있다는 느낌이 들어 영 개운치가 않다.

이우에도 이슬람 사원이 있다. 중동과 아프리카에서 온 외국인들을 위해 이우시 정부에서 지었다. 금요일 오후가 되면 이슬람 사원 앞에는 장갑차가 출동하고 무장 경찰들이 총을 들고 삼엄한 경비를 선다. 종교의 자유가 있다는 것이 무색한 중국이다.

중국은 외국인들에 의해 중국 내에서 민주주의 열기가 퍼져 나가는 것을 두려워 한다. 또한 중국 내의 이슬람 세력과 알카에다나 IS 등의 이슬람 무장 단체가 연계되는 것을 걱정한다. 그래서 엄격한 감시 체제를 가동하고 있다. 만약 이들이 이슬람 탄압을 이유로 중국과 대치를 한다면 걷잡을 수 없는 혼돈 속으로 빠져들어갈 수 있다.

중국은 백만이 넘는 신장 위구르 사람들을 순화 교육이라는 목적으로 가두어 두고 있다. 얼마 전에 만난 회족의 말을 빌리면 휴대폰에서 이슬람어를 쓰지 못하게 한다고 한다. 경찰이 검문검색을 하다 휴대폰에서 이슬람 말로 위챗이나 메시지를 보낸 것이 확인되면 바로 순화 교육장으로 보내진다고 한다.

머지않아 바티칸 교황청과 중국이 수교한다는 뉴스를 들었다. 중국 내의 가톨릭은 중화인민공화국이 수립되고 나서 1951년에 추방되었다. 그동안 교황청은 중국 대신 타이완과 교류를 하고 있었다. 만약 교황청이 중국과 수교를 하게 되면 타이완과는 단교를 각오해야 한다. 중국에서 주창하는 '하나의 중국'이라는 원칙에 동의해야 수교가 가능하기 때문이다. 또한 중국 측에서는 수교의 전제 조건으로 성당의 신부를 중국 정부에서 자체적으로 임명하는 것을 인정해 달라고 요구하고 있다. 전 세계에서 활동하고 있는 모든 신부는 교황청에서 임명한다. 이를 교황청이 받아들이게 되면 중국에서 활동하는 신부는 모두 정부의 지시하에 움직이는 이들이라 할 수 있다.

중국에는 이미 중국 정부에서 자체적으로 임명한 주교가 일곱 명이나 있다. 엄밀하게 말하면 공산당의 지시 사항을 신도들에게 전하는 신부라 할 수 있다. 이러고도 진정한 종교의 자유가 있다고 말할 수 있는지 민망하다. 본래 종교가 추구하는 바와 공산당의 이념은 충돌할 수밖에 없다. 중국 정부에서도 종교를 막고 싶지만 이것까지 막으면 엄청난 저항에 부딪히게 되는 것을 감수해야 한다. 어쩔 수 없이 허가는 하고 있지만 아주 강력하게 통제를 하고 있다. 종교 단체를 감시하고 통제를 하는 정부에 종교의 자유가 있다고 하는 것이 부끄러운 일이다.

세계 통신 시장을 선도하겠다고?

우리나라가 2019년 세계에서 제일 먼저 5G 시대를 열었다. 우리가 사용하는 5G 휴대폰은 당연히 우리나라 제품들이지만 통신 장비는 중국의 화웨이(華爲)에서 만든 것이다. 중국은 5G를 통해 세계 통신 시장을 선도해 나가겠다는 야심찬 계획을 세웠다. 실제 5G의 통신 장비는 중국 화웨이의 장비가 가격 경쟁력뿐만 아니라 최고의 기술력을 갖추었다. 5G 시대가 도래하면서 화웨이의 약진이 기대되는 시점이다. 그런데 시간을 20여 년 전으로 돌려보면 폴더 폰조차도 제대로 만들지 못하던 중국이었다. 그런 시절의 중국과 비교하면 상전벽해(桑田碧海)란 생각이 든다.

2011년 샤오미(小米)에서 애플의 휴대폰을 그대로 카피하면서 중국 스마트폰의 역사가 시작되었다. 실제로 샤오미의 창업자인 레이쥔(雷軍)은 샤오미의 휴대폰이 애플 스마트폰의 짝퉁이라고 자랑스럽게 말할 정도였다. 그는 애플과 품질은 비슷하지만 싼 가격이 장점이라고 강조하며 중국 시장에서 돌풍을 일으켰다.

샤오미의 초창기는 애플의 짝퉁이라는 점으로 중국인들의 마음을 사로잡았다. 시작은 초라했지만 이제는 샤오미를 시작으로 화웨이, 오포, 비보 등 중국의 휴대폰 업체들이 중국 시장을 석권하고 세계 시장의 문을 두드리고 있다. 화웨이는 삼성에 이어 세계에서 두 번째로 휴대폰을 많이 판 업체로 등극했다. 중국 전자 산업의 메카인 선전(深圳, 심천)의 화청베이(華强北)에는 화웨이나 오포, 비보 등 커다란 입간판이 붙어있다. 예전에는 삼성과 애플이 차지하고 있던 자리다. 그만큼 중국 휴대폰 업체들이 비약적으로 발전했다. 또한 인도나 아프리카 같은 일부 시장에서는 중국 휴대폰이 삼성을 누르고 절대적인 우위를 차지하고 있다.

아직도 많은 국가에서는 스마트폰 대신에 폴더 폰을 사용하고 있다. 또한 스마트폰도 가장 기본적인 기능이 작동되는 저가 폰이 많이 팔리고 있는 실정이다. 그런 시장을 중국의 휴대폰 업체들이 집중적으로 공략하고 있다. 머지않아 세계 휴대폰 시장을 중국 업체들이 장악할 것으로 기대가 된다. 세계 5G 통신 시장을 선도하겠다는 중국 정부의 계획이 빈말이 아니라는 것을 곧 입증할 기세다.

그렇지만 작년부터 미국이 화웨이에 제동을 걸기 시작했다. 미국은 화웨이가 그동안 네트워크 장비에 백도어를 심어 세계 여러 나라의 국가 기밀을 탈취했다고 보고 있다. 이에 미국은 물론 동맹국에도 화웨이의 장비를 사용하지 말라는 요구를 하고 있다. 화웨이로서는 예상치 못한 강력한 적을 만난 셈이다. 실제로 영국과 호주 등 많은 나라가 미국의 요청대로 중국의 통신 장비를 사용하지 않기로 했다. 중국으로서는 비상이 걸린 셈이다.

중국에서는 페이스북이나 유튜브, 구글이 열리지 않는다. 또한 우리의 카카오톡도 연결되지 않는다. 다음(Daum)은 물론이고 네이버의 블로그도 막아 놓았다. 중국에 대해 비판적인 기사를 쓴다는 이유에서다. 구글은 원래 중국에 진출했던 기업이다. 그렇지만 중국 정부의 검열에 반대해서 홍콩으로 철수했다.

중국 정부는 모든 인터넷 정보를 정부의 통제하에 두려고 한다. 화웨이가 통신 장비를 통해 외국의 정부 기관의 정보를 수집하고 있다는 뉴스도 이런 이유에서 나오고 있다. 이런 상황에서 중국이 세계의 통신 시장을 선도하겠다고 하는 것은 어불성설이 아닐 수 없다.

무색한 언론의 자유

중국 정부에서는 중국에도 언론의 자유가 있다고 강력하게 주장한다. 실제 중국 헌법에도 '인민들의 언론, 표현, 결사, 집회, 시위의 자유'를 인정하고 있다. 그렇지만 그걸 곧이곧대로 믿는 사람은 없다. 예전에 비해 언로는 많이 트였지만 아직도 모든 언론사는 정부의 검열을 받고, 심지어 인터넷도 감시의 대상이다. 실제로 중국의 언론 자유 지수는 세계 200여 개국 중에서 76위를 기록하고 있다. 그래도 생각보다는 높은 수준이다.

그러고 보니 우리가 살고 있는 지구상에서 언론이 곧이곧대로 사실을 보도할 수 있는 나라가 그리 많지 않다. 우리도 박정희나 전두환 대통령 시절에는 정부 기관에서 언론을 검열했다. 그럼에도 용기 있는 기자들은 살벌한 언론 통제하에서도 정부를 비판하는 글을 쏟아 냈었다. 참고로 세계에서 가장 낮은 언론 자유 지수를 기록한 나라는 북한이다.

중국에서는 PC방에 들어가려면 신분증을 제시하고 개인 정보를 등록해야만 한다. 중국에서는 당연히 인터넷도 정부의 통제를 받는다. 앞에서 설명한 대로 구글은 중국 정부의 인터넷 사이트에 대한 검열에 항의하다 철수했다. 우리 회사에서는 회사 메일로 G메일을 사용했는데 구글이 철수하는 바람에 어쩔 수 없이 중국의 163.com으로 바꾸었다.

미국의 트럼프 대통령은 언론이 가짜 뉴스를 만든다고 항상 불만이다. 특히 CNN이나 뉴욕 타임스와는 인터뷰도 하지 않겠다고 각을 세우고 있다. 그만큼 미국의 언론은 대통령의 잘못된 행동을 하나하나 지적할 수 있는 힘이 있다.

닉슨 대통령은 워터게이트 사건을 폭로한 한 신문 기자 때문에 사임을 결정했다. 과연 이런 일이 중국에서 있을 수 있을까? 주지하는 바와 같이 절대 불가능한 일이다. 만약 중국에도 언론의 자유가 있다면 중국 정부의 존립 여부가 불투명하게 될 것이 분명하다. 워낙 많은 부정부패를 폭로하려면 순서를 정하기가 어려울 테고 민주화를 열망하는 사람들의 목소리 또한 만만치 않으니 이를 정부가 감당하지 못할 것이 뻔하다. 아울러 신장이나 티베트 등의 소수 민족들의 독립에 대한 강경한 입장을 두서없이 보도한다면 중국 정부로서도 수습하기 어려울 것이다. 중국 정부는 그런 상황을 가장 두려워한다. 정황이 이러하니 절대 언론을 자유롭게 보도할 수 있도록 풀어 놓을 수 없다.

요즘 홍콩 사태가 전 세계의 이목을 집중시키고 있다. 그러나 중국의 모든 언론에서는 홍콩 사태를 일부의 홍콩 폭도들이 미국과 공조해서 일으킨 폭력 사태로 규정하고 있다. 이쯤 되면 중국의 언론사들은 정부의 홍보 기관이나 다름없다. 실제 텔레비전이나 신문에 나오는 보도는 온통 홍콩인들의 폭력 사태에 집중되어 있다. 가게를 부수거나 홍콩인들에게 얻어맞는 홍콩 경찰만 집중적으로 부각하고 있다.

중국인들은 실제로 홍콩에서 어떤 일이 일어나고 있는지 제대로 알지 못한다. 그리고 홍콩인들이 왜 중국 정부에 대항하는지 이해하지 못한다. 만약 중국인들이 홍콩 사태의 근본 원인을 알게 된다면 홍콩인들이 왜 중국 정부에 대해 그토록 적개심을 표출하는지를 이해하게 될 것이다.

사드 사태가 발생했을 때 대한민국의 의견은 반반으로 갈라졌다. 일부에서 사드 설치는 북한의 핵 개발에 대응하는 당연한 조치라는 반응이 있었다. 이와 반대로 이는 북한과 중국의 반발을 가져오게 되는 심각한 상황에 처할 수 있다는 의견도 팽팽했다. 그렇지만 중국의 언론들은 일사불란하게 대한민국의 처사에 강력하게 반발했다. 마치 잘 짜인 정부의 각본대로 움직이는 모습이었다.

중화사상이면 뻔뻔해진다

위기는 곧 기회다

코로나 바이러스 발생 초기에 중국은 이를 제대로 대처하지 못해 상당히 곤욕을 치렀다. 무엇보다 이 사태를 은폐하려고 버티다가 본격적인 감염이 시작되고 나서야 방역에 나서는 우를 범했다. 우한에서 신형 바이러스에 감염되어 사망하는 사고가 연이어 발생하자 내과 의사 리원량(李文亮)이 자신의 SNS를 통해 지인들과 정보를 교환하다가 공안에 체포되었다. 사회를 혼란하게 하는 유언비어를 유포한다는 이유에서였다. 리원량은 이를 유포하지 않겠다는 각서를 쓰고서야 풀려날수 있었다. 비극의 시작이었다.

이후 코로나 바이러스 감염자의 숫자가 기하급수적으로 늘어나자 중국 정부는 다급하게 우한시를 봉쇄하고 진화에 나섰다. 그러나 이미 전국적으로 퍼져 나간 뒤였다. 안타깝게도 리원량 역시 코로나 바이러스19에 감염되어 사망하고 말았다. 만약 이때 중국 정부에서 코로나 바이러스의 심각성을 인식하고 초기 대처에 나섰다면 전 세계적으로 퍼져 나가는 것을 막을 수 있었을 것이다. 그렇지만 중국 정부는 설사 코로나 바이러스가 발생했다 하더라도 중국의 가장 큰 명절인 춘절 연휴를 앞둔 시점에 이동을 제한하는 것을 용납할 수 없었다. 중국인들은 일 년 내내 열심히 일하고 춘절에 딱 한 번 고향을 찾는데 이를 막는다는 것은 공산당으로서는 대단히 위험한 도박이었다. 그동안 시진핑 정부가 이룩한 업적을 모두 깎아 먹을 수 있다는 위기감이 팽배했다. 결국 설 연휴 기간에 코로나 바이러스는 중국 전역으로 걷잡을 수 없을 정도로 퍼져 나갔다. 급기야 중국 정부는 전국을 봉쇄하고 강력한 이동 제한을 통해 사태를 진정시킬 수 있었다.

한때 코로나 바이러스가 중국 정부의 강력한 조치에도 꺾이지 않자 유럽 각국에 지원을 요청하기까지 했다. 2개월여의 사투 끝에 중국 정부는 코로나 바이러스 사태를 진정시킬 수 있었다. 대신 유럽과 미국에서 바이러스가 걷잡을 수 없는 속도로 퍼져 나갔다. 중국은 코로나 바이러스 사태를 이겨낸 것은 시진핑의 탁월한 지도력과 위대한 공산당의 승리라고 자화자찬했다.

자신감을 얻은 중국은 코로나 바이러스로 고통받고 있는 이탈리아와 스페인 등 유럽 국가에 의료품 등을 지원하겠다고 나섰다. 2달 사이에 대반전이 일어난 셈이다. 코로나 바이러스를 퍼뜨려 세계를 공포에 몰아넣었던 중국이 어느새 세계의 건강을 지키는 나라로 변신한 꼴이다. 자신들로 인해 전 세계의 많은 국민이 고통을 받는 것에는 안중에도 없는 듯하다. 물론 초기에는 진단 키트 등을 무료로 지원하지만 이후에는 중국 제품을 사야만 하는 조건이다. 완전히 비단 장사 왕서방이라 할 수 있다. 고약한 코로나 바이러스를 전 세계에다 감염시키고 이를 진단할 수 있는 진단 키트를 팔아먹겠다고 하니 괜찮은 장사다. 이처럼 중국은 상황 반전을 하는 데 능하다. 모두 손자병법에 나와 있는 전술이다.

중국은 아직도 일본과 전쟁 중

몇 해 전에 봤던 영화 '암살'은 오랫동안 머릿속에 남아 있을 정도로 강렬한 인상을 주었다. 그렇지만 근래에 일본의 식민지하에 있던 상황을 그린 영화는 별로 없다. 내가 어릴 때는 일제 치하에서 독립운동을 하던 종류의 영화가 인기를 끌었다. 주로 악조건 속에서 일본군에 대항하는 용맹스러운 독립군의 모습을 그린 영화였다. 그런데 타임머신을 탄 것처럼 그런 모습을 오늘의 중국에서는 다시 볼 수 있다. 나는 거의 텔레비전을 보지 않지만 식당이나 공항 대합실에서는 이런 광경을 자연스럽게 마주하게 된다. 이런 곳에서 보게 되는 장면들은 1940년대에 일본에 대항해서 전투하는 중국인들의 모습이다. 한국의 영화에서 보듯 일본인들은 얄밉게 콧수염을 기르고 행동도 간사하며 잔인하다. 이렇듯 중국에서 아직도 인기리에 방영되는 항일 투쟁 모습에는 일본에 대한 적개심이 강하게 남아 있다.

일본은 중국의 자존심을 뭉개놓은 나라다. 그것도 조그만 섬나라에 무참하리만치 전 국토를 유린당했으니 얼마나 부끄러운 일인가? 중국의 전신인 청나라는 19세기 세계열강들의 각축장이었다. 홍콩은 영국에 빼앗기고 청도는 독일의 조차 지역이 되었고, 상하이와 텐진, 광저우, 샤먼, 우한에는 여러 나라가 분할하여 자치권을 행사했으니 중국의 자존심은 여지없이 뭉개졌다. 일본은 중국 전체를 차지하려고 청일전쟁을 일으켜 만주와 광동은 물론 중경까지 공략했다. 그렇지만 당시의 중국은 일본의 침략에 속수무책이었다.

일본에 침략당한 아시아의 나라 중에서 반일 감정이 아직도 남아 있는 곳은 우리나라와 중국이 유일하다. 일제의 강점기를 거쳤던 많은 나라는, 그 시대는 이미 지나간 역사의 일부분이라며 별로 개의치 않는다. 일제의 식민지를 겪었던 대만, 필리핀, 인도네시아 등의 나라들은 오히려 일본과 친하게 지내려는 경향이 강하다. 오랫동안 반일 감정을 교육받아 온 우리의 정서로는 받아들이기 어려운 현상이다.

우리나라에서 일본과의 축구 경기가 있는 날은 거리가 텅텅 비고 텔레비전 시청률이 급상승한다. 그럴 정도로 한일전은 승부 외적인 요인이 많이 작용한다. 경기에 임하는 우리 선수의 다짐은 "일본한테는 결코 질 수 없다. 반드시 이긴다."는 식으로 의미심장하다.

한국과 중국에서 반일 감정이 높은 것은 같지만 생각하는 관점은 조금 다르다. 한국 사람들은 오래전부터 일본 문화는 한국에서 전래되었다고 믿고 있다. 즉 일본이 원시 시대와 같은 허접한 부족 국가에서 제대로 된 나라로 발전한 것은 우리나라에서 많은 새로운 문물을 전해 주었기에 가능했다고 믿고 있다. 그런 은혜로운 나라를 침략하고 지배를 했으니 자존심이 상하는 것이다. 일본이 세계 3위의 경제 대국이지만 우리는 아직도 일본을 한 수 아래로 보는 경향이 강하다. 우리의 착각이기는 하지만 일본은 우리가 한 수 가르쳐서 큰 나라가 되었다는 생각을 품고 있다. 즉 아무리 일본이 잘 나가고 잘산다 하더라도 항상 우리나라가 형님 격이라는 사상이 몸에 배어 있다.

중국인들은 세계 중심이자 대국인 자신들의 나라가 조그만 섬나라인 일본에 침략을 받았다는 사실에 자존심이 많이 상해 있다. 미국이나 영국, 프랑스와 같은 세계열강들에 피해를 본 것에 대해서는 별로 개의치 않는다. 아시아의 조그만 나라에 그것도 하찮게 생각했던 일본에 중국의 영토를 일부 내줘야 했던 사실이 치욕적이었던 것이다. 난징 대학살 기념관은 그런 사실을 잘 보여준다. 일본군은 난징에서 30만 명이 넘는 무고한 시민들을 학살했다. 그렇지만 아직도 일본은 그런 사실을 인정하지 않는다. 이를 항변하려고 난징 대학살 기념관에는 30만 명이 넘는 사망자의 호구(戶口, 우리의 호적등본)를 기록해 놓고 있다. 호구 기록관은 보기에도 어마어마하다.

금만 그으면 중국 땅

중국은 총면적이 960만㎢로 세계에서 네 번째로 큰 나라다. 한반도의 마흔네 배의 크기에 해당한다. 큰 나라인 만큼 여러 나라와 국경을 접하고 있다. 이런 연유로 많은 나라와 영토 분쟁을 겪고 있다. 한때 소비에트 연방과는 국경 분쟁으로 전쟁 일보 직전까지 간 적도 있다. 얼마 전에는 인도와 국경 분쟁으로 양국 군인들끼리 물리적인 충돌을 겪은 바 있다.

중국은 오랫동안 해군력이 형편없었다. 청일 전쟁에서도 일본 해군에 참패를 당했고 영국이나 프랑스 함대에 무참하게 짓밟혔다. 최근까지도 타이완을 정복하고 싶어도 빈약한 해군력 때문에 감히 엄두를 내지 못했다. 그렇지만 개방 이후 급속한 경제 개발을 이룬 덕분에 군사력이 몰라보게 강화되었다. 이젠 어엿한 항공모함을 보유한 국가로 발전하여 일본과도 일전을 불사할 수 있는 전력을 갖추었다. 상황이 이러하니 주변 국가들에게는 중국의 군사력이 대단히 위협적인 존재가 아닐 수 없다. 중국은 현재 일본과 센카쿠열도(釣魚島, 댜오위다오)에 대한 영유권 분쟁을 겪고 있다. 또한 동남아시아의 여러 나라와 영유권 때문에 치열한 논쟁을 벌이고 있는 중이다. 특히 중국이 주장하는 남중국해는 필리핀을 지나 말레이시아, 브루나이의 영역까지 포함이 된다. 지도를 놓고 보면 중국이 그어 놓은 자국의 영해는 조금 심하다는 생각이 든다. 특히 남중국해의 난사군도는 중국과 베트남, 필리핀, 말레이시아와 브루나이까지 영유권을 주장하고 있지만, 중국의 위세에 눌려 자신들의 목소리를 제대로 내지 못하고 있다.

중국은 2016년 헤이그 중재 재판소에서 '남중국해의 중국 영유권'을 인정하지 못한다는 판결을 받았음에도 이를 강력하게 부정하고 있다. 중국은 "이 판결은 무효이며 구속력이 없다."며 아예 무시하고 있다. 또한 만약 필리핀이 계속 시비를 걸면 전쟁도 불사하겠다며 으름장을 놓고 있다. 그렇지만 미국은 이 판결을 근거로 남중국해는 어느 나라 선박들이라도 자유롭게 지날 수 있다며 '자유의 항해'를 강행하고 있다.

베트남도 남중국해를 두고 중국과 분쟁 중이다. 중국의 석유 탐사선이 베트남이 주장하는 배타적 경제수역(EEZ)를 침범하는 것이 일상화되어 있는 것은 물론 베트남 어선을 추돌하여 침몰시키는 일이 심심치 않게 일어나고 있다. 이 때문에 베트남인들의 반중국 정서는 우리의 반일 감정과는 비교할 수 없을 정도로 극렬하다.

베트남의 출입국 관리소에서는 중국인들이 자국을 방문할 때 여권에 입국 도장을 찍어 주지 않는다. 중국 여권에 베트남에서 자신들의 영유권을 주장하는 지도가 그려져 있기 때문이다. 베트남 정부에서는 중국의 여권을 인정하지 않으려고 별도의 종이에다 입국 스탬프를 찍은 다음 여권에 넣어 주는 것으로 항의의 표시를 하고 있다. 이에 아랑곳하지 않고 중국은 남중국해에 인공 섬까지 만들어 군사 시설을 짓고 있다.

중국인들은 남중국해의 섬들이 중국에 속하는 이유는 '역사적으로 중국 땅이기 때문'이라고 궁색한 주장을 한다. 그렇지만 그런 섬들에는 고대로부터 현재까지 중국인들이 산 적이 없기 때문에 중국의 주장은 설득력이 없다. 남중국해의 인근 국가인 필리핀이나 베트남, 말레이시아처럼 군사력이 빈약한 국가에서는 초강대국인 중국에 제대로 대항하지 못하고 있다. 중국은 금만 그으면 자기네 땅이라고 우긴다.

시한폭탄과 같은 센카쿠 열도(댜오위다오)

중국인들의 반일 감정은 우리의 상상을 초월한다. 아시다시피 중국은 청일 전쟁에서 패한 후 대국으로서는 상상하기 어려울 정도로 처참한 수모를 겪었다. 전 국토를 유린당했고 난징에서는 일본군에 의해 30만 명의 희생자가 발생했다. 당시 난징에 진입한 일본군은 자신들의 칼로 누가 더 많은 중국 민간인의 목을 자를 수 있는가를 시합할 정도로 잔인하게 행동했다. 그렇기 때문에 중국과 일본은 경제, 문화 등 다방면에서 긴밀하게 교류하고 있지만 이런 관계는 언제 터질지 모르는 시한폭탄과 같다고 할 수 있다. 만약 중국과 일본 사이에 국민감정을 자극하는 사건이 하나 터지게 되면 금방 큰 폭발력을 발휘해서 양 국민 사이에 엄청난 감정싸움으로 비화되기 마련이다.

근래에 벌어진 가장 극적인 싸움은 댜오위다오(釣魚島, 일본 명으로는 센카쿠 열도) 사건이다. 동중국해에 위치한 센카쿠 열도는 일본이 실효 지배를 하고 있는 6.32㎢의 무인도다. 일본에서 자국의 영토라 주장하는 이 섬은 오키나와에서 410㎞나 떨어져 있지만 중국에서는 330㎞, 타이완에서는 170㎞밖에 되지 않는다.

청나라 시절만 하더라도 댜오위다오는 중국에는 별로 관심이 없던 섬이었다. 그렇지만 태평양으로 가는 길목에 자리해서 전략적으로 대단히 중요한 곳이다. 또한 주변에 석유와 천연가스 등 엄청난 자원이 매장되어 있을 것으로 추정되고 있다. 중국과 일본이 자국의 영토라고 계속 주장할 수밖에 없는 이유다.

중국은 1895년 청일 전쟁에서 패한 후 시모노세키 조약을 통해 타이완과 부속 도서를 일본에 할양했다. 일본의 지배를 받던 타이완은 세계 2차 대전이 끝난 후 중국으로 반환하였다. 중국 정부는 일본이 타이완을 돌려준 것과 마찬가지로 댜오위다오 역시 자동적으로 중국에 반환되는 것이 마땅하다고 주장한다. 그렇지만 일본은 1879년 류큐 왕국을 일본에 편입시키면서 인근의 센카쿠 열도를 오키나와현에 편입시켰으므로 일본 영토에 속한다고 맞서고 있다. 서로의 주장이 워낙 팽팽하니 타협점을 찾기가 어렵다.

최근 중국이 해양 강국으로 나서겠다며 항공모함을 계속 진수시켜 나가고 있다. 이는 해군력을 강화하여 무력으로라도 타이완을 통일시키는 것은 물론 언젠가는 댜오위다오에 중국 오성기를 꽂겠다는 확고한 의지의 표명이라고 하겠다.

반일 감정은 필요할 때마다 터뜨린다

댜오위댜오를 자국의 영토로 주장하는 중국은 수시로 이곳을 드나들며 일본을 자극해 왔다. 자국의 영해에서는 물고기의 씨가 말라 조업에 어려움을 겪는 중국 어선들은 무주공산과 같은 이곳을 자신들의 영해인 양 수시로 넘나들었다. 이로 인해 이를 단속하는 일본 해상보안청과 항상 마찰을 빚었다. 그러다가 2010년 9월에 일본 해상보안청 순시선과 중국 어선이 충돌하는 사고까지 발생했다. 어처구니없게도 일본 순시선을 중국 어선이 고의로 추돌한 사건이었다. 이 사건으로 중국 선장은 일본 경찰에 구금되었다. 중국에서는 이때를 기다렸다는 듯 전국에서 노도와 같이 반일 운동이 일어났다. 마치 미리 만들어놓은 각본처럼 움직였다. 길거리에서 일본인에게 행패를 부리고 일본 식당을 때려 부수는가 하면 일본 차를 불태우기까지 했다. 이 때문에 중국에 거주하는 일본인들은 일이 있어도 외출조차 하기 어려웠다. 일본 영사관에서 일본인들에게 외출을 자제하고 꼭 밖으로 나가게 될 경우에는 일본인이 아닌 한국인이라고 신분을 밝히라고 권고하기까지 했다.

시장에서는 일본인들에게는 물건을 팔지 않는다는 팻말을 붙여 놓기도 했다. 칭다오(青島, 청도)에 있는 일본 백화점인 저스코(JUSCO)는 통째로 약탈을 당했다. 공안이 뻔히 지켜보고만 있을 뿐 물건을 탈취해 가는 중국인들을 제지하지 않았다. 그러니까 중국 정부는 공식적으로 일본 백화점 물건을 훔쳐 가라고 방조한 꼴이나 다름없다. 저스코는 8천억 원이나 되는 물건을 강탈당했지만 항의조차 하지 못했다. 이렇듯 중국 내에서는 언제 터질지 모르는 반일 감정이 존재하고 있다.

군국주의 시대의 일본은 중국을 침략하여 전역을 초토화했다. 게다가 난징에서 30만이 넘는 양민을 학살했지만 이를 부인하고 있으니 중국인들로서는 이에 대한 앙금이 클 수밖에 없다. 지금도 매년 12월 13일 난징 대학살 기념일이 되면 중국에 거주하는 일본인들은 항상 숨을 죽이고 지낸다.

당시 일본 자동차를 타는 운전자들은 궁여지책으로 차에다 이런저런 스티커를 달고 다녔다. '일본 차이지만 중국에서 만들었다'라든가 또는 '일본 차를 타지만 중국을 사랑한다'라는 표어였다. 거리에 쏟아져 나온 중국인들은 금방이라도 일본과 전쟁도 불사하겠다는 의지가 넘쳐났다.

실제 중국 인민해방군은 댜위오다오에 상륙하는 훈련을 대대적으로 전개했다. 또한 일본에 희토류의 수출을 금하는 보복 조치를 감행하였다. 희토류는 전기 자동차나 반도체, 전기, 전자 제품 생산에 꼭 필요한 희귀한 금속이다. 전 세계에서 쓰이는 희토류의 90% 이상을 중국에서 공급한다. 희토류 금수 조치에 굴복한 일본은 중국인 선장을 석방했고, 그는 중국으로 귀국해서 영웅 대접을 받았다.

중국과 일본이 이에 대해 극렬한 분쟁을 겪고 있을 때 미국이 나서서 이를 잠재웠다. 미국 대통령이 센카쿠 열도는 미국과 일본이 공동으로 지켜 내야 할 지역이라고 선언하고 나서였다. 그렇다고 순순히 물러설 중국이 아니다. 중국의 군사력이 커지면 커질수록 이에 대한 영유권을 계속 주장할 것이 분명하다.

중국의 민낯을 본 사드 사태

사드 사태는 박근혜 정부의 가장 뼈아픈 외교 정책의 하나이지만 이로 인해 중국의 민낯을 적나라하게 보게 된 교훈적인 사건이었다고 할 수 있다. 중국의 사드 설치 반대에 따른 보복 조치로 롯데는 중국에서의 사업을 접었고, 현대자동차와 삼성전자 등 한국 기업들은 제품 불매 운동으로 극심한 경제적 손해를 맛보았다.

북한의 핵 도발에 대한 대안으로 미국에서 한국 내에 사드를 설치하겠다는 계획이 나왔을 때 대한민국 정부는 이를 극구 부인했다. 심지어 사드가 설치되기 한 달 전에 중국을 방문한 우리나라의 국무총리가 "절대 그런 일은 없을 것"이라고 단언까지 했다. 그런 연후에 전격적으로 사드를 설치한다고 했으니 중국으로서는 뒤통수를 맞은 것이나 다름없었다. 일격을 당한 중국의 입장에서는 대한민국에 커다란 배신감을 느꼈을 것이 분명하다. 더구나 박근혜 정부 시절의 한중 관계는 1992년 양국의 수교 이후 어느 때보다 친밀했다. 2015년 박근혜 대통령이 미국을 비롯한 유럽 국가의 우려에도 불구하고 중국의 전승절 행사에 참석하면서 양국의 유대 관계는 최고조에 달했다. 심지어 전승절 행사가 끝나고 나서 시진핑 주석이 한반도의 통일은 대한민국의 주도 하에 이루어져야 한다는 말을 했다며 '통일은 대박'이라는 말까지 나돌 정도였다. 그렇지만 그렇게 쌓아 올렸던 양국 간의 친밀 관계는 사드로 인해 한 방에 날아갔다.

우리로서는 동맹을 맺고 있는 미국과의 관계를 고려하면 사드 배치를 거부할 수 없는 상황이었다. 북한이 모든 나라의 만류에도 불구하고 핵 실험은 물론 ICBM을 개발하면서 미국을 위협하는 수준으로 나가는 바람에 미국인들의 공포심은 극에 달했다. 미국이 외부 세력으로부터 군사적인 위협을 받고 있다면 이를 그냥 둘 일이 아니다. 그렇다면 우리 정부는 중국에 대해 사드 설치를 위한 명분을 충분히 쌓았어야 했다.

북한이 핵 개발을 지속적으로 강행할 수 있는 것은 믿는 구석이 있었기 때문이다. 중국의 미온적인 태도 표명이 그러했다. 그렇다면 이에 대한 우리의 입장을 분명히 밝혔어야 했다. "미국이 북한의 핵 개발에 대단히 강경한 입장이다. 북한이 핵 개발을 중지하도록 중국에서 협조해 주어야 한다. 그렇지 않으면 우리로서도 어쩔 수 없다."는 식으로라도 몰아갔어야 했다. 결국 중국의 경제 보복 조치로 우리 경제는 막대한 손해를 감수해야만 했다. 중국에서는 사드의 당사자인 미국에는 한마디 하지 못하고 애꿎은 우리에게만 분풀이한 셈이다. 나 역시 우리 정부의 입장을 옹호하려고 하다가 중국인들과 말다툼을 많이 할 수밖에 없었다. 전격적인 사드 설치 결정은 명분도 잃고 실익도 잃은 대한민국 정부의 완전한 패착이었다.

중국인들의 사드에 대한 반감은 우리가 상상하는 것보다 훨씬 강했다. 만약 사드가 대한민국에 설치되면 인민해방군이 숙소에서 옷을 갈아입는 것까지 미군이 탐지하게 될 것이라는 이야기까지 할 정도였다. 어쨌든 중국 정부의 강력한 대응 때문에 대한민국 내에서도 사드 배치를 두고 국론이 양쪽으로 갈렸다. 이를 찬성하는 측과 반대하는 측이 팽팽하게 나뉘어 폭력 사태 일보 직전까지 갔다. 결과적으로 중국은 대한민국 정부를 괴롭혀 소기의 성과를 거둔 듯하다.

중국 안에 존재하는 타이완 영토, 금문도

중국 복건성 샤먼(廈門, 하문) 맞은편으로 금문도(金門島, 진먼다오)가 자리하고 있다. 금문도는 샤먼에서 직선거리로 채 10km가 되지 않고 가장 가까운 곳은 4.6km에 지나지 않는다. 금문도가 중국과 가깝다는 말을 듣기는 했는데 실제로 현장에서 보니 너무 가까워서 이런 사실이 믿어지지 않았다. 중국이 이 조그만 섬을 아직도 정복하지 못했다는 것이 신기할 따름이었다. 금문도에서 타이완 본토까지는 80km가 넘지만 중국 대륙은 손을 뻗으면 닿을 것 같은 거리에 있다. 중국 안에 타이완이 있는 것이라 할 수 있으니 중국의 입장에서는 눈엣가시와도 같은 존재다. 바로 코앞에 있지만 중국으로서는 그동안 금문도를 넘볼 수 없었다.

국민당의 장제스(蔣介石, 장개석)가 공산당에 패해 타이완으로 피신한 것이 1949년이다. 대륙을 장악한 중국 공산당은 진정한 통일을 위해서는 타이완으로 패주한 장제스의 국민당 정부를 궤멸시켜야 했다. 그 첫 관문을 여는 것이 금문도였다. 중국 공산당은 1949년 10월 24일 금문도를 점령하기 위해 상륙 작전을 벌이다가 어처구니없는 패배를 당했다. 당시 중국 인민해방군의 해군력은 군함이 한 척도 없을 정도로 무기력했다. 만여 명의 인민해방군이 목선을 타고 금문도 점령을 시도했다. 그렇지만 금문도 해안에 닿자마자 5천 명이 넘게 사살되었고, 3,800명이 넘는 인원이 포로로 잡혔다. 그 이후부터 금문도는 중국이 감히 넘볼 수 없는 영역이 되어 버렸다.

그렇다고 넋을 놓고 있을 중국은 아니었다. 중국 공산당은 다시 금문도를 차지하기 위해 1958년 8월 23일부터 21일 동안 47만 발의 포탄을 퍼부었다. 그렇지만 금문도는 건재했다. 금문도는 섬 전체가 단단한 화강암으로 구성되어 있다. 게다가 모든 군사 시설을 굴 안에 설치해 놓았기 때문이다. 금문도는 타이완을 수호하는 최전선이다. 섬의 모든 시설은 중국군의 공격을 방어하는 전초 기지였고, 그래서 군인들만 거주하던 곳이었다.

1992년에 국가 비상 사태가 해제되면서 민간인들이 들어와 살기 시작했다. 중국과 타이완의 양안 관계가 좋아지면서 많은 중국인이 금문도를 방문했다. 배를 타고 방문해서 타이완을 경험할 수 있으니 이보다 경제적일 수 없었다. 또한 타이완의 모습이 궁금했던 중국인들에게는 최적의 관광지였다. 중국 여행객 덕분에 금문도의 경제가 눈에 띄게 호황을 누렸다. 한동안 군인들만 상주했던 금문도는 이제 중국 관광객이 아니면 경제가 돌아가지 않는 구조로 바뀌었다. 그렇지만 민진당의 타이완 정부는 중국 정부와 각을 세우고 독립을 하겠다는 의지를 강력하게 천명하고 있다. 이에 중국 정부는 타이완에 경제적 압력을 가하기 위해 관광객들을 보내지 않고 있다. 상황이 이러하니 금문도의 경제는 침체 일로를 겪고 있다.

금문도는 본토인 타이완과는 너무 멀리 떨어져 있어 홀로서기가 어렵다. 금문도의 주민들은 중국과의 관계가 호전되어서 예전과 같은 호시절이 오길 기대하고 있다. 그렇지만 작금의 상황은 그리 녹록지 않다. 타이완의 독립 의지는 그 어느 때보다 강하다. 중국이 타이완을 무력으로 통일시키려 한다면 제일 먼저 장악해야 하는 곳이 금문도이다. 따라서 중국과 타이완 간 전투가 벌어진다면 금문도에서 시작될 가능성이 가장 높다.

커피 한 잔에 천억 원

2019년 8월 페루를 방문하러 가던 타이완의 차잉원(蔡英文) 총통이 중간에 비행기를 갈아타기 위해 LA에 잠시 머물렀다. 차잉원 총통은 바쁜 시간을 쪼개 LA에서 영업하고 있는 '85도' 카페를 방문해서 커피를 한 잔 마셨다. '85도'는 타이완 브랜드이지만 중국에 630여 개의 점포가 인기리에 영업하고 있는 카페다. 커피는 물론 빵 맛이 좋아서 중국인들도 무척 좋아한다. 85도는 커피가 가장 맛이 있는 온도라고 한다.

LA의 '85도' 측에서는 모국의 총통이 방문한 기념으로 간단한 선물을 준비했다. 당연한 일이라 생각할 수 있는 짧은 방문이었지만 이 사건으로 중국에서는 난리가 났다. '85도' 불매 운동이 온라인을 통해 전국적으로 번져 나갔고, '85도'는 메이투안, 디엔핑 등 배달 앱에서 삭제되는 수난을 겪었다. 이로 인해 '85도'의 시가총액이 하루에 1,280억이 날아갔다. 타이완 정부에서는 민간 기업의 활동을 이념의 잣대로 들이대는 것은 불공정하다며 중국을 비난했다. 정부에서 누리꾼들을 충동질해서 다른 나라의 기업을 억압하는 것은 시장의 질서를 어지럽히는 행위다. 또한 언론의 자유를 제한하는 행위이니 비난받아야 마땅하지만, 중국에서는 별로 구애를 받지 않는다.

중국은 하나의 중국을 세상에 천명했다. 타이완도 중국에 속한다는 뜻이다. 만약 타이완과 수교를 하고자 하는 나라가 있으면 중국과는 단교를 각오해야 한다. 우리나라도 1992년 중국과 수교를 하면서 타이완과는 단교해야 했다. 그때 타이완 국민이 무척 섭섭해했다. 이전까지 대한민국과 타이완은 친구처럼 지내왔다. 또한 일제 치하에서 대한민국의 임시 정부를 도왔던 중국 정부는 공산당이 아니라 장개석의 국민당이었다. 1932년 4월 29일 상하이 홍커우(虹口, 홍구, 지금의 루쉰 공원) 공원에서는 일본의 천황 생일 및 승전 기념일 행사가 열렸다. 행사가 한창 진행되는 도중에 한인 애국단의 윤봉길 의사가 단상으로 폭탄을 투척했다. 이 거사로 상해 파견군 사령관과 거류민 단장이 즉사하고, 제3함대 사령관과 제9사단장 등이 중상을 입었다. 이를 국민당의 장개석은 "중국군 백만 명이 하지 못하는 일을 조선의 젊은 청년이 해냈다."며 극찬을 아끼지 않았다. 그리고 장개석은 대한민국 임시 정부에 적극적인 지원을 약속했다.

실제로 대한민국 임시 정부에서 광복군을 창설하는 데에는 장개석의 도움이 컸다. 그는 광복군을 군관학교에서 훈련받도록 해주었다. 그리고 해방 후에도 대한민국과 타이완은 공산 세력과 함께 맞서 싸우는 우방과 같은 존재였다. 그런데 우리가 장개석의 국민당을 뒤로하고 중국과 수교를 했으니 타이완 국민의 실망이 이만저만이 아니었다.

장개석의 국민당이 타이완으로 도망간 후 한동안 중국을 통일하겠다고 투지를 불태웠지만 이제 공염불이 되고 말았다. 현재의 타이완 군사력으로는 중국을 제압하는 것은커녕 방어하기에도 역부족이다. 중국 정부는 공식적으로 타이완도 중국에 속한다고 주장하지만 타이완은 독립 의지를 강하게 표명하고 있다. 타이완의 독립 의지가 강하면 강할수록 중국과의 관계는 더욱 냉랭해질 수밖에 없다. 중국에 진출해 있는 '85도'와 같은 타이완 기업들은 이런 사태가 불안하기만 하다.

단오절의 기원은 중국에서

오래전에 설이나 추석이 다가오면 방송에서 '우리 민족 고유의 명절'이라는 것을 강조했다. 그런 방송의 영향 때문에 어릴 적에는 설이나 추석이 우리 민족에게만 있는 특별한 날인 것으로 생각했었다. 그런데 머리가 커가면서 이런 명절은 우리 것이 아니라 중국에서 왔다는 것을 자연스레 알게 되었다. 우리나라에서는 원단, 한식, 단오, 추석이 4대 명절로 인식되어 왔다. 이 중에서 단오는 음력 5월 5일로 일 년 중 가장 양기가 센 날로 알려져 있다. 우리나라에서는 단오가 되면 모내기가 끝날 무렵이다. 단오절이 되면 창포물에 머리를 감고 여자들은 그네를 뛰고 남자들은 씨름하면서 하루를 보냈다. 이처럼 단오절은 명절과 같은 큰 행사이긴 하지만 공휴일은 아니다. 이에 반해 중국에서는 아예 법정 공휴일로 정해 놓았다.

단오가 중국에서도 큰 명절에 속하지만 예전부터 공휴일은 아니었다. 대한민국에서 강릉 단오제를 2005년 유네스코의 세계 문화유산에 등재하면서 이에 충격을 받은 중국이 부랴부랴 법정 공휴일로 지정하기에 이르렀다. 그것도 3일간이나 쉰다.

사실 단오는 우리 것이 아니라 중국에서 유래된 축제다. 그렇지만 단오는 중국보다는 우리나라에서 크게 발전하여 오래전부터 설, 추석과 함께 우리의 3대 명절로 자리를 잡았다. 또한 중요 무형문화재 13호에 지정되어 있을 정도로 우리에게는 대단히 중요한 행사다.

단오의 기원은 춘추 전국 시대 초나라의 학자이자 정치가인 굴원에게서 유래되었다. 굴원은 26세라는 젊은 나이에 초나라의 재상이 된 특출한 인물이었다. 특히 내정과 외교에서 눈부신 활약을 해서 황제의 신임을 얻었다. 그렇지만 젊은 나이에 황제의 총애를 받다 보니 이를 시기하는 인물들이 많았다. 이 때문에 정적들의 시기와 모략으로 굴원은 항상 곤궁에 처하곤 했다. 전국 시대의 초나라는 주변의 제나라, 진나라와 극한 대치를 하고 있었다. 그런데 진나라에서 화해한다며 초나라 회왕을 초대했다. 진나라의 계략을 감지했던 굴원은 목숨을 걸고 회왕을 말렸지만 다른 신하들의 간교 때문에 어찌하지를 못했다. 결국 회왕은 진나라를 건너갔다가 죽음을 당했다. 회왕이 죽은 후에 그의 장남인 경양왕이 즉위하였다. 굴원은 회왕이 죽임을 당한 것에는 경양왕에게 큰 책임이 있다며 그를 비난했다. 그렇지만 이것이 빌미가 되어 귀양을 가는 처지가 되었다. 굴원은 초나라의 미래를 한탄하며 초야에 묻혀 시간을 보냈다. 그렇지만 앞날에 대한 희망이 보이지 않자 그는 강물에 투신하여 자신의 의지를 밝혔다. 그가 죽은 날이 바로 음력 5월 5일이다.

굴원을 기리는 음식으로 쫑즈(粽子)가 있다. 우리는 이를 연잎밥이라 부른다. 쫑즈는 찹쌀에다 고기와 같은 여러 종류의 재료를 넣고 댓잎이나 연잎으로 감싼 후 쪄낸다. 중국에서는 단오에 쫑즈를 강에 던지는 풍습이 있다. 물고기들이 굴원의 시신을 뜯어 먹지 못하게 하려는 행사의 일환이다.

대한민국에서는 중국의 단오와 한국의 단오제는 다르다고 한다. 실제 한국의 단오제는 중국에 비해 훨씬 깊은 의미를 부여하고, 또한 다채로운 행사를 펼친다. 그렇다 하더라도 단오가 중국에서 왔다는 점을 부인하지 못한다. 단오제가 계속 우리의 생활 속에 남아 있으려면 단오라는 말을 쓰면 안 된다는 것이 나의 생각이다. 이런 것으로 인해 중국인에게 오해를 살 이유가 없다. 한때 일본인들이 우리의 김치를 '기무치'라고 해서 팔았다. 우리의 김치가 '기무치'가 될 수 없듯 중국의 단오가 우리의 단오절이 될 수는 없다.

식어 가는 한류 열풍

사드 사태 이후 중국 내에서 반한 감정이 일고 있기는 하지만 아직도 한국에 대해 호감을 가지고 있는 사람들이 훨씬 많다. 중국 텔레비전을 켜면 매일 한국 드라마를 방영하고 한국 가수들의 노래를 들을 수 있다. 인터넷으로 한국 드라마와 영화, 음악을 접할 수 있는 사이트가 많다. 한국 드라마는 상황 전개가 빠르고 내용이 충실해서 보는 재미가 있다는 것이 중국인들의 공통적인 의견이다.

많은 중국인이 한국의 연예계 상황을 우리보다 더 잘 알고 있어서 깜짝 놀라게 하는 일이 많다. 몇 해 전에 우리 직원이 '봄의 왈츠'를 아느냐고 묻길래 "그게 뭐냐?"고 했더니 한국 텔레비전에서 방영하는 드라마라고 한다. 나는 한국에서 그런 드라마가 있다는 것을 중국인을 통해서 알았다. 한동안 '대장금', '겨울연가', '호텔리어', '소문난 칠공주' 등이 방영되더니 '지붕 뚫고 하이킥'이 대단한 인기를 끌었다. 이런 종류와 비슷한 드라마가 중국에도 있기는 하지만 별로 재미가 없기 때문에 방귀쟁이 이순재 씨가 김희선, 장동건, 이상우 못지않게 중국에서 상당히 인기가 높다. 또한 한국에서 한때 인기를 끌었던 'X-맨'이 중국에서도 높은 시청률로 인기몰이를 하고 있다.

우리 사무실의 건물 주인이 그의 친구와 함께 면담을 요청해 왔다. 친구의 딸이 한국으로 유학 가려고 하는데 자문을 좀 구하려고 한다는 취지였다. "딸이 한국으로 유학을 가려는 이유가 뭐냐?"고 물으니 "그냥 한국을 좋아하기 때문"이라고 했다. 거의 우문우답과 같은 대화 였다. 그의 말은 "아무 이유가 없다."는 대답이었다. 딸의 말이 "무조건 한국이 좋다"는 게 유학을 가려는 동기라고 했다. 딸이 만약 한국으로 유학을 못 하게 하면 죽겠다고까지 했으니 그녀의 결심을 바꾸기는 어 렵다는 판단을 했다. 하나밖에 없는 귀한 딸이 그런 말까지 하니 아비 로서 가슴이 철렁했던 모양이다. 대부분 외국으로 유학을 가려면 특별 한 목적을 가지고 떠난다. 그렇지만 중국 학생 중에는 특별한 학문을 쌓겠다는 목적보다 그냥 한국을 좋아하기 때문에 유학을 가겠다는 이 들이 의외로 많다. 이들이 TV 드라마나 영화를 통해 본 한국의 거리 와 문화를 직접 체험해 보겠다는 생각을 가지고 있다. 이처럼 한국에 대해 무조건적인 호감을 가진 중국인들이 의외로 많다.

직원들과 노래방에 가면 중국어로 번역된 한국 노래를 흔하게 들을 수 있다. 그중에서도 '사랑을 할 거야'가 중국인들이 상당히 애창하는 노래 중 하나인데 중국인 중에는 이 노래가 한국 것이 아닌 중국 유행 가라고 우기는 경우도 있다.

그러했던 중국에서 한류가 한순간에 사라졌다. 중국 방송사들이 경 쟁하듯 한국의 드라마를 수입해서 방영하던 것이 엊그제 같은데 그런 모습을 전혀 찾아볼 수 없다. 또한 중국인들이 즐겨 찾았던 한국의 거 리에서 그들이 사라진 것은 이미 오래전이다. 중국 정부에서 이런저런 핑계를 대며 한국의 드라마나 영화를 수입하지 못하게 하고 단체 여행 객들에게 한국을 방문하지 못하도록 하였기 때문이다. 물론 북한의 핵 개발에 대한 미국의 방어 억제책으로 이루어진 사드 배치는 대한민국 정부에 대단히 부담스러운 일이었다. 그렇다 하더라도 이를 사전에 충분히 논의하고 조정할 수 있었음에도 전격적으로 처리한 것은 이해할 수 없는 일이다. 한류는 대한민국 정부가 아닌 한국인들 특유의 독창성으로 쌓아 올린 금자탑이다. 이걸 정부가 한순간에 무너뜨리는 것은 무책임한 일이다. 또한 사드 배치 이후에 대한민국 정부가 중국에 보인 굴욕적인 행태는 후에 비난받아야 마땅할 일이다.

공산당의 나라

중국은 공산당의 나라

중국은 공산당에 의해 움직이는 나라다. 모든 정책이 공산당에 의해 만들어지고 실행이 된다. 중국의 공산당은 세계에서 가장 많은 당원을 보유하고 있는 정당이다. 공식적인 중국의 공산당원이 9천만 명이 넘는다. 우리의 남북한을 합친 인구보다도 훨씬 많은 인원이 공산당원으로 활약하고 있으니 중국은 공산당의 국가라고 말해도 전혀 어색하지 않다. 이렇게 많은 공산당원 중에서 치열한 경쟁을 통해 소수의 인원만이 정치국 상무위원이 되고 최종적으로 주석의 자리에까지 오른다. 그러니 14억이 넘는 인구의 중국에서 주석이 된다는 것은 낙타가 바늘구멍을 지나는 것만큼이나 어렵다.

그렇다고 중국에서 아무나 공산당원이 될 수 있는 것은 아니다. 상위 10% 내에 들 정도로 학업 성적이 우수하고 법적으로 결격 사유가 없어야 한다. 그래서 공산당원들은 우수한 인재들이 많다.

우리와 10년 넘게 거래를 하고 있는 열쇠 공장 사장은 자녀를 두 명 낳았다고 해서 공산당원 자격을 박탈당했다. 중국 정부에서 주창한 1가구 1자녀 정책을 위반했기 때문이다.

1921년 중국에서 공산당이 만들어질 때에는 노동자, 농민이 중심이었다. 그러나 요즘은 사업하는 사람들도 가입할 수 있게 문호를 개방하였다. 물론 자격 심사는 상당히 엄격하게 진행된다. 우리 회사 직원도 얼마 전에 공산당에 가입하려고 입당 지원서를 써냈는데 아마 심사에서 떨어질 것 같다며 안타까워하고 있다. 만약 우리 직원이 공산당이 되면 자신에게 주어질 각종 혜택을 기대하고 있다. 가장 큰 것은 이 우시의 개발 정책에 대한 정보다. 이를 통해 개발 예정 지역의 토지를 구입해서 시세 차액을 실현하는 것이다.

중국이 덩샤오핑의 개방 정책 이후에 급격한 경제 발전을 이룩한 데에는 공산당의 역할이 크다. 중국이 지금까지 급속한 경제 개발을 이룩한 데에는 공산당의 일사불란한 의사 결정과 사회 간접 자본에 대한 투자를 지속적으로 진행해 온 데에 있다. 만약 경제가 막 개발되는 과정에서 우리처럼 다른 의견이 개진되고 마찰이 계속되었다면 지금과 같은 중국은 존재하지 않았을 것이다. 공산당이 결정하면 바로 실행에 옮기는 것이 중국이다.

중국은 세계에서 가장 긴 고속철을 건설해 놓았다. 중국의 고속철은 우리나라보다 한참이나 늦은 2008년에야 시작되었다. 그렇지만 세계 어느 나라의 고속철보다 빠르게, 그리고 광범위하게 철로를 깔았다. 2019년까지 중국에 깔린 고속철의 길이만 3만km가 넘는다. 우린 서울에서 부산까지 고속철 하나를 놓는 데 12년이 걸렸다. 천성산에 사는 도롱뇽을 보호해야 한다고 시위를 하는 바람에 일 년이나 공사를 늦추기도 했다. 중국에서라면 있을 수 없는 일이었다.

공산당원을 만나 보니 단번에 무척 똑똑하다는 것을 알 수 있었다.

또한 사상 무장이 확실하게 되어 있었고, 국가에 대한 자긍심도 대단히 높았다. 이와 더불어 술을 잘 마셔야 한다는 것을 느낄 수 있었다. 중국에서도 정치나 비즈니스 분야에서 술은 대단히 중요한 역할을 한다. 공산당 역시 술을 잘 마셔야 출세할 수 있는 기회가 열린다. 그래서 죽기 살기로 술을 마신다. 중국 진출 초기에 공장 사장의 초청으로 저녁 식사를 하러 가게 되었는데 공산당 간부들과의 술자리가 자연스레 이루어졌다. 내가 외국인이라고 존중해서 작은 고량주 잔에다 술을 부어 주었지만 그들은 맥주 컵에 반 이상을 따른 후 건배를 했다. 술잔이 서너 번 들어가니 나는 속에서 불이 나고 얼굴까지 화끈거려 도저히 참을 수가 없었다. 게다가 정신이 몽롱하고 하늘이 빙빙 돌았다. 비몽사몽 간에 어쩔 수 없이 화장실을 찾아 변기에 앉아 있었다. 그런데 내가 없어진 것을 알고는 "양 선생 어디 있습니까?" 하고 화장실까지 찾아오는데 도저히 이를 피해 나갈 방법이 없었다. 다시 억지로 끌려 술좌석에 앉기는 했는데, 그다음부터는 기억이 나질 않는다. 아침에 일어나 보니 호텔 방이었다. 고량주 냄새가 계속 목을 타고 오르는데 너무 괴롭고 힘들어서 다신 술을 마시지 않겠다고 맹세를 했다. 아주 고약한 기억이다.

중국 공산당이 망하지 않는 이유

중국은 공산당이 지배하는 나라다. 그래서 공산당 일당 독재란 말을 듣는다. 국민 개개인의 인권은 아예 무시되고 언론도 통제를 받고 있으니 그런 생각을 가질 수 있다. 그러나 이것은 어디까지나 서구적인 사고일 뿐이다. 대부분의 중국인은 공산당 지배가 그리 불편하다고 여기지 않는다. 공안이 길에서 불심 검문을 하고 언론을 검열하고 인터넷을 감시하지만, 이것에 대해 불평을 토로하는 이들은 거의 없다. 가장 큰 이유는 이런 것 때문에 먹고 사는 데 지장이 없기 때문이다.

덩샤오핑의 개방 정책 이후 중국의 경제는 매년 연 10%에 가까운 성장률을 기록했다. 기록적인 경제 발전으로 주머니 사정이 두둑해진 중국인들은 이 모든 것이 공산당 덕분이라 생각한다. 앞에서 설명한 바와 같이 중국이 경제 대국으로 발전한 것은 중국인들의 돈에 대한 집착이 강했기 때문이다. 개방하자마자 모두 돈을 벌기에 혈안이 되어 부지런히 일했다. 그렇지만 공산당의 개발 정책이 제대로 잡히지 않았다면 불가능했을 것이다.

중국 공산당은 개방 이후 일사불란하게 움직였다. 중국의 엘리트 집단인 공산당에서는 경제 발전을 위해서는 고속도로와 항만, 발전소 등 사회 간접 산업을 집중적으로 만들어야 한다는 것을 인식했다. 그리고 거침없이 이런 시설들을 확충했다. 이런 사실을 입증하듯 중국의 경제는 중국인들이 기대하는 것 이상의 놀라운 성장을 이루었다. 중국인들은 중국이 세계의 경제 대국으로 일어선 것에 대해 환호한다. 이 모든 것이 공산당 덕분이라 여긴다.

해외에서는 시진핑 정부에 높은 반감과 함께 공산당이 위험해질 수 있다는 시각으로 바라보고 있다. 국민소득이 높아지면서 공산당의 이념이 중국인들의 의식 수준을 따라가지 못한다고 보기 때문이다. 그렇지만 의외로 시진핑에 대한 중국인들의 평가는 후하다 못해 마오쩌둥에 버금가는 위인으로 추앙받고 있다. 물론 공산당에서 시진핑을 신중국의 위대한 지도자라고 하는 홍보가 가장 큰 효과를 보고 있다. 그러나 시진핑 정부는 무엇보다 부패와의 전쟁을 통해 인민들의 마음을 끌어모았다.

중국은 예로부터 탐관오리 때문에 제국이 바뀌었을 정도로 부패 문제가 심각했다. 그런데 시진핑 정부에서 정적들을 물리치면서 이들을 모두 부패한 관리로 몰아세웠다. 요즘 관공서에 가면 공무원들이 무척 친절해졌음을 피부로 느낀다. 얼마 전에 운전 면허증을 갱신하러 갔더니 일사천리로 일을 처리해 주었다. 민원실에 붙은 전광판에는 '5분 안에 처리해 주겠습니다'라는 안내문이 붙어 있었다. 게다가 창구 앞에 친절과 불친절을 누를 수 있는 버튼이 설치되어 있었다. 부정부패를 척결하겠다는 시진핑의 강력한 공세에 공무원들이 몸을 사리고 있다. 이 때문에 중국 국민은 시진핑 정부의 시책에 절대적인 지지를 보내고 있다.

중국에서는 어떤 정책이든 공산당 이외의 의견이 반영될 수 없다. 공산당의 결정에 반대하는 일이 없다고 봐야 한다. 그런데 얼마 전 인민대표자 회의에서 홍콩 보안법에 대한 표결을 하면서 이에 반대하는 표가 하나 나왔다. 이제껏 중국 공산당 대회에서 볼 수 없었던 아주 특별한 현상이다. 그렇다고 해서 중국 공산당의 기본이 바뀔 것으로 보이지 않는다. 중국 내에서는 홍콩의 반중 시위처럼 다른 의사를 표현할 수 없다. 이에 반하는 의견은 당연히 중국 정부를 위태롭게 하는 의사로 간주될 수 있다.

중국인들은 진시황제가 통일을 이룬 시기부터 지금까지 단 한 번도 민주주의를 경험해 보지 못했다. 그래서 공산당의 결정에 반대 의사를 표시하는 것을 상상해 보지 못했다. 설사 공산당의 정책에 오류가 있다고 해도 반기를 들 수 있는 여건이 정착되지 않았다. 중국에서 공산당의 정책에 대항하는 것은 곧 파멸을 뜻한다. 또한 중국의 모든 지역에서 감시 체제가 촘촘하게, 그리고 아주 철저하게 유지되고 있다.

중국의 IT 산업은 중국의 안보를 최우선으로 한다. 중국의 안면 인식 기술은 세계 최고다. 이 기술은 5초 안에 10억이 넘는 사람을 모두 식별해 낼 수 있다. 또한 인터넷도 철저하게 감시하고 있다. 민감한 사안들의 단어는 아예 검색창에 뜨지 않는다. 중국의 공안은 고속열차표를 사면 내가 어디에 있는지 확인할 수 있다. 또 공안이 들고 있는 신분증 검색 단말기 안에 중국의 전 인구의 정보가 들어있다. 그렇기 때문에 중국 공산당의 기반은 탄탄하다. 우리가 생각하는 중국은 공산당 때문에 엄청나게 고통을 받고 있다고 오해를 하고 있지만 중국인들의 생각은 다르다. 가장 큰 이유는 경제적인 문제다. 먹고사는 데 큰 지장이 없는 한 공산당의 존재는 그리 중요한 일이 아니다. 중국의 공산당이 망하지 않는 이유다.

우리에겐 대책이 있다

중국은 당이 결정하면 인민들은 무조건 따라야 한다. 그렇지만 아무리 완벽한 공산당의 정책이라도 실수가 있기 마련이다. 그럼에도 불구하고 인민들은 어떤 오류가 있더라도 공산당의 지시에는 무조건적으로 따라야만 한다. 이런 명분 때문에 중국 인민들이 대약진 운동 시에 엄청난 고생을 했다. 그래서 인민들은 공산당의 말을 곧이곧대로 따르면 손해라는 인식이 강하다. 우리나라에서도 정부의 부동산 정책을 믿었다가 아직도 전세 신세를 면치 못한 분들이 많은데 이 문구가 시사하는 바가 크다. 정부의 정책이 국민에게 신임을 얻지 못하면 항상 그런 의심이 생긴다. 그래서 중국에는 '위에 정책이 있으면 아래에는 대책'이 있다는 말이 있다. 정부의 정책을 믿지 못하는 데서 나온 말이다. 즉 정부에서 새로운 정책을 내놓으면 이걸 빠져나갈 대책을 만든다는 뜻이다.

중국은 언론 통제가 대단히 심한 나라다. 구글은 중국 정부의 검열을 받지 않겠다고 버티다가 결국 철수했다. 중국에서는 유튜브도 페이스북도 열리지 않는다. 이런 종류의 통신이 중국인들의 반정부 정서를 부추길 수 있다는 우려 때문이다. 중국에서 카카오톡이나 다음이 열리지 않으니 이곳에서 생활하는 한국인들은 무척 불편하다. 그렇다고 중국인들이 손을 놓고 유튜브나 구글을 사용하지 않느냐고? 절대 아니다. 많은 중국인이 VPN(Virtual Private Network)을 통해 구글도 보고 페이스북도 연결한다. 그러니 이런 정책은 있으나 마나다. 중국에서 VPN 사업이 무척 잘된다. 그래서 가끔 VPN 사업을 하는 사람이 중국의 통신 관련 고위 간부가 아닐까 하는 생각도 해보았다. 중국의 안보에 위협이 된다는 인터넷망을 막아 놓고 VPN을 통해서만 연결할 수 있도록 해 놓았으니 이 분야가 황금알을 낳는 사업이 아니겠는가.

광저우 사무실은 산웬리 따도(三元里大道, 삼원리 대도) 변에 있다. 왕복 8차선의 넓은 도로다. 도로의 중앙에는 철책으로 쳐진 분리대가 설치되어 있다. 그렇지만 사람들은 철책을 건너다닌다. 중국의 큰 도시는 행인보다는 차량 소통을 우선시하는 정책으로 기울어져 있다. 그래서 이렇게 넓은 도로에는 횡단보도가 거의 없다. 도로 건너편의 행선지를 가려면 1㎞ 이상을 걸어가서 횡단보도를 건넌 후 다시 돌아와야 한다. 이런 불편함 때문에 멀리 가는 것보다는 도로를 가로지르는 방법을 선택한다. 물론 가로막고 있는 장애물은 제거 대상이다. 그래서 중앙 분리대를 막고 있는 철책에 구멍을 내고 이를 통과해서 다닌다. 바로 개구멍이다.

우리 사무실 인근만이 아니라 산웬리 따도 변에 있는 많은 구간에서 비슷한 상황이 벌어진다. 사람들은 횡단보도가 있는 곳까지 멀리 갈 필요가 없으니 너도나도 이런 개구멍을 애용한다. 시에서는 중앙 분리대에 구멍이 나면 수리하고 시민들은 다시 이곳에 새로운 구멍을 만든다. 얼마 전에는 철망을 수리한 것은 물론 사람들이 아예 접근하지 못하도록 철조망까지 쳐 놓았다. 마치 시민들을 적으로 생각하는 것 같다. 그렇다고 이에 굴할 광저우 시민들이 아니다. 머지않아 철조망도 끊어지고 새로운 개구멍이 생길 것이 분명하다. 시민들이 건너지 못하도록 철조망을 설치할 것이 아니라 안전하고 편리하게 건너다닐 수 있도록 횡단보도를 만들어주는 것이 필요하다.

중국 정부도 묵인하는 해적선

중국에서 우리나라와 가장 가까운 곳이 산동성(山東省)이다. 산동성에서 배를 타면 해류를 따라 자연적으로 우리나라의 서해안에 닿는다. 이런 접근성 때문에 고대로부터 우리나라와 산동성을 잇는 뱃길이 이어져 있었다. 물론 지금도 산동성 청도와 위해, 연태에서 인천으로 연결되는 항로가 활발하게 운영되고 있다. 산동성 석도에서는 인천으로 매일 페리가 출발한다. 저녁에 탑승하면 아침에 인천항에 도착한다. 석

도항에서 수많은 어선이 출항을 기다리고 있는 모습을 볼 수 있다. 그런데 이곳의 배는 다른 어선들과 현격하게 다르다는 점을 발견할 수 있다. 배 전체에다 철조망과 쇠창살을 설치해 놓았다. 어선이 아니라 마치 전쟁을 치르러 나가는 군함과 같은 비장함이 엿보인다.

이 배들은 고기를 잡으러 우리의 서해로 나갈 계획이다. 어선에 쇠창살과 같은 도구를 설치한 것은 대한민국 해경의 진입을 막기 위함이다. 물론 정상적인 조업을 한다면 이런 장치들이 필요 없다. 그렇지만 중국 해안에서는 고기를 잡기 어려우니 중국 어선들은 위험을 감수하고 대한민국의 해역까지 들어와 불법 조업을 할 수밖에 없는 처지다.

중국은 인구도 많지만 소득이 늘어나면서 수산물의 수요가 급증하고 있다. 중국은 세계 수산물의 30% 이상을 먹어 치우는 최대의 수산물 소비국이다. 그렇지만 중국 근해에서 저인망 그물을 이용해 조업을 하기 때문에 이미 수산물의 씨가 마른 상태다. 상황이 이러하다 보니 다른 나라 영해를 넘보는 것을 당연시하고 있다.

중국 어선들의 영해 침범은 우리에게 일상이 되어왔다. 잊을 만하면 터져 나오는 중국 어선들의 만행은 우리의 상상을 초월한다. 영해를 침범한 것도 큰 죄인데 이걸 단속하는 대한민국의 해양 경찰에게 쇠파이프나 삽을 휘둘러 위해를 가한다. 어느 나라 어부들이 다른 나라의 영해에 들어가 상대국의 해양 경찰에게 폭력을 휘두르는 것을 상상할 수 있을까. 어부가 아니라 현대판 해적이라고 할 수 있다. 우리나라만 그런 것이 아니고 중국과 영해를 접하고 있는 베트남, 인도네시아, 말레이시아, 필리핀도 비슷한 상황이다. 일부 중국 어선들은 멀리 러시아 영해까지 들어가 불법으로 조업하다가 총격을 받는 일도 생겨나고 있다.

또한 중국 어선은 다른 나라의 영해를 침범하고도 이에 항의하는 상대국 어선을 침몰시키는 행동도 마다하지 않는다. 실제로 2014년 베트남 영해에서 조업하던 베트남의 목선 2척을 중국 어선이 고의로 충돌하여 침몰시킨 사건이 있었다. 베트남 정부에서도 중국 어선들의 불법 조업에는 강력하게 맞서고 있다. 베트남의 수산 자원 감시대원들은 중국 어부들을 제압하기 위해 권총과 수류탄으로 중무장한다. 또한 불법 조업을 하는 중국 어선을 단속할 때에는 기관총까지 동원하는 실정이니 세계적인 뉴스거리가 아닐 수 없다.

불법 단속도 목숨을 걸어야 하나

중국 어선들의 영해 침범은 어제오늘의 이야기가 아니다. 조선 시대에도 이들을 단속한 기록이 남아 있다. 중국과 황해를 맞대고 있으니 가장 큰 피해를 입는 것은 우리 어부들이고 가장 피곤한 것은 대한민국 해양 경찰이다. 중국의 어선들은 한국 해양 경찰의 단속에 대비해서 무리를 지어 선단을 구성한다. 만약 해양 경찰이 단속에 나서면 집단으로 이에 대항한다. 이럴 경우에는 해양 경찰의 단속정은 중국 어선에 접근조차 어려워진다. 또한 중국의 어선들은 단속에 나선 해양 경찰의 배를 고의적으로 들이받기도 한다. 실제로 2016년 10월에 중국 어선이 단속에 나선 우리의 고속 단정을 들이받아 침몰한 사건이 있었다. 설사 불법 조업 어선에 접근했다 하더라도 쇠창살로 무장한 중국 어선에 오르는 것이 쉽지 않다. 또한 이런 위험을 무릅쓰고 배에 올랐다 하면 어부들이 무기로 대항한다. 쇠막대나 칼로 맞서는 이들을 제압하는 것은 목숨까지 걸어야 할 정도로 위험하다. 단속이 아니라 전투에 참가한다고 하는 것이 어울릴 정도다. 우리의 해양 경찰관이 불법 조업하는 어선에 올랐다가 이들에게 얻어맞거나 배에서 떨어지는 경우도 종종 발생한다.

2008년 9월 25일에는 불법 조업 단속에 나선 대한민국 해양 경찰의 박경조 경사가 중국 어부가 휘두른 삽에 맞아 사망했다. 또한 2011년 12월 12일에는 역시 우리 영해에서 불법 조업을 하는 중국 어선을 단속하던 이청호 경장이 중국인 선장의 흉기에 찔려 사망하는 사고도 있었다. 이에 우리나라 정부에서도 해양 경찰의 무장을 강화하고 영해를 침범하는 어선에 대해서는 발포하겠다는 강경한 입장을 발표하기까지 했다.

이런 일이 발생하면 중국 정부에서도 유감을 표명하지만 그때뿐이다. 중국 정부에서도 이를 해결할 뾰족한 방법이 없기 때문이다. 중국 근해에서 불법 조업을 하다가 걸리면 1년 이하의 징역에 처한다. 자신들의 어업 자원을 보호하기 위해서다. 이런 것을 감안하면 자국의 어선들이 다른 나라에 해를 끼치는 것에 대해서도 당연히 처벌해야 하는 것이 마땅하다. 그러나 중국 정부는 오히려 외국으로 나가 불법으로 조업하는 것을 부추기고 있다. 중국 정부는 자국의 어선들이 불법 조업을 하다 단속에 걸리면 상대국에다 이해해달라고 요구한다. 현대판 해적을 보호해 주는 정부가 온전한 나라라고 할 수 없다.

특별한 음식 문화

박쥐도 먹는 독특한 음식 문화

중국인들의 음식 문화는 화려하다. 우리에게도 익숙한 베이징 요리, 광동 요리, 사천 요리 등 다양한 종류의 음식은 미식가들의 입을 즐겁게 해준다. 워낙 넓은 나라이다 보니 지역별로 먹는 음식도 다르고 요리 방법도 다르다. 날아다니는 것 중에서는 비행기, 네 다리 달린 것 중에서는 의자만 빼고 다 먹는다고 할 정도로 중국에서는 모든 것이 음식의 재료가 된다.

나는 20여 년 동안 중국에서 생활하면서 중국 전역을 방문했다. 중국의 북서부는 밀과 양고기가 주식이다. 남부와 동부는 쌀과 돼지고기를 주로 먹는다. 중국에 머물면서 한국에서는 먹어보지 못한 아주 특별한 음식들을 먹을 기회가 많았다. 특히 거래처에서 접대를 받을 때에는 내가 한 번도 경험해 보지 못한 아주 귀한 음식을 먹을 수 있었다. 때론 대단히 비싸지만 아주 고약한 맛의 음식도 흥미진진했다. 그렇지만 모두 맛이 있었던 것은 아니었다. 그중에는 뱀, 비둘기, 벌, 자라, 굼벵이 등 약간 혐오스러운 음식도 있다.

희귀한 음식 중에서 맛이 괜찮았던 것으로는 전갈이 있다. 전갈은 튀겨서 나오는데 의외로 고소하고 바삭해서 먹을 만했다. 가장 먹기 어려웠던 음식은 단연 물방개다. 물방개를 씹으면 내장이 터지면서 퀴 퀴한 냄새가 입안 가득 퍼지는데 이를 그냥 넘기려면 상당히 곤혹스러울 수밖에 없다. 이걸 뱉어내면 초대한 분에게 실례가 되니 눈 딱 감고 삼켜야 하는데 참 난감하다. 하나를 먹고 나니 초대한 분은 내가 물방개를 좋아하는 줄 알고 계속 권하는데 이렇게 되면 즐거운 저녁이 아니라 고문이나 다름없는 식사가 된다.

내가 중국에 진출했을 때에는 원숭이 골 요리가 많이 사라진 다음이었다. 우리나라가 중국과 수교했던 시기에는 원숭이 골 요리가 최고의 대접 음식으로 손꼽혔다고 한다. 광동을 방문했던 선배들의 이야기를 들어보면 원숭이 골 요리는 너무 끔찍해서 이걸 먹을 수 있었을까 하는 생각부터 든다. 말 그대로 원숭이의 골을 파먹는 방식이다. 그것도 살아 있는 원숭이를 말이다.

원숭이 골 요리는 먼저 원형으로 뚫린 탁자에 원숭이를 묶어 두고 머리만 위로 나오게 한다. 그리고 칼로 머리를 베어내고 숟가락으로 골을 파서 먹는 요리다. 그것도 살아서 고통스럽다고 울부짖는 원숭이를 밑에 두고서다. 너무 잔인해서 상상하는 것만으로도 몸서리가 쳐진다. 원숭이 골 요리를 생각해 보면 그나마 내게 물방개 요리를 대접했던 우리 거래처 사장이 인간적이란 생각이 든다.

개고기도 즐겨 먹는 음식이다

여름이 되면 우리나라의 보신탕 문화가 국제적인 뉴스거리가 된다. 서양인의 시각으로 볼 때 선진국 국민으로 대접받는 한국인들이 어떻게 가족과 같은 개를 요리해 먹을 수 있느냐는 의문을 갖고 있다. 한국인들은 예로부터 무더운 여름을 이겨내기 위해 삼계탕과 같은 보신 요리를 먹는 문화가 있었다. 별다른 먹거리가 없던 시절부터 이어진 전통이지만 먹고살 만한 현재에까지 이어지고 있으니 앞으로도 이런 논란은 계속될 것이 분명하다. 내가 30년 전에 미국에 갔을 때 개 호텔을 보고 놀란 적이 있다. 또 슈퍼마켓에서도 개 그림이 그려진 통조림도 볼 수 있었다. 당시만 해도 한국에서는 보신탕을 계절 음식의 하나로 여겼다. 그래서 오래전에 이민 가신 분들 중에는 개 통조림이 개고기인 줄 알고 사다 먹었다는 이야기도 들었다. 그래서 우리나라에서 반려견을 키우는 인구가 1,500만을 넘었다는 뉴스는 신선하게 느껴진다.

아직도 우리나라에서는 일부이긴 하지만 보신탕을 즐기는 인구가 있다. 중국에서도 당연히 개고기를 먹는다. 내가 활동하고 있는 이우에도 개고기를 전문으로 하는 식당이 꽤 많다. 우리나라가 개고기 때문에 유럽 국가로부터 야만국이라는 이야기를 많이 들었는데 유독 중국에는 관대한 것은 좀 의아하다. 아마도 중국인들이 너무나 기상천외한 음식을 먹기 때문에 개고기만 꼭 집어서 불평하는 것이 어렵기 때문이 아닐까 싶다.

이우 사람들은 개를 설 전후에 잡아먹는다. 개가 살이 토실토실하게 올라 있어야 맛이 있다고 생각한다. 이들은 한국 사람들이 왜 더운 여름에 비실비실한 개를 잡아먹는지 이해하지 못한다.

내가 기거했던 아파트의 주인이 기르던 개가 한 마리 있었다. 퇴근 후에 돌아오면 아파트 앞에서 꼬리를 치며 반가워하던 하얀 털을 가진 잡종 개였다. 워낙 순하고 사람을 잘 따라서 '순둥이'라고 불렀다. 그런데 설 연휴를 한국에서 보내고 이우의 숙소에 돌아오니 순둥이가 보이지 않았다. 하도 이상해서 주인장에게 순둥이가 보이지 않는다고 물었더니 당황한 표정을 지으며 "아, 그렇게 되었다."며 얼버무렸다. 나중에 주인장이 춘절에 순둥이를 잡아 가족들과 즐겁게 먹었다는 이야기를 들었다. 그때 받은 충격은 상당히 오래갔다.

광시성(廣西省, 광서성) 위린시(玉林市, 옥림시)에서는 매년 6월 개고기 축제가 열린다. 축제 기간에 도살되는 개가 수만 마리가 넘는다고 하니 실로 엄청난 숫자가 아닐 수 없다. 그러나 중국도 소득이 늘어나면서 반려견을 키우는 인구가 급증하고 있다. 특히 결혼을 미루는 젊은 세대에서 반려견이나 반려 고양이와 함께 생활하는 인구가 지속적으로 늘어나고 있다. 이들은 개고기를 식용으로 하는 것에 반대한다. 중국에서도 2020년 4월 개를 가축이 아닌 동물로 분류하여 개고기 식용을 금지했다. 중국인들도 우리와 마찬가지로 한동안 개고기의 식용에 대한 찬반 양론으로 혼란을 겪을 것이 예상된다. 중국인들이 개고기를 안 먹게 되는 날이 오게 될지 궁금해진다.

중국 때문에 멸종 동물이 늘어난다

코로나 바이러스 사태가 발생했을 때 바이러스가 박쥐를 통해 인간에게 전이된 것이 아니냐는 추측이 나돌았다. 죄 없는 박쥐가 코로나 바이러스를 전파시킨 원흉이 된 것도 따지고 보면 이를 먹는 중국인들의 식성 때문이다. 후에 코로나 바이러스의 숙주 동물이 박쥐가 아닌 천산갑이라는 보도가 있었다. 천산갑은 아프리카와 아시아의 열대 지방에서만 사는 대단히 희귀한 동물이다. 지구상에 남아 있는 숫자가 그리 많지 않아 멸종 위기 동물의 하나로 지정되어 있다. 그렇지만 중국에서는 현재도 귀한 약재로 쓰이고 있어 인기가 대단히 높다. 귀하기 때문에 구하기 어렵고, 그래서 더욱 비싼 가격에 거래가 되고 있다. 이 때문에 다른 동물보다 멸종 위기가 더 빨라지고 있다. 요즘엔 남미의 재규어까지 수난을 겪고 있다. 재규어의 뼈가 몸에 좋다는 소문이 퍼져 중국인들이 너도나도 재규어의 불법 사냥에 뛰어들고 있다는 소식이 들려온다.

얼마 전에는 NBA(미국 프로 농구)에서 뛰었던 중국의 농구 선수 야오밍(姚明)이 텔레비전 공익 광고에 나와 삭스핀을 먹지 말자는 호소를 했다. 중국인들의 별난 식성 때문에 상어가 멸종 위기에 처해 있다는 의미심장한 광고였다. 중국의 고급 음식점에서 상어 지느러미 요리가 비싼 값에 팔리지만 항상 공급이 부족한 상황이다. 중국인들의 주머니가 두둑해지면서 생긴 현상이다. 중국인들의 먹성 때문에 상어가 없어진다는 상상을 해본 적이 없었는데 이 광고를 보니 그게 가능하다는 생각이 든다.

중국인들이 좋아하는 제비집 요리는 나도 중국에서 처음 먹어보았다. 그런데 그 맛이 기대했던 것만큼 대단한 것은 아니었다. 제비집 요리는 말 그대로 제비의 집을 떼어다가 요리한 것이다. 바닷가에 사는 제비들은 해초와 생선 뼈 등을 모은 다음 자신들의 타액을 섞어 집을 만든다. 중국에서는 황제가 먹었다고 해서 가장 귀한 음식의 하나로 인정받고 있다. 어렵게 지은 집을 중국인들이 먹겠다고 떼어가니 제비로서는 황당한 일이 아닐 수 없다.

중국의 각종 전시회에서는 기묘한 조각을 한 거대한 상아를 흔하게 볼 수 있다. 길이가 2m가 넘는 상아에다 말이나 용의 형상을 조각했는데 가격도 우리 돈으로 수억 원이 넘는다. 그런데 이런 상아는 모두 아프리카에서 불법으로 넘어온 것들이다. 불법으로 포획된 코끼리에서 떼어낸 상아가 중국에서는 버젓이 전시회에서 팔리고 있으니 비난을 받아 마땅하다. 얼마 전 방영된 다큐멘터리에서 중국인들의 욕심 때문에 지구상에서 상아가 없는 코끼리만 남게 될 것이라는 충격적인 소식을 들었다. 불법 밀렵업자들이 상아가 없는 코끼리는 사냥하지 않기 때문이다. 코끼리들도 자신들이 큰 상아를 지니고 있으면 위험해질 수 있다는 것을 직감하고 있다고 한다. 이로 인해 머지않아 지구상에는 상아가 있는 코끼리를 보지 못하게 될 것이란 암울한 전망이 나오고 있다. 중국인들의 식성 때문에 희귀 동물들이 사라지고 중국인들의 기호품을 만들기 위해 오늘도 코끼리의 상아가 잘려나가는 일은 우리의 가슴을 아프게 한다.

감기에 효과가 있는 콜라탕

중국 음식은 지역마다 독특한 특색을 지니고 있다. 내가 먹어본 중국 음식 중에서 가장 인상에 남는 것은 충칭(重慶, 중경)의 훠궈(火鍋, 샤브샤브)다. 중경은 중국 중앙부와 사천성(四川省)을 연결하는 통로 역할을 한다. 내륙에서 온 물자들이 사천성 청두(成都, 성도)로 들어가기 위해서는 장강으로 연결되는 중경을 통하는 뱃길이 가장 빠른 길이었다. 장강의 뱃길을 이용하면 육로를 이용하는 것보다 훨씬 빠르고 많은 양의 물자를 운반할 수 있었다. 그래서 중경의 부둣가는 일 년 내내 바쁘게 움직였다. 당시 부둣가에서 일하던 가난한 노동자들이 먹을 수 있는 것은 돼지 내장 등 싸게 구할 수 있는 재료밖에 없었다. 이런 값싼 돼지고기와 내장을 끓이면 역겨운 냄새가 나올 수밖에 없었다. 이를 없애기 위해 매운 고추와 향신료 등을 첨가하게 되었는데 이게 유명한 충칭의 훠궈로 발전하였다. 충칭의 훠궈는 근처에만 가도 재채기가 날 정도로 엄청나게 맵다.

2003년 중국에서 사스라는 괴질 때문에 몸살을 앓았다. 사람이 모인 곳에서 기침하면 모든 이들의 시선이 집중되는 곤욕을 치렀다. 당시 이우도 사스의 영향을 비껴갈 수 없었다. 모두들 마스크를 쓰고 출근을 했고, 매일 길거리 소독을 하는 소동이 벌어졌다.

어느 날 우리 사무실에서 직원들에게 밥을 해주던 분이 마치 한약 같은 것을 가지고 왔다. 내가 무어냐고 물었더니 '콜라탕'이라고 했다. 처음에는 농담으로 하는 줄 알았는데 콜라를 끓인 것이라는 말을 듣고 고개를 갸우뚱했다. 중국에서는 콜라를 끓여 마신다. 물론 콜라만이 아니라 생강을 함께 넣어서 끓인다. 맛은 생강차와 비슷하다. 그런데 콜라탕이 의외로 감기에 좋다고 한다. 실제로 마셔보니 몸에 열이 나는 효과가 있다. 작년에 감기 기운이 있을 때 그 생각이 나서 콜라탕을 끓여 먹고 잤더니 아침에 몸이 가벼워진 경험이 있다. 우연의 일치인지 모르겠지만 콜라탕 덕을 본 셈이라고 생각한다. 그렇지만 매번 그런 것은 아니다. 중국 이우에서 생활하는 심 사장님께서 감기에 걸려 고생하시는 것을 보고 콜라탕에 대해 설명을 드렸다. 심 사장님께서 내가 처방한 대로 콜라와 생강을 함께 끓여서 드셨는데 전혀 효과가 없었다고 불평하셨다.

재미있는 것은 중국의 찻집에서도 콜라탕을 판다는 점이다. 영국에서 온 마이클에게 이런 이야기를 했더니 무척 신기해하기는 했지만 믿으려고 하지 않았다. 그는 모든 것을 먹는 중국인들이지만 설마 콜라를 끓여 마시겠느냐는 의구심을 떨치지 못했다. 그래서 이우 강변에 있는 디오 카페에 가서 콜라탕 맛을 보여 주었다. 놀라움과 함께 "맛이 괜찮다"를 연발하던 마이클의 표정은 압권이었다.

죽을 파는 맥도날드

중국인들의 식생활은 우리와는 많이 다르다. 우리는 밥을 주식으로 하지만 이와 함께 김치, 깍두기 등과 같이 오랫동안 저장해 두었던 음식을 함께 먹는다. 이에 반해 중국인들은 즉석으로 요리해서 식사한 후 남는 음식은 바로 버린다. 위생 환경이 우리와 달라 음식이 금방 상하기 때문이다. 그래서 중국의 슈퍼마켓은 아침 일찍 문을 연다. 아침에 먹을 식재료를 사러 오는 손님들이 많다. 주부들이 대부분이지만 중년의 남자들도 많다. 중국에서는 많은 남자가 가족들을 위해 요리한다. 우리나라에서는 모든 엄마가 아이들에게 든든한 아침 식사를 챙겨 주고 등교시키는 것을 의무라고 여겨왔다. 남자들 역시 부인이 차려주는 아침을 든든하게 먹고 출근하는 것이 당연하다고 생각해 왔다. 이에 반해 중국에서는 아침을 밖에서 사 먹는 매식 문화가 매우 발달했다. 상하이와 같은 대도시에서는 아침 등굣길에 패스트푸드점에 들러 아이들에게 아침을 먹이고 등교시키는 엄마들이 많다.

중국인들은 아침 식사를 가볍게 한다. 이들이 즐겨 먹는 아침 메뉴로는 만두, 유탸오(油條), 국수 등으로 무척 다양하다. 가장 보편적인 것은 유툐나 만토(饅頭)를 콩 우유와 함께 먹는 것이다. 그런데 이런 아침 식사 시장을 미국 업체들이 선점했다는 점이 흥미롭다. 맥도날드와 KFC는 물론 버거킹과 피자헛까지 맹위를 떨치고 있다. 재미있는 것은 세계에서 가장 큰 패스트푸드 업체인 맥도날드에서 아침에 유툐와 콩 우유를 판다는 점이다. 게다가 여러 종류의 죽도 판다. 맥도날드에서 죽을 판다는 것을 미국인들이 알게 된다면 기절초풍하지 않을까?

중국인들의 입맛을 사로잡기 위한 맥도날드의 노력은 필사적이다. 물론 맥도날드에서 먼저 죽을 팔기 시작한 것은 아니다. 맥도날드에 앞서 KFC가 유툐와 콩 우유를 선보였고 죽도 마찬가지다. 맥도날드가 전 세계에 가장 영향력이 높은 패스트푸드 업체이지만 중국에서만큼은 KFC에 비견이 되지 못한다. 중국 내의 맥도날드 매장이 2,500개인데 비해 KFC는 두 배가 넘는 5,200개의 매장을 운영하고 있다.

맥도날드가 중국에서 맥을 못 추는 것은 중국인들이 쇠고기보다는 돼지고기를 훨씬 좋아하기 때문이다. 그래서 맥도날드에는 돼지고기로 만든 햄버거도 있다. 또한 쇠고기보다는 닭고기를 선호하는 덕분에 KFC가 훨씬 유리한 조건에서 영업할 수 있었다. 이와 더불어 KFC는 중국인들의 취향에 맞는 메뉴를 지속적으로 개발해 온 점이 중국에서 성공할 수 있었던 요인으로 꼽는다. KFC에서는 중국인들의 주식이 쌀이라는 점에 착안하여 닭고기덮밥을 만들어서 팔고 있다. 맥도날드는 KFC가 신메뉴를 개발해서 인기를 끌면 따라가는 식이다.

맥도날드나 KFC가 중국에서 젊은이들에게 인기를 끄는 것은 맛도 맛이지만 깨끗하고 위생적이기 때문이다. 유툐나 만토를 파는 일반적인 중국 식당의 청결 상태는 만족할 만한 수준이 아니다. 중국의 신세대들은 기성세대와 다른 환경에서 자랐다. 이들은 길에서 아침을 사 먹는 대신에 맥도날드에서 커피와 맥머핀으로 아침 식사를 한다. 일부는 출근길에 이런 음식들을 싸가지고 사무실에 와서 먹는다. 처음에는 이런 모습이 눈에 거슬렸는데 이젠 나도 길에서 사다가 먹는 처지가 되었으니 반 중국인이 된 것이나 다름없다.

중국의 KFC나 맥도날드는 완전 셀프서비스가 아니다. 주문한 음식은 고객이 받아와야 하지만 다 먹고 난 후에는 이를 치우지 않고 그냥 나가도 된다. 이를 치우는 고객은 외국인이라고 봐도 무방하다. 중국의 패스트푸드 식당에서는 손님들이 남겨놓고 간 음식물과 쓰레기를 종업원들이 치운다. 그래서 가끔 한국의 패스트푸드 식당에 들른 중국인들이 음식을 다 먹고 난 후 그냥 가버리는 경우가 종종 있다. 사실 즐거운 식사 후에 쓰레기를 분류해서 버려야 하는 것은 무척 귀찮다. 그래서 가끔은 중국의 패스트푸드 식당이 부럽다는 생각도 든다.

차의 나라, 커피의 나라

지금껏 중국은 차의 나라로 알려져 왔다. 5천 년 전부터 중국인들은 차를 팔기 위해 해발 5천m가 넘는 험한 산을 넘어 티베트는 물론 멀리 인도까지 오갔다. 험한 산악 지역에서 생활하는 티베트인들은 채소나 과일이 부족해서 항상 비타민 결핍에 시달렸다. 이들은 이를 해결하는 방안으로 차를 끓여 마셨는데 중국 운남성의 차가 한몫을 담당했다. 중국인들은 티베트에 차를 팔고 이를 대신해서 그곳의 말을 사가지고 왔는데, 이들이 다니던 길이 바로 차마고도다. 그렇지만 세계에서 가장 오래된 무역로인 차마고도에는 이제 고속도로와 철도가 깔려 전설 속의 길이 되고 말았다.

또한 차는 중국인들에게 문화였고 생활의 일부였다. 손님이 오면 차를 끓여 대접하는 것을 관례처럼 여겼다. 지금도 중국의 거래처에 들르면 차부터 내온다. 본격적인 상담을 하기 전에 차를 마시면서 세상 돌아가는 이야기를 하는 것이 이들의 오래된 문화다. 이렇듯 중국인들의 생활 속에서 차는 떼어 놓을 수 없는 특수한 관계였다. 그런데 개방이 된 이후 서구의 문화가 급속하게 유입되면서 전통적인 차 문화도 변화를 겪고 있다. 요즘 중국 젊은이들은 전통 차를 거의 마시지 않는다. 이들은 뜨거운 차가 아니라 커피나 버블티를 즐겨 마신다. 그것도 얼음을 넣어서 찬 것으로 마신다. 20여 년 전에는 상상도 하지 못하는 파격적인 일이다. 당시에는 아이스커피를 마시는 중국인을 상상조차 할 수 없었다.

오늘도 스타벅스에는 젊은이들이 몰린다. 우아하게 노트북을 켜놓고 여유롭게 커피를 한잔 마시면서 누군가와 휴대폰으로 통화하는 모습을 어느 스타벅스에서나 볼 수 있다. 이런 장면을 보면 이곳이 중국일까 하는 의구심까지 들 정도다. 이들은 스타벅스의 매장에서 커피를 마시면서 담소하는 것에서 특별함을 느낀다. 실제 스타벅스의 커피 값은 웬만한 이들의 한 끼 식사비보다 비싸다. 이들에게 스타벅스는 우리와 같이 지성이 있는 사람들이 즐기는 곳이라는 인식이 강하다. 이런 분위기 덕분에 중국에서 미국을 대표하는 스타벅스의 약진은 놀라울 정도다. 2019년 현재 중국의 스타벅스 매장은 2,900개에 이른다. 미국 다음으로 많은 매장이 중국에 있다. 그런데 2022년까지 5천 개로 늘린다는 계획이니 차의 나라가 아니라 커피의 나라라고 불러야 하겠다. 요즘 심심찮게 차의 고장 운남성에서는 차밭을 갈아엎고 커피나무를 심는다는 뉴스를 접한다. 스타벅스도 운남성 차밭을 매입해서 커피를 경작한다고 들었다.

중국 제1의 적은 미국이다. 중국인들은 미국에 대한 적개심을 적나라하게 드러낸다. 언젠가는 싸워서 이겨야 할 대상이기도 하다. 그렇지만 중국의 지식인이나 돈 많은 사람은 정작 자신의 자식들은 미국으로 유학을 보낸다. 그리고 재산을 몰래 감추기 위해 금이나 달러를 확보하는 노력을 아끼지 않는다. 특히 중국의 젊은이들은 스타벅스에서 커피를 마시며 자신들의 존재감을 나타낸다. 스타벅스는 커피를 파는 곳이 아니라 미국의 문화를 전파하는 곳이다.

특별한 나라 중국

녹색 모자는 민망한 표현

우리 사무실의 미스터 리는 빨간 팬츠를 입고 다닌다. 우리의 사고 방식으로는 남자가 빨간 팬티를 입는 것이 좀 남세스럽다고 여길 수 있다. 그렇지만 중국에서는 의외로 많은 남자가 빨간색 내의를 입고 다닌다. 중국인들은 빨간색은 액운을 막아주고 행운을 가져다주는 것으로 믿고 있다. 그래서 어딜 가나 빨간색으로 도배된 현수막이나 선전 포스터를 볼 수 있다.

춘절이 되면 '입춘대길'과 같은 글을 빨간색 바탕의 종이에 써서 걸어 놓는다. 설이나 결혼식에는 홍바오(紅包)를 주는 것이 관례인데 역시 빨간색이다. 글자는 대부분 금색으로 쓴다. 금색은 황금을 의미한다. 중국인들이 좋아하는 색은 빨간색과 금색이다. 중국의 국기를 오성기라고 부른다. 빨간색 바탕에 노란색으로 된 다섯 개의 별이 있다. 중국인들이 빨간색을 좋아하기도 하지만 공산당의 붉은 혁명과도 일치하니 의미심장하다.

중국인들의 금 사랑은 타의 추종을 불허한다. 중국 어딜 가나 금을 파는 가게를 쉽게 볼 수 있다. 공원이나 산 정상의 휴게소에도 보석을 파는 매장이 있을 정도다. 광저우에서 제일 높은 건물은 화청 광장에 있는 120층의 저우다푸(周大福, 주대복)다. 전국적인 체인점을 가진 저우다푸는 금을 파는 기업이다. 금을 팔아서 광저우에서 제일 높은 건물을 지었으니 중국에서 금을 파는 사업이 그만큼 성황이라는 것을 입증한다. 고대 중국에서는 금 대신 은을 주로 사용했다. 중국에는 금이 그리 많이 매장되어 있지 않았기 때문이다. 그렇지만 중국이 경제 발전을 이룩하면서 중국인들이 금값을 좌지우지하는 세상이 왔다. 2020년 5월 중국의 순금 매매 가격은 그램당 380위안이다. 2016년에 비하면 150위안이 올랐다. 특히 인기가 좋은 순금 바는 구하기 어려울 정도로 인기가 높다.

중국에서는 녹색은 특별한 의미를 가지고 있다. 남자가 녹색 모자를 쓰는 것은 부인이 바람이 났다는 것을 뜻한다. 예전에 송중기가 녹색 모자를 쓴 모습이 중국 TV에 나왔던 적이 있다. 이를 보고 중국의 시청자들이 송중기의 여자 친구가 바람이 났나 보다 하고 설왕설래했던 기억이 있다. 우리나라의 새마을 운동을 상징하는 대표적인 도구가 녹색 모자다. 한국의 단체 관광객 중에는 평소에 사용하던 새마을 운동 모자를 쓰고 오시는 경우가 많다. 농촌 마을에서 단체로 여행을 오면 일체감을 높이기 위해 모두 '새마을 운동'이 적힌 모자를 쓰고 있다. 평소에 쓰고 다녔기 때문에 친숙하고 또 부담이 없기 때문이다. 이를 보고 중국인들은 한국에는 바람난 부인들이 많은가 보다 하고 웃음 짓는 것을 본 적이 있다. 그러니까 바람맞은 남자들이 단체로 여행을 온 꼴이 되는 셈이다. 그것도 자랑스럽게….

여전한 안전 불감증

2014년 4월 16일 우리나라의 진도 인근 해상에서 침몰한 세월호는 우리나라의 바다에서 발생한 최악의 해상 사고였다. 제주도로 수학여행을 가던 안산의 단원 고등학교 학생 등 총 304명이 사망, 실종되어 전 국민에게 슬픔과 좌절감을 안겨주었다. 이 때문에 박근혜 정부가 헌정 사상 처음으로 탄핵되는 국면까지 맞이했다. 우린 이를 우리 국민의 안전 불감증 때문이라고 자조한다.

당시 나도 침몰 현장을 중국에서 TV를 통해 생생하게 볼 수 있었다. 그전까지만 해도 나는 대한민국이 이젠 당당히 선진국의 대열에 들어섰다고 자랑스러워했다. 그렇지만 그날 이후 난 대한민국을 선진국이라 부르지 않는다.

후진국일수록 안전 불감증으로 인해 발생하는 사고가 많다. 중국도 많이 개선되었다고 하지만 아직도 이런 유의 사고가 종종 발생한다. 요즘엔 덜하지만 중국 진출 초기에는 고속도로에서 역주행하는 차를 종종 볼 수 있었다. 고속도로에서 우리가 진행하는 방향으로 달려오는 차가 비켜 달라고 전조등을 번쩍이는 모습에는 가슴이 철렁거릴 수밖에 없었다. 고속도로에서의 교통사고는 치명적이다. 게다가 고속도로에서 정면으로 오는 차와 부딪히면 어느 누구도 살아남기 어렵다. 그런데 이런 일을 자주 당하다 보니 중국에서는 당연한 일이라 생각하고 있다.

7년 전에는 저장성의 한 고속도로에서 버스가 후진하다가 뒤따라오던 트럭과 추돌하여 대형 사고가 발생한 일이 있었다. 출구를 지나치는 바람에 생긴 어이없는 사고였다. 고속도로에서 후진했으니 역주행을 한 것이나 마찬가지라 할 수 있다. 고속버스 기사는 순간적으로 출구를 지나는 바람에 당황했다. 사실 누구에게나 이런 경험이 한 번쯤은 있다. 그렇지만 고속도로에서 예정했던 출구를 지나면 안전을 위해 다음 출구에서 빠진 후 다시 돌아오는 것이 상식이다. 고속도로는 워낙 차들이 빠르게 달리니 일반 도로보다 훨씬 위험하다. 그렇지만 버스 기사는 후진해서 출구를 들어가야겠다고 판단했다. 먼 길을 갔다가 다시 돌아오는 것이 귀찮았던 것이다. 출구를 멀리 지나지 않았다면 어느 운전자나 이런 유혹에 빠지게 된다. 기사는 무모하게도 고속도로에서 후진을 감행했다. 그런데 버스의 뒤를 따라오던 화물차가 있었다. 트럭 기사는 후진하는 버스를 발견했지만 너무 가까운 거리라 추돌을 피할 수 없었다. 그 자리에서 트럭 운전자가 숨지고 버스 탑승객 스물두 명이 중상을 입는 대형 참사가 발생했다.

10여 년 전에 산동성 지난(濟南, 제남)에서 칭다오(青島, 청도)로 오는 고속버스를 탄 적이 있다. 버스 터미널을 출발한 버스가 고속도로에 들어섰는데 놀라운 광경이 눈앞에 펼쳐졌다. 자동차들이 씽씽 달리는 고속도로변에 수많은 사람이 서 있었다. 한두 명이 아니고 무리를 지어 있는 이들은 여러 그룹으로 형성되어 있었다. 내가 고속도로에 있다는 사실이 믿기지 않았다. 이들이 팔을 뻗어 차를 세우면 고속버스는 정차해서 그들을 태웠다. 그런데 버스는 이미 만석이라 새로 탄 사람들에게는 빈 좌석이 없었다. 빈자리가 없는데 이들을 어떻게 태워서 갈 수 있을까 하는 궁금증이 일었다. 그것은 나의 소박한 걱정에 지나지 않았다. 고속버스의 차장이 유유자적하게 뒤쪽에서 목욕용 의자를 가져다가 통로에 쫙 깔아놓으니 특별한 좌석이 만들어졌다. 그리곤 한참을 달리다가 손님이 "저기 세워주시오." 하면 기사는 고속도로변에 차를 세웠다. 고속버스가 아니라 마치 마을버스와 같았다. 정말 진기한 광경이었다. 그렇지만 목욕 의자에 앉은 이들은 안전벨트를 맬 수 없는 구조이니 사고가 나면 대형 참사로 이어질 수 있는 대단히 위험한 상황이 아닐 수 없었다.

중국은 언어의 천국

중국인들의 언어 구사 능력은 정말 대단하다. 광동 사람들의 경우에 기본적으로 세 가지의 말을 쓴다. 태어나면 자연스레 고향 말부터 배운다. 또 성장하면서는 광동어를, 학교에 가면 표준어(만다린)를 쓰게 된다. 그것도 아주 자연스럽게. 그래서 그런지 중국은 텃세가 무척 심하다. 말이 같으면 동질감을 느껴 금방 가까워지지만 다른 말을 쓰면 따돌림 받기 십상이다.

그런데 이우에서 한 시간만 가면 말이 다르다. 요즘에는 표준어로 쓰기 때문에 대화에 문제가 없지만 오래전에는 다른 지역에 가면 말이 통하지 않았다. 그러니까 삼국지에서 관우가 "조조야, 내 청룡도를 받아라." 하고 외치면 조조가 "관우야, 칼을 버리고 내 앞에 무릎을 꿇어라."라고 했던 것은 다 뻥이라는 이야기다. 자신이 큰소리를 쳤지만 상대방이 알아듣지 못했을 것이 분명하다.

중국에는 수만 가지의 언어가 존재한다. 지역마다 말이 다르고 또 소수 민족들은 다른 언어를 지니고 있다. 마오쩌둥(모택동)이 중국을 통일하고 나서 전국을 시찰할 때 여덟 명의 통역이 따라다녔다고 한다. 그렇다 하더라도 여덟 명으로는 부족하지 않았을까 하는 게 내 생각이다.

전에 고급 구두를 넣는 케이스를 대량으로 제작해서 한국으로 보낸 적이 있었다. 매주 한 컨테이너의 분량을 만들어야 했으므로 대단히 큰 주문이었다. 그런데 계속 불량이 발생해서 우리 직원을 현장에 상주시켜 이를 검수하도록 했다.

여러 공정을 거쳐 제품이 만들어지는데 처음 공정에서 잘못 만들어진 반제품이 마지막 공정까지 그대로 흘러나왔다. 이를 중간에 확인해 주면 불량률을 현저하게 줄일 수 있었다. 그렇지만 중간 공정의 직공들은 불량품이 있든 없든 그냥 다음 공정으로 보냈다. 이를 보다 못해 이런 문제점을 공장장에게 설명했더니 급하게 직공들을 모두 불러 모았다. 그런데 공장장이 설명하면 이를 통역해 주는 이가 따로 있었다. 대부분의 공원은 시골에서 단체로 와서 한 공장에서 일하는데 표준어를 하는 사람이 많지 않았다. 그래서 공장장이 표준말로 시정할 사항을 통지하면 이를 고향 말로 다시 전해주는 역할이 필요했다.

중국 진출 초기에 광동성 동관의 한 공장을 방문하려고 선전에서 택시를 타고 이동한 적이 있었다. 그런데 광동 출신의 택시 기사는 표준말을 하지 못했고, 공장의 담당자는 후베이 출신으로 광동어를 알아듣지 못했다. 처음에는 왜 동문서답하는지 의아했지만 서로 말이 통하지 않는다는 사실을 알고 허탈하게 웃을 수밖에 없었다. 이런 이유 때문에 서로의 의사가 통하지 않아 공장을 바로 앞에다 두고 열 번 이상을 지나치고 말았다. 결국 동관의 큰 호텔 앞에 차를 세우고 공장 담당자에게 우리를 데리러 오라고 했던 쓸쓸한 기억이 남아 있다. 실제로 지금도 지방에 가서 노인들을 만나면 대화가 되지 않는다.

아주 특별한 온주(溫州, 원저우) 말

앞서 설명한 대로 중국은 지역마다 말이 다르고 민족마다 다른 언어를 사용한다. 중국어는 네 가지 성조를 가지고 있다. 중국어가 시끄럽게 들리는 이유다. 같은 발음이라도 성조에 따라 의미가 달라진다. 그렇기 때문에 그런 발음을 내려면 억양이 강해질 수밖에 없다. 그렇지만 일부 지역 말에는 다섯이나 여섯 가지 성조를 가진 언어도 있다. 중국인들이 영어를 배우면 우리보다 훨씬 잘하는 것은 성조의 영향이 크다. 우린 말을 할 때 높낮이가 없어 영어의 악센트를 제대로 구사하지 못한다. 내가 한국에 있을 때에는 영어를 잘한다고 생각했는데 정작 미국에 가니 본토의 미국인들은 내 말을 알아듣지 못해 당황한 적이 있었다. 한국식 악센트 때문이었다. 우리 식으로 악센트를 넣지 않고 영어를 하면 한국인들은 알아듣지만 미국인은 무슨 말인지 이해하지 못한다. 또한 영어는 우리의 성대 구조로는 발음하기 어려운 단어가 많다.

우리말에서는 F와 P의 구분이 확실치 않고 L과 R을 다르지 않게 본다. 또한 Z 나 Ch, 또는 Sh 같은 발음도 표현하기가 마땅치 않다. 그렇지만 중국어는 영어 발음의 대부분을 그대로 표현할 수 있다. 중국인들의 영어 발음이 한국인보다 훨씬 부드러운 것이 이를 입증한다. 무엇보다 중국인들이 영어를 쉽게 접근할 수 있는 것은 어순이 같다는 점이다. 우리는 영어를 하려면 동사와 목적어를 바꾸어서 말해야 하는 불편함이 있다. 그래서 신경 쓰지 않으면 틀리기 쉽다. 이에 반해 중국인들은 중국어를 하는 것과 같은 식으로 영어를 하면 되니 우리보다 훨씬 쉽다고 할 수 있다. 일본어는 우리와 어순이 같다. 그래서 일본인과 영어로 대화하다 보면 설사 실수를 해도 무슨 말을 하는지 서로 이해할 수 있다. 우리가 틀리는 부분에서 일본인도 똑같은 실수를 하기 때문이다.

　중국어가 어렵긴 하지만 그중에서도 가장 배우기 어려운 것이 온주 (溫州, 원저우) 말이라고 한다. 세계 2차 대전 당시 일본과 전쟁을 하던 중국군은 일본군의 통신 감청 때문에 어려움을 많이 겪었다. 일본군 감청대원들이 무전 내용을 엿듣고 이 정보를 바탕으로 중국군을 기습 공격했다. 확실한 정보이니 실패할 확률이 없었다. 후에 이를 간파한 중국군에서 궁여지책으로 무전병들을 모두 온주 출신으로 바꾸었다고 한다. 아무리 중국어를 잘하는 일본 감청대원들도 온주 말은 도저히 알아들을 수 없었기 때문에 감청으로 인해 피해를 줄일 수 있었다고 한다.

　온주 통신병은 한국 전쟁에서도 맹활약을 했다고 한다. 미군의 감청병들 역시 온주 출신 통신병들의 언어를 감지해 낼 수 없었으니 당연하다 하겠다.

　중국인들은 외지인과 대화할 때에는 표준말을 사용하지만 현지인들과 있을 때에는 현지 말을 사용한다. 그래서 때론 외지인들은 따돌림을 당하기 십상이다. 마치 외국인이 다른 나라에 가서 현지인과 이야기하는 것과 다를 바가 없다.

중국어는 어려워

　우리의 한글은 소리 나는 대로 표현할 수 있는 표음 문자다. 이에 반해 한문은 각 글자에 뜻이 있는 표의 문자다. 그러다 보니 한문의 숫자가 엄청나게 많다. 너무 많아서 한문을 모두 아는 중국인은 없다. 그렇기 때문에 한문을 배운다는 것이 대단히 어렵다. 이에 반해 우리의 한글은 스물네 자로 모든 글자를 만들어 낼 수 있다. 또한 한글은 누구나 몇 시간만 배우면 간단한 문장을 쓸 수 있으니 얼마나 대단한가. 그뿐 아니라 한글은 컴퓨터와 휴대폰의 자판에도 올라간다. 하지만 한문이나 일본어는 컴퓨터 자판에 아예 들어가지 못한다. 한문은 영어식 발음으로 핀인(拼音, 병음)을 표기한 후 같은 발음의 글자 중에서 해당하는 것을 따오는 방식을 사용한다. 그런데 같은 발음의 글자가 엄청나게 많다. 그렇기 때문에 여러 글자 중에서 필요한 것을 찾아오는 것이 대단히 불편하기도 하고 시간도 많이 걸린다. 그런 것을 감안하면 우리의 한글은 디지털 시대에 적합한 대단히 과학적이고 실용적인 글이라 할 수 있다. 한글을 창제하신 세종대왕님께 감사드리지 않을 수 없다.

얼마 전에 우리나라의 한 출판사로부터 운남성 나시족(納西族)의 동바 원화(東巴文化, 동파 문화)에 대한 글을 써달라는 요청을 받았다. 나시족은 운남성 리장(麗江, 여강)에 사는 소수 민족으로 동바라는 상형 문자를 대대로 사용해 왔다. 그런데 나시족 사회도 현대화되면서 동바는 그들의 역사 속에만 존재하는 문자가 되어가고 있다. 나시족끼리만 살던 시절에는 동바 문자로도 소통이 가능했다. 그렇지만 리장이 세상에 알려지면서 많은 변화가 생겨났다. 리장은 일 년에 2천만 명이 넘는 관광객들이 방문하는, 중국에서 가장 유명한 관광지의 하나다. 자연적으로 한족들과 교류를 하면서 동바 문자보다는 한문을 더 많이 사용하는 처지가 되었다. 더구나 정보화 시대가 되면서 컴퓨터와 휴대폰이 보급되니 동바 문자가 설 땅을 잃어버리고 말았다. 동바 문자는 상형 문자와 같아서 컴퓨터나 휴대폰에는 사용할 수 없다. 특히 새롭게 만들어지는 복잡한 현대 문명은 동바 문자로는 표현할 수가 없는 상황이다. 이번에 내가 쓴 글을 동바어로 옮기는 데 여러 명의 동바 학자들까지 동원해서 겨우 끝낼 수 있었다.

이에 반해 약 1446년에 반포된 한글은 21세기를 맞이하여 물 만난 고기처럼 그 활용도를 넓혀 나가고 있다. 세종대왕님께서 디지털 시대를 예상하시고 한글을 만들지는 않으셨겠지만 현대 시대에 가장 적합한 문자 중 하나라는 점에 감사를 드리지 않을 수 없다. 세종대왕께서는 중국의 한문이 일반 백성이 배우기에는 너무 어려운 글자라는 것을 이해하셨다. 글을 모르는 백성들은 자신들의 뜻을 펴지 못할 수밖에 없었다. 이를 안타깝게 여기셔서 한글을 만드셨다.

한글이 배우기 쉽고 과학적으로 만들어졌다는 것은 누구나 아는 일이다. 그러나 무엇보다 세종께서는 백성이 나라의 근본이니 백성들을 편리하게 하는 것이 군주의 도리라고 믿으셨다. 이런 배경으로 만들어진 한글에는 애틋한 애민 정신이 서려 있다. 서민들의 삶까지 두루 살피신 세종대왕의 혜안은 넓고도 깊다고 할 수 있다.

우리는 대화할 때 일반적으로 영어 단어를 섞어서 사용한다. 영어 단어 중에서 우리말로 고쳐 쓰기 어려운 경우에는 그대로 영어를 쓴다. 영어를 좀 해야 유식한 것처럼 보이기 때문이다. 그래서 조선족이나 북한 사람들이 우리와 대화하면서 우리말을 이해하는 데 어려움을 겪는다. 사대주의 영향이 크다고 할 수 있다. 조선 시대까지는 무조건 중국을 따라서 했다. 세계 제2차 대전이 끝나고 나서 미국이 세계의 패권을 휘어잡고 나니 이젠 영어를 써야만 대접을 받는 시대가 되었다.

중국에서는 우리처럼 영어를 그대로 쓰지 않고 가장 근접한 발음과 뜻의 글자로 나타낸다. 예를 들면 맥도날드는 마이땅라오(麥當勞, 맥당로), 코카콜라는 코커커러(可口可樂, 가구가락), KFC는 컨더지(肯德基, 긍덕기), 까르푸는 짜러푸(家樂福, 가락복), 피자헛은 비성커(必勝客, 필성객), 커피는 카페(咖啡) 등으로 표기한다. 콜카콜라인 가구가락(可口可樂)은 '맛있고 마실수록 즐겁다'라는 뜻이니 제품을 제대로 표현했다고 할 수 있다.

락앤락은 중국에서도 명품으로 통한다. 본래 중국인들은 남은 음식을 보관하지 않는다. 그럼에도 락앤락의 인기는 대단히 높다. 락앤락은 러커우러커우(樂扣樂扣)로 표시하는데 즐거움을 채운다는 뜻이다. 물건을 담는 플라스틱 용기를 제대로 표현한 말이라 할 수 있다. 핫도그는 르고오(熱狗)라고 쓰는데 우리 식으로 하면 '뜨거운 개'라는 뜻이다. 그렇지만 영어를 중국어로 바꾸기에 적합하지 않은 경우에는 약간의 편법을 쓰기도 한다.

또한 새롭게 생겨나는 단어는 또 다른 방법으로 표현한다. 예를 들어 노래방인 가라오케는 한문과 영어를 병행해서 '卡拉OK'라고 쓴다. 이에 반해 일본은 우리와 비슷하다. 일본에서는 우리처럼 영어를 그대로 사용하는 경우가 많은데 발음에 문제가 있다 보니 외국인들은 전혀 알아듣지 못하는 경우가 생긴다. 일본에서는 맥도날드는 '마끄도나르도', 빅맥은 '비끄마끄'라고 부른다. 커피는 '고히'라고 발음을 하니 일본인들의 영어 발음은 우리로서도 이해 불가다.

세계 최고의 인구

약 30년 전에 아시아 자동차가 호주로 처음 수출될 때 이를 홍보하기 위해 사륜구동차인 록스타를 타고 위해 호주를 한 바퀴 돈 적이 있다. 호주의 면적은 769만㎢로 세계에서 여섯 번째로 큰 나라다. 그렇지만 당시 호주의 인구는 2천만 명에 지나지 않았다. 또한 이들 인구의 대부분이 시드니, 브리스번 등 해안가에 살고 있다. 그레이트 빅토리아 사막을 가로지르는 비포장도로를 하루 종일 달리면서 딱 두 대의 차를 볼 수 있었다. 여덟 시간 동안 아무도 없는 사막을 달리는 것이 두렵다는 생각이 들었다. 그런데 사막 한가운데에 있는 조그만 마을에도 중국 식당이 있었다. 그때 느꼈던 감정은 "아, 중국인이 없는 곳은 달나라밖에 없는 것 같다"였다. 그래서 인해전술이라는 전술 아닌 전술이 한국 전쟁에서 사용될 수 있었다. '인해전술도 병법에 있는가?'라는 의문은 있지만 실제 한국전에서 인해전술은 연합군과 한국군을 궁지에 몰아넣었다.

중국은 세계 최고가 많은 나라다. 또 그걸 자랑하고 싶어 한다. 중국 방송에서 얼마 전에 완공한 강주아오 대교가 세계에서 가장 긴 다리라는 것을 매일 톱뉴스로 보도했다. 또한 중국에서 개발한 고속철이 시속 413㎞의 세계 최고 속도를 냈다고 강조한다. 중국인들은 이런 뉴스를 들을 때마다 중국이 세계 최고의 나라가 되고 있다는 자부심을 갖는다. 중국이 세계 최고란 기록을 많이 보유하고 있지만 무엇보다 다른 나라와 비교가 안 되는 부문은 인구다. 2019년 중국의 공식적인 인구는 14억 3천만 명이다. 그다음으로 인도가 13억 명을 넘어섰다.

세계 인구가 약 78억 명이니 지구에 살고 있는 열 명 중 네 명은 중국인 아니면 인도인이라는 뜻이다.

내가 어릴 적에 지구의 인구가 25억 내외였다. 그때에도 급속한 인구 증가 때문에 지구가 폭발한다는 이야기를 했었다. 머지않아 식량 부족 사태가 발생해서 많은 사람이 기아에 시달릴 것으로 예상을 했다. 그런데 중국과 인도의 인구를 합하면 거의 28억 명에 달하니 그동안 얼마나 많은 사람이 늘어났는지 이해가 된다.

지구상에 인구 1억이 넘는 나라가 그리 많지 않다. 세계에서 가장 면적이 넓은 러시아는 1억 5천만 명, 두 번째로 큰 나라인 캐나다는 3,800만 명에 지나지 않는다. 미국은 3억 3천만 명이다. 한반도보다 35배나 넓은 호주의 인구는 2,500만 명밖에 되지 않는다.

1950년대 중국의 인구는 5억 8천만 명이었고, 1982년에 10억이 넘어섰다. 이에 위기를 느낀 중국 정부는 1986년부터 1가구 1자녀 정책을 도입했다. 가장 큰 위협은 식량 부족 사태다. 중국의 면적은 약 960만㎢로 세계에서 네 번째로 넓지만, 실제 사용할 수 있는 땅은 그리 많지 않다. 사막이 대부분인 신장이나 내몽골, 그리고 전체가 산악으로 형성되어 있는 티베트의 면적이 중국의 1/3을 차지한다. 그러하니 14억이 넘은 인구를 먹여 살릴 수 있는 경작 면적은 극히 제한적이다.

중국의 인구가 워낙 많다 보니 몇천만 명이 죽어도 흔적도 남지 않는다. 중국에서는 1959년 시작된 대약진 운동의 실패로 2천만 명이 넘는 사람이 굶어 죽었다. 정상적인 국가라면 나라가 흔들리고 지도자가 권력을 유지하기 어려운 것이 당연하다. 그렇지만 당시 중국의 모택동은 건재했고, 1976년 사망할 때까지 주석의 자리를 유지했다. 중국인들도 중국의 너무 인구가 많다는 것을 잘 알고 있다. 이들은 인구가 반 정도 줄어들었으면 좋겠다고 푸념한다. 단, 우리 가족들은 빼고.

10억 명이 넘는 위챗 가입자

중국은 인구가 14억 명이 넘으니 이들에게 신발 하나씩만 팔아도 14 억 켤레를 팔 수 있다는 이야기다. 어마어마한 시장이 아닐 수 없다. 게다가 중국인들의 주머니 사정도 좋아지면서 세계의 최대 명품 시장 을 좌지우지하는 위치에까지 올라섰다. 삼성전자의 휴대폰이 세계에서 가장 많이 팔리고 있지만 중국 시장에서의 점유율은 1%가 채 되지 않 는다. 화웨이가 외국에서는 그저 그런 휴대폰이지만 중국 내의 점유 율 때문에 세계 2위의 판매량을 자랑한다. 그 뒤를 따르는 샤오미, 오 포, 비보도 마찬가지다. 중국 소비자들이 이런 제품을 사주니 세계 시 장 점유율에서 상위권을 차지할 수 있다. 결국 중국 시장을 잡아야 세 계 시장을 석권할 수 있다는 이야기다.

휴대폰 메신저도 마찬가지다. 중국인들이 사용하면 당연히 세계 최 고가 되는 시장이다. 중국에서는 모든 것이 위챗(Wechat)으로 통한다는 말이 있다. 사실 중국에서는 위챗을 통하면 안 되는 것이 없을 정도다. 메신저뿐만 아니라 물품 대금 결제와 개인 간의 송금, 택시 타기 등 우 리의 일상생활에 유용하게 쓰이는 모든 서비스가 위챗을 통해 이루어 진다. 실제 사용해 보면 편리하기 때문에 위챗 없이 중국에서 생활하 는 것은 불가능하다는 것을 금방 알 수 있다. 위챗의 가입자가 10억 명 이 넘으니 그럴 만도 하다.

위챗은 중국은 물론 동남아시아 여러 나라에서도 사용하고 있다. 우리나라에서도 중국 거래처와의 대화를 위해 위챗을 사용하는 분들이 많다. 중국에서는 우리의 카카오톡이 되지 않기 때문이다. 위챗이 생기기 이전에는 우리가 카카오톡을 사용하는 것을 부러워하던 중국인들이다. 위챗은 텐센트에서 만든 모바일 메신저다. 한때 우리나라의 IT 기업에게 투자를 요청할 정도로 취약한 기반에서 시작했지만 이젠 세계 최대의 모바일 메신저 회사로 올라섰다.

위챗의 가장 큰 장점은 현금 결제 기능이다. 중국은 신용카드의 보급률이 대단히 낮다. 중국은 신용 사회가 아니다. 그래서 상점에서 물건을 살 때나 식당에서 음식값을 계산할 때에는 대부분 현금을 사용해 왔다. 그런데 중국에는 위조지폐가 무척 많다. 어느 상점에나 위조지폐를 계산대에 전시해 놓은 것을 볼 수 있다. 중국에서 유통되는 위조지폐가 웬만한 나라의 통화량과 비슷할 거라는 농담까지 할 정도다. 그래서 식당이나 상점에서 돈을 받으면 종업원이 등불에 비춰보고 나서 다시 손톱으로 긁어보며 위조지폐인지 아닌지를 몇 번에 걸쳐 확인한다. 우리의 입장에서 보면 기분이 나쁠 수도 있지만 워낙 가짜 돈이 많은 중국이다 보니 모두 이를 당연시한다.

그런데 위챗을 통하면 이런 문제를 간단히 해결할 수 있다. 이뿐만 아니라 위챗은 무척 다양한 기능을 가지고 있다. 다른 사람에게 돈을 보낼 수 있고 휴대폰 요금도 이체가 가능하다. 또한 중국에서 유행하는 띠디추싱(滴滴出行)을 부를 수 있고 내비게이션도 가능하다. 심지어 거지들도 QR 코드를 비치하고 구걸한다. 돈이 없다고 핑계를 댈 수 없게 만들어 놓았다. 위챗만 있으면 모든 것이 통하는 중국이다.

세상에서 가장 아름다운 화장실

중국 정부가 세계 제2의 경제 대국으로 오른 이후 화장실을 개선하기 위해 발 벗고 나섰다. 중국인들도 자신들의 지저분한 화장실 문제가 중국의 위상을 깎아먹는다고 생각하고 있다. 2015년 중국 정부는 화장실 혁명이라는 기치 아래 2조 위안을 투자해서 화장실 개조 작업에 착수했다. 덕분에 중국의 공중화장실도 10여 년 전과 비교하면 몰라보게 좋아졌다. 그러나 아무리 좋은 화장실을 만든다 해도 시민들이 그걸 깨끗하게 사용하지 않는다면 무용지물이 된다.

중국의 남방은 일 년 내내 습도가 높다. 그래서 화장실에 들르면 항상 바닥이 축축하게 젖어 있는 것을 볼 수 있다. 이를 막기 위해 대부분의 화장실에 송풍기를 틀어 놓지만 역부족이다. 이런 점 때문에 화장실이 지저분하다는 느낌을 갖게 한다. 물론 화장실을 깨끗하게 이용하려는 인식이 부족한 것도 한 요인이기도 하다. 한국을 방문한 중국인들이 놀라는 것은 공중화장실이 깨끗하다는 것과 화장지가 걸려 있다는 점이다. 중국의 공중화장실은 화장지가 아예 없는 곳이 대부분이다. 모두 가져가기 때문이다. 중국인들은 그동안 화장실은 지저분한 곳이라고 터부시해 왔기 때문에 화장실을 깨끗하게 사용하려면 많은 시간이 필요할 것으로 보인다.

중국에는 사막이 많다. 신장과 내몽골, 회족 자치구는 대부분의 지역이 사막이다. 사막의 화장실은 깨끗하게 사용하기에는 한계가 있다. 사막은 물이 귀하다 보니 특별한 곳이 아니면 수세식은 아예 구경조차 어렵다. 닝샤 회족 자치구의 사파토우(沙坡頭) 사막을 가다가 도로변에 있는 휴게실이 있어 들렀는데, 화장실 이용료로 1위안을 받았다. 그런데 화장실은 칸막이만 되어 있을 뿐 아예 문이 없었다. 당연히 수돗물이 없으니 손을 씻을 수도 없었다. 우리가 일을 보면 바닥으로 그대로 떨어지는 구조였다. 자연 그대로의 화장실이다.

아이러니하게 세상에서 가장 아름다운 화장실도 중국에 있다. 운남성은 중국에서도 가장 아름다운 지역으로 손꼽힌다. 특히 해발 3천m가 넘는 산으로 둘러싸인 리장은 항상 수정처럼 맑은 물이 흘러내리는 아름다운 곳이다. 리장과 샹그릴라(香格裏拉) 사이에 호도협(虎跳峽)이란 협곡이 있다. 옛날 사냥꾼에게 쫓기던 호랑이가 뛰어넘었다고 해서 지어진 이름이다. 호도협의 강력한 물살은 5,596m의 위룽쉐산(玉龍雪山, 옥룡설산)과 5,396m의 하바쉐산(哈巴雪山, 합바설산) 사이를 흐른다. 3억 년 전 지각 변동으로 바다였던 곳이 융기하여 두 개의 산으로 갈라졌다. 이 협곡 사이로 난 길의 일부가 차마고도(茶馬古道)다.

호도협을 따라 걷는 길은 세계 최고의 트레킹 코스로 알려져 있다. 그중에서도 중도 객잔에서 하룻밤을 지내는 것이 모든 트레커들의 로망이다. 특히 중도 객잔의 화장실은 세계 최고의 풍광을 자랑한다. 옥룡설산을 마주 보며 일을 보노라면 딴 세상에 와 있다는 기분이 들 수밖에 없다. 게다가 하늘 위에 보름달이라도 뜨면 더욱 환상적이다. 중도 객잔에서만 맛볼 수 있는 특별한 경험이다.

원자력 발전소는 정작 중국이 문제다

문재인 정부가 들어와서 대한민국은 탈원전을 선포했다. 이는 2011년 일본 후쿠시마 원자력 발전소의 사고에 영향을 받은 바가 크다. 후쿠시마 원전에서는 당시 일본 동북부를 강타한 9.0의 대규모 지진과 쓰나미로 인해 원자로 일부가 폭발하는 대형 사고가 발생했다. 이로 인해 다량의 방사능이 유출되고 인근 해역으로 고농도의 오염수가 누출되었다. 이 사고로 인해 일본의 경제적 피해도 컸지만, 무엇보다 일본인들에게 원자력의 위험에 대한 공포가 극에 달했다. 일본은 세계 유일의 핵폭탄 피해국이다. 제2차 세계 대전 당시 미군은 나가사키와 히로시마에 원자 폭탄을 투하했고 이를 계기로 일본은 항복하게 되었다. 후쿠시마 원전 사고를 통해 전쟁이 아니더라도 핵에 의해 삶의 터전이 파괴되고 생물이 살 수 없는 땅으로 황폐해질 수 있다는 것을 생생하게 목격할 수 있었다.

이를 계기로 핵 발전을 포기하겠다는 나라가 늘어나고 있다. 독일 정부는 노후 원전의 수명을 연장하는 계획을 철회하고 모든 원자력 발전소를 점차적으로 폐기하겠다고 발표했다. 우리나라에서도 기존의 원자력 발전소의 수명을 연장하지 않고, 또 새로운 원전도 건설하지 않기로 했다. 우리나라에서는 향후 모든 원자력 발전소를 폐기하고 태양광이나 풍력 발전소로 이를 대체할 계획이다. 만약 핵 발전소에서 방사능이 유출되면 엄청난 인명 피해와 오염이 발생할 가능성이 높다. 그렇지만 태양광이나 풍력 발전은 발전의 효율성에서 핵 발전에 비해 현저히 떨어진다. 더구나 2050년까지 탄소 중립을 실천하기 위해서는 석탄과 석유의 사용을 현저하게 줄여 나가야 한다. 원자력 없이 앞으로 계속 늘어날 전기 수요를 충당할 수 있을지 의문이다.

우리가 안전을 위해 핵 발전을 포기한다 해도 또 다른 위험이 도사리고 있다. 바로 중국이다. 중국은 현재 서른여섯 개의 원자력 발전소를 운용하고 있다. 더불어 스물일곱 개의 원자력 발전소를 건설 중에 있다. 머지않은 장래에 중국에서는 60개가 넘는 원자력 발전소가 가동될 예정이다. 또한 2030년까지 100개가 넘는 원자력 발전소를 운용한다는 계획이다. 이와 더불어 혹여나 전기 수요가 계속 늘어나면 추가로 원자력 발전소를 짓는 것도 검토 중이다.

중국은 세계 최고의 에너지 소비국이다. 중국에 원자력 발전소가 계속적으로 늘어나고 있지만 아직도 주력은 화력 발전소다. 중국은 세계 최대의 원유 수입국이다. 또 중국은 세계 석탄 소비의 50% 이상을 차지하고 있다. 이로 인해 중국은 어느 나라보다 대기 오염의 상황이 심각하다. 베이징이나 톈진 등과 같은 곳은 오염도가 세계 환경 보건 기구에서 정한 기준보다 수십 배나 높다. 중국이 원자력 발전소 건설에 나선 이유가 여기에 있다.

원자력 발전을 늘리는 이유는 탄소 배출량을 줄이려는 노력의 일환이다. 중국이 원자력에 집중하는 것은 경제적인 면에서 이를 대체할 다른 수단이 없기 때문이다. 또한 원자력 발전은 이산화탄소와 같은 공해 물질도 발생시키지 않는다. 그리고 보면 우리가 걱정해야 할 것은 한국의 원자력 발전소가 아니라 중국의 원자력 발전소라 할 수 있다. 중국에 건설되고 있는 원자력 발전소의 대부분이 동부 연안에 몰려 있기 때문이다. 만에 하나 중국의 원자력 발전소에서 방사능 유출 사고가 발생하면 북서풍을 타고 우리나라에 영향을 미칠 것이 뻔하다. 마치 황사가 한반도 상공을 휩쓰는 것처럼….

고속철의 나라

중국을 상징적으로 표현하는 말이 만만디였다. 서두르지 않고 천천히 움직인다는 것은 중국이 큰 나라이기 때문이었다. 옛날 황제가 직접 전쟁에 나가게 되면 궁으로 돌아오는데 족히 2, 3년이란 세월이 걸렸다. 그러나 21세기의 중국은 더 이상 만만디의 나라가 아니다. 전국 어디나 고속철로 연결이 되기 때문이다. 중국에는 2019년 말 현재 이미 3만 5천㎞의 고속철이 깔려있다. 세계에서 가장 긴 고속철로다. 다른 나라와는 비교가 되지 않는다. 전 세계에 건설된 고속철의 2/3가 중국에 있는 셈이다. 이에 더불어 2025년까지는 4만 5천㎞로 늘릴 계획이다. 가히 고속철의 나라라고 할 수 있다.

오래전에 기차를 타고 상해에서 쿤밍까지 갈 때에 44시간이 걸렸었다. 이틀이 꼬박 걸리는 여정이었는데 이젠 고속철을 타면 11시간 만에 닿을 수 있다. 중국이 경제 대국으로 발전했다는 것을 보여주는 여러 가지 자료들이 있지만, 그중 하나가 고속철이다. 중국 텔레비전에서 중국의 발전상을 소개할 때 가장 먼저 나오는 것이 고속철이 황량한 사막을 가로질러 가는 모습이다. 고속철로 인해 중국에서 교통 혁명이 일어나고 있다. 북경에서 아침을 먹고 상해에 도착해서 일을 마치고 저녁에 다시 북경으로 돌아올 수 있는 것도 고속철 덕분이다. 북경에서 1,213㎞ 떨어진 상하이를 시속 350㎞로 달리는 고속철을 타면 네 시간 반 만에 닿을 수 있다. 또한 북경에서 광저우까지는 2,298km나 되지만 고속철은 여덟 시간 만에 승객을 목적지까지 실어다 준다.

중국이 고속철에 관심을 갖게 된 것은 덩샤오핑이 1978년 일본을 방문하여 신칸센을 타고 나서부터이다. 덩샤오핑은 고속철이 중국에 가장 필요한 운송 수단이라고 판단했다. 당시 중국은 넓은 면적에 비해 교통수단이 취약하여 인적 수송이나 물류 면에서 후진성을 벗어나지 못하고 있었다. 중국의 대중적인 교통수단이 기차였지만 이동에 너무 많은 시간이 소요된다는 것이 문제였다.

중국 최초의 고속철은 베이징 올림픽을 앞두고 2008년 8월 1일 개통된 베이징(北京, 북경), 톈진(天津, 천진) 간에 개통된 경진선이다. 구간의 길이가 83km에 불과했지만 이후 중국의 고속철은 날개를 단 용처럼 일취월장했다. 도입 처음에는 독일과 일본 신칸센의 기술을 사용했다. 그렇지만 얼마 전부터 국산화에 성공하여 시속 350km로 달리는 부싱호(複興號, 부흥호)를 운행 중이다.

중국 고속철은 중국인들의 인식을 변화시키는 계기를 마련하였다. 그동안 타던 기차와 달리 빠르고 깨끗하다는 것이며 또 정시 출발 정시 도착이라는 새로운 이정표를 세우고 있다. 기차는 연착을 밥 먹듯해서 예정 시간보다 늦게 도착하는 것이 당연시되었었다. 그러나 고속철로 인해 그런 사고방식에서 탈출하고 있는 중이다.

중국의 고속철 운영과 관리 시스템은 세계 최고 수준이다. 이제 그기술로 미국과 브라질 등 여러 나라에 고속철을 건설하려고 도전장을 내밀고 있다. 2011년 저장성 원저우에서 신호 체계 이상으로 고속철이 추돌하여 서른네 명이 사망하는 사고를 낸 것이 옥의 티라 하겠다.

중국은 세계에서 고속철을 운용하기에 가장 이상적인 조건을 갖추었다. 넓은 땅과 많은 인구는 그것을 가능하게 한다. 러시아나 미국, 호주처럼 넓은 땅이지만 도시와 도시의 거리 간격이 멀고 역 주변의 인구가 많지 않으면 경제성이 떨어진다. 또한 인도처럼 인구는 많지만 경제적 사정이 여의치 않아 비싼 요금을 부담할 수 없다면 역시 무용지물이다. 중국은 어느 지역이나 인구 100만 명이 넘는 도시가 널려있고 주머니 사정도 여유가 있어 고속철을 이용하는 데 아무런 문제가 없다. 세계에서 유일하게 고속철이 발전할 수밖에 없는 가장 적합한 조건을 중국이 가지고 있다. 한반도에서 통일을 이루면 부산에서 고속철을 타고 신장 우루무치까지 갈 수 있는 날이 올지 모르겠다.

늘어나는 유령 도시들

나는 중국의 세 개 성을 빼놓고는 모든 지역을 둘러볼 정도로 많은 곳을 다녔다. 본래 올 설 연휴가 끝나고 나면 헤이룽장을, 5월에 티베트, 8월에는 신장 우루무치를 방문할 계획이었다. 그렇지만 예상치 못했던 코로나 바이러스의 출현 때문에 내년으로 계획을 연기해야 할 것 같다. 위에 열거한 세 곳을 돌아보면 중국의 전 지역을 방문하는 기록을 남기게 된다.

중국에서 가장 인상이 깊었던 곳은 실크로드의 길목에 있는 둔황(敦煌, 돈황)이다. 둔황은 사막의 오아시스와 같은 곳이다. 일 년에 20㎜ 안팎의 비가 내리는 곳인데 시 전체에 농장이 산재해 있었고, 가로수에는 스프링클러로 물이 공급되고 있었다. 그런데 사막의 한가운데에 있는 이곳에도 부동산 붐이 일어나고 있었으니 그저 놀랍기만 했다. 이뿐만 아니라 중국의 어느 지역이나 부동산 광고가 역이나 버스 터미널마다 붙어 있었다.

닝샤 회족 자치구의 인촨(銀川, 은천)은 사막 한가운데에 있는 작은 도시다. 북으로는 내몽골과 마주하고 있어서 중국 내에서도 오지 중의 오지라고 할 수 있다. 전체 인구가 200만 명이 조금 넘는 이곳에도 고층 아파트 건설이 한창이었다. 그렇지만 아파트 분양 가격은 이우에 비하면 1% 정도에 지나지 않았다. 새로 짓는 아파트가 평당 우리 돈으로 10만 원 내외이니 상하이나 선전 등 대도시에 비하면 거저라고 할 수 있다. 그렇지만 큰 도시에서 인촨으로 갈 수 있는 방법이 그리 녹록지 않으니 싼 게 비지떡이라 할 수 있다.

중국 최남단 하이난(海南, 해남)에 가니 만나는 사람마다 부동산을 사라고 권했다. 하이난은 중국의 최남단 섬으로 겨울을 춥지 않게 보낼 수 있는 유일한 지역이다. 이런 연유로 실제 하이난에는 러시아 사람들이 집단으로 모여 사는 곳이 꽤 있다. 한겨울에도 수영할 수 있는 하이난은 러시아 사람들에게는 신기한 곳일 수밖에 없다. 영하 30도가 넘는 러시아의 혹한을 피해 하이난에서 따뜻한 겨울을 보내는 것이 이들의 꿈이기 때문이다.

전국적으로 부동산 개발 열기가 한창이다 보니 부동산 가격도 믿을 수 없을 만큼 많이 올랐다. 이우에서 가장 노른자 지역이라 할 수 있는 의류 시장 주변의 아파트는 평당 가격이 4만 5천 위안이다. 중국에서는 1㎡를 한 평으로 계산한다. 그러니까 우리 식으로 계산하면 이우 중심부의 부동산 가격은 한 평당 14만 8천 위안이나 된다. 우리 돈으로 2,500만 원이다. 상하이도 아니고 중소 도시의 하나인 이우의 부동산 가격이 이렇게 높은 것은 거품이 잔뜩 끼었기 때문이다.

중국에서 부동산 가격이 지속적으로 상승하는 이유는 유동성에서 기인한다. 2008년 금융 위기가 발생했을 때 중국 정부도 경기 부양을 위해 4조 위안(우리 돈으로 약 680조 원)의 자금을 풀었다. 이 돈이 생산 기반에 필요한 곳으로 투자되었어야 하는데 엉뚱하게도 부동산 쪽으로 흘러 들어갔다. 너도나도 부동산 개발에 뛰어들다 보니 부작용도 발생한다. 중국 전역에 사람이 살지 않는 유령 도시가 하나둘 생겨나고 있다. 가장 심한 곳이 내몽골의 어얼둬쓰(鄂爾多斯)다.

어얼둬쓰는 칭기즈칸의 능이 있는 곳이다. 그렇지만 중국에서의 능이란 우리처럼 묘가 있는 곳은 아니다. 어얼둬쓰는 중국 양모의 70%를 생산하고 있다. 또한 석탄과 희토류 등 지하자원이 무궁무진하게 묻혀 있어 중국 내에서 소득이 가장 높은 곳에 속한다. 어얼둬쓰는 동성취와 강바스취로 나누어져 있다. 신흥 개발 지역인 강바스에는 15만 명 내외의 인구가 사는데 100만 명이 살 수 있는 대형 아파트 단지를 건설해 놓았다. 그래서 거리에 사람들이 거의 보이지 않는다. 말 그대로 유령 도시처럼 황량하다. 유령 도시를 보기 위해 일부러 이곳을 찾는 관광객들이 늘어나고 있으니 이들이 미래의 거주자가 될지도 모를 일이다. 그런데 기가 막힌 것은 빈 아파트가 그대로 있는데 그 옆으로 새로운 아파트 단지가 건설되고 있다는 점이다.

오토바이가 없는 도시

1994년에 베이징을 처음 방문했을 때 가장 강렬한 인상을 받았던 것은 도로를 꽉 메운 자전거의 행렬이었다. 정지선에서 신호를 기다리는 자전거의 행렬은 끝이 보이지 않을 정도였다. 파란불이 들어오면 일제히 달려나가는 자전거들의 행진은 중국에서만 볼 수 있는 경이적인 광경이었다. 지금은 베이징의 도로에서 자전거를 볼 수 있는 것은 극히 제한적이다. 자전거를 타던 사람들이 어느 날부터 오토바이를 타기 시작하더니 이젠 승용차로 바뀌었다. 어느 도시를 가도 비슷한 상황이다. 그래도 오토바이를 타는 운전자의 숫자는 줄어들지 않았다. 아직도 승용차 못지않은 많은 오토바이가 도로를 누비고 다닌다. 요즘엔 전기 오토바이가 대세다. 중국에서는 대기의 환경을 개선하기 위해 전기 자동차는 물론 전기 오토바이 산업에 집중적으로 투자하고 있다.

남부에서 제일 큰 도시인 광저우(廣州, 광주)의 인구는 1,400만 명이 넘는다. 큰 도시이다 보니 지하철이나 버스 등 대중교통 수단이 잘 발달되어 있다. 나도 광저우에 출장을 가면 이동할 때 대부분 지하철을 이용한다. 워낙 교통 체증이 심해 승용차로는 약속한 시간에 맞추기가 어려울 때가 많다. 때론 오토바이를 타는 경우도 있다. 지하철역 앞에서 영업 행위를 하는 오토바이를 타면 조금 위험하기는 해도 신속하게 이동할 수 있기 때문이다. 그런데 광저우에는 휘발유를 연료로 사용하는 오토바이가 없다. 가끔 이런 오토바이가 있기는 하지만 불법이다. 광저우의 주유소에서는 오토바이에 기름을 넣어 주지 않는다. 이런 오토바이를 운행하는 운전자들은 알아서 주유 문제를 해결한다. 그래서 가끔 길에서 호스를 이용하여 승용차에서 휘발유를 빼낸 후 이를 오토바이에 넣는 모습을 볼 수 있다.

광저우에서 오토바이의 운행을 금지한 것은 날치기 강도 사고를 예방하기 위해서다. 내가 2000년 초에 광주를 방문했을 때 현지인들에게서 가방을 절대 그냥 어깨에 메지 말라는 말을 들었다. 가방을 가지고 다닐 때에는 어깨를 가로질러서 메야만 한다고 신신당부를 했다. 실제 뉴스에서 가방을 메고 가다 오토바이를 탄 날치기에게 빼앗기는 것은 흔하게 볼 수 있었다. 가방만 뺏기면 그럴 수 있다고 여기겠지만 멀쩡한 행인들이 죽는 것이 문제였다. 가방을 빼앗기지 않으려고 오토바이에 질질 끌려가는 모습은 보기에도 끔찍했다. 그러다가 인도에 머리를 부딪쳐 죽은 사람이 부지기수다. 그런 광경을 뉴스를 통해 본 시청자들이 몸서리를 쳤다.

또한 길에서 휴대폰으로 통화하다가 날치기 당하는 경우도 빈번했다. 전화하고 있는데 그걸 채가니 황당하기 이를 데 없다. 광저우에 사는 내 친구도 길에서 전화하다가 휴대폰을 날치기 당했다. 길에서 전화하고 있는데 오토바이가 지나가면서 '탁' 치고는 휴대폰을 채어 가더란다. 이게 꿈인가 생시인가 했는데 정신을 차리고 보니 휴대폰이 없어졌다고….

이런 일이 빈번하게 발생하니 광저우시 정부에서는 날을 정해 오토바이의 운행을 금지시켰다. 중국이니까 가능한 이야기다. 광저우에서 사용하던 오토바이는 대부분 베트남으로 수출되었다. 현재 광저우 시내에서 운행되는 오토바이는 모두 전기 오토바이다. 전기 오토바이는 속도가 상대적으로 느리고 출력이 높지 않아 날치기에는 적합하지 않기 때문이다.

짝퉁이 판치는 나라

가짜의 천국

어느 나라든 가짜가 많지만 중국처럼 가짜가 판을 치는 나라는 거의 없을 것 같다. 몇 해 전에는 안휘성에서 가짜 분유를 팔다가 어린아이들이 영양실조에 걸리고 기형아가 발생한 적이 있다. 또 가짜 계란이 시장에서 버젓이 팔리는가 하면 가짜 쌀까지 등장했다. 가짜 술 때문에 잔치를 벌이던 온 동네 사람들이 죽었는가 하면 일부 지역에서는 눈이 먼 사람들이 생기기도 했다. 얼마 전까지만 해도 가짜 졸업장이나 자격증, 가짜 증명서도 돈만 주면 쉽게 구할 수 있었다. 그래서 중국 사람들도 물건을 살 때 가짜가 아닌가 의심부터 한다.

이우에서 무역하는 한 사장은 말보로 담배만 피운다. 처음 담배를 배울 때 말보로로 시작해서 그 입맛에 길이 들었다나. 이 친구가 상하이를 갔다가 중심가에 있는 유명한 백화점에 들렀다. 마침 담배가 떨어져서 백화점에서 담배를 파는 매장을 찾았다. 진열장에 있는 말보로를 주문하면서 종업원에게 "이 담배가 설마 가짜는 아니겠지요?" 하고 농담조로 물었더니 여직원 왈 "여기도 중국이랍니다."라고 아리송한 대답을 했다고 한다. 즉 백화점이 있는 상하이도 중국에 속하니 그 담배가 진짜인지 가짜인지 알 수 없다는 명언이었다.

예전에 대우 자동차의 티코를 중국 전역에서 볼 수 있었다. "요즘 티코가 중국에서 선풍적인 인기를 끌고 있구나!" 하고 내심 즐거워했다. 그런데 얼마 후에 대우 자동차에서 중국의 지리자동차를 특허 침해 협의로 고소했다는 소식을 전해 들었다. 알고 보니 지리자동차에서 대우의 티코를 그대로 베낀 것이었다. 그걸 모르고 대우차가 중국에서 돌아다닌다고 생각했던 것이다. 그런데 겉모양만 모방한 것이 아니고 내부에 들어가는 부품까지도 완전히 똑같이 만들었다고 한다. 자동차를 새로 개발하려면 대략 2,000억 정도의 비용이 소요된다. 그런데 다른 자동차를 그대로 가져다 복사를 하면 엄청난 비용과 시간을 절약할 수 있다. 즉 장사가 된다면 상도의와 관계없이 무엇이든지 할 수 있는 사람이 중국 사람들이다.

중국에서는 어느 나라보다 SUV 차종이 많이 팔린다. 그중에서도 인기 좋은 차가 랜드로버인데 이를 중국인들이 그냥 두지 않는다. 중국에서 랜드로버의 레인지로버(Range rover)를 카피한 랜드 윈드(Land wind)가 불티나게 팔리고 있다. 모양이 거의 흡사해서 레인지로버의 신 차종이 아닐까 싶을 정도다. 자동차에 부착된 로고도 마치 레인지 로버처럼 만들어 놓아 혼동하기 쉽다. 차량 가격은 레인지로버의 1/3이 수준이니 인기를 끌지 않을 수 없다.

짝퉁 시장에는 전 세계에서 온 외국인들의 발길이 끊이지 않는다. 정상적으로 진품을 사면 우리 돈으로 100만 원이 넘는 가방도 이곳에서는 7~8만 원이면 살 수 있다. 가방에서부터 지갑, 벨트, 운동화, 볼펜, 시계, 선글라스 등 거의 모든 유명 브랜드의 제품을 싼 가격에 살 수 있으니 짝퉁의 천국이라 할 수 있다. 그러나 이곳에서는 서양인들에게는 거의 바가지 수준의 가격을 부른다. 외국인들은 그래도 싼 가격이라 생각하고 덥석 돈을 지불한다. 가격을 잘 깎는 한국인들에게는 그나마 적당한 가격으로 흥정이 들어온다. 그렇다고 그 가격으로 사는 이들은 하나도 없다.

중국도 만들어내지 못한 짝퉁

중국은 그야말로 짝퉁의 천국이다. 중국의 한 자동차 회사는 롤스로이스를 그대로 베낀 승용차를 세계적인 모터쇼에 전시해서 자동차 전문가들을 경악케 만들기도 했다. 광저우에는 엄청나게 큰 짝퉁 시장까지 있다. 이곳을 제대로 돌아보려면 하루가 부족할 정도로 넓다. 세계의 모든 명품이 이곳에선 짝퉁으로 만들어져 저렴한 가격에 팔린다.

그런 중국이지만 만들어내지 못하는 짝퉁도 있다. 바로 콜라다. 중국에서 가장 많이 팔리는 청량음료는 역시 코카콜라다. 중국인들 역시 콜라를 좋아하고 많이 마신다. 그렇다면 가장 인기가 높은 코카콜라를 짝퉁으로 만들지 않았을 리 만무하다. 당연히 중국에도 코카콜라를 흉내낸 짝퉁 콜라가 있었다. 바로 페이창커러(非常可樂, 비상콜라)인데 결과는 실패로 끝났다. 병 모양이나 로고 디자인 등은 완벽하게 똑같이 만들었지만 맛까지는 흉내를 내지 못했다. 코카콜라와는 맛이 달라 끝내 중국인들의 입맛까지는 사로잡지 못했다. 만약 비상콜라가 중국인들에게 인기몰이를 했다면 세계 음료 시장의 판도를 바꾸어 놓았을 것이다. 14억이 넘는 중국 시장은 물론 화교들이 많이 살고 있는 동남아시아와 아프리카까지 석권할 수 있었을 테니 말이다. 게다가 중국인들에게 미국을 이겼다는 자부심까지 심어줄 수 있었을 것이다. 그렇지만 끝내 이를 극복하지 못했다. 미묘하게 다른 맛이 끝내 발목을 잡았다.

한때 우리나라에서도 '콜라 독립'이라는 기치 아래 만든 8.15 콜라가 있었다. 1998년 한국에서 코카콜라를 라이선스 방식으로 생산하던 기업이 자체적으로 한국식 콜라를 개발했다. 코카콜라로부터 독립했다고 해서 '8.15'라는 명칭을 사용했다. 한동안 애국심에 호소하는 마케팅 전략으로 국내 시장 점유율을 약 14%까지 끌어올리는 기염을 토하기도 했다. 하지만 중국과 마찬가지로 코카콜라와 같은 맛을 내지 못해 소비자의 외면을 받았다. 사람들은 콜라 하면 코카콜라의 맛을 기준으로 삼는다. 소비자들은 코카콜라와 맛이 다르면 콜라라고 생각하지 않는 게 문제였다. 아무리 좋은 마케팅이라고 해도 소비자의 입맛을 변하게 하지는 못한다.

중국의 페이창 콜라는 구분하기 어려울 정도로 맛은 물론 인쇄와 포장까지도 아주 유사하게 만들었다. 그래서 처음에는 많은 소비자가 페이창 콜라인 줄 모르고 마셨다가 "콜라 맛이 좀 달라졌네" 하고 넘어가기 일쑤였다. 한동안 대부분의 소비자는 자신들이 고른 콜라가 짝퉁 코카콜라인 것을 전혀 알지 못했다. 설마 짝퉁 콜라가 있을까 하는 의심조차 하지 않았다. 가게에서 콜라를 팔 때 이런 점을 알리지 않은 것은 물론이다. 나도 처음엔 코카콜라인 줄 알고 마셨다가 맛이 이상해서 상표를 자세히 보니 비상 콜라여서 헛웃음이 나온 적이 있다. 중국인들도 자국산 콜라라고 해서 많이 마시려고 노력했다. 그렇지만 2%가 부족한 맛 때문에 시장에서 퇴출당하고 말았다.

짝퉁도 짝퉁 나름이다

앞서 설명했듯이 중국에서는 세상의 모든 짝퉁을 만들어낸다. 그동안 수많은 짝퉁을 만들어내면서 중국의 기술력도 놀랄 만큼 높아졌다. 그렇지만 아무리 기를 써도 아직까지 똑같은 것을 만들어내지 못하는 분야가 있다. 바로 항공모함이다. 중국은 굴기를 앞세워 여러 척의 항공모함 건조에 박차를 기하고 있다. 해군력이 취약한 중국은 항공모함 전단을 구축하여 타이완은 물론 남중국해까지 장악하려는 의욕에 불타 있다.

본래 중국은 항공 모함을 만드는 기술이 아예 없었다. 그래서 외국 것을 베끼기로 결정했다. 항공 모함도 짝퉁을 만들기로 작정한 것이다. 소비에트 연방이 해체되면서 우크라이나에 방치되어 있던 바라크함을 손에 넣으면서 모든 것이 한 방에 해결되었다. 중국은 홍콩에 위장 회사를 설립하고 해상 카지노로 사용하겠다는 명분을 내세워 바라크호를 구입했다. 중국에서 구입한다는 것을 감추기 위해서였다. 중국은 2002년 이를 중국의 조선소로 옮긴 후 비밀리에 개조 공사를 했다. 이런 과정을 거쳐 2012년 중국 최초의 항공 모함이 탄생했다. 이미 실전 배치해서 운용 중인 랴오닝호(遼寧號, 요녕호)다.

그렇지만 중국은 미국과 달리 항공 모함을 운용해본 경험이 없기 때문에 아직도 많은 시행착오를 겪고 있다. 미국은 세계 2차 대전 때부터 항공 모함을 운용해 왔다. 랴오닝호는 미국의 항공 모함과 달리 전투기를 스키 점프대식으로 된 활주로를 이용해 이륙시킨다. 이 때문에 이륙 속도가 현저하게 낮고 전투기를 미국 항공 모함의 절반 수준밖에 운용할 수 없다는 점이 약점이다. 어렵게 구한 러시아의 항공 모함을 자신들의 것으로 만들기는 했지만, 아직까지는 미국의 적수가 되지 못한다. 실제 중국군이 미국의 항공 모함을 한 척 격침시키려면 중국 해군력의 40% 이상이 날아간다고 한다. 또한 수적인 면에서도 중국은 열세를 면치 못한다. 미국은 현재 열한 척의 항공 모함을 운용 중이다.

그렇다 하더라도 해양 대군을 지향하는 중국의 도전은 거침이 없다. 랴오닝호에 이어 두 번째 항공 모함인 산둥호(山東號, 산둥호)가 작년(2019년)에 실전 배치되었다. 랴오닝호는 러시아의 항공모함을 개조한 것에 불과하지만 산둥호는 중국이 자체 기술로 만든 최초의 항공 모함이다. 이를 이어 곧 3호, 4호 항공모함이 진수될 예정이다. 중국은 2025년까지 총 여섯 척의 항공 모함을 보유한다는 계획이다. 아직은 미국에 비해 어설픈 모양새이지만 중국이 지속적으로 이에 대한 기술을 축적해 나간다면 10여 년 후에는 대단히 위협적인 존재가 될 것이 분명하다. 언젠가는 중국의 짝퉁이 진품을 능가하는 시대가 올지도 모르겠다. 짝퉁도 만들어낼수록 기술이 향상된다.

짜고 치는 고스톱

광저우의 짝퉁 시장은 넓기도 하지만 여러 지역으로 나뉘어져 있어 상당히 복잡하다. 특히 광저우역 인근에 있는 짠시루(站西路)는 시계, 선글라스, 점퍼, 가방 등 모든 명품의 짝퉁들이 판매되고 있다. 세계적인 불황으로 모든 업종에서 어려움을 겪고 있지만 짝퉁 시장은 그런 모습이 전혀 보이지 않는다. 오히려 더욱 활발하게 움직이고 있다. 짝퉁 시장에는 중국의 물류 회사는 물론 DHL, Fedex 등 세계적인 특송

업체들도 모두 입주해 있다. 짝퉁은 전 세계 어느 나라에도 배송이 된다는 뜻이다. 이 시장의 모든 것이 진품이 아니다 보니 사람만 빼고는 모두 짝퉁이라고 농담처럼 이야기한다. 유럽의 명품 회사들이 보면 기절초풍을 할 노릇이다. 유럽이나 미국에서 자신들의 지적 재산권을 보장해 달라고 중국 정부에 요구하는 이유도 여기에 있다.

명품 짝퉁이 버젓이 길거리에서 팔리고 있지만 이를 단속하는 모습은 보기 어렵다. 만약 짝퉁 시장이 문을 닫게 되면 경제적인 타격이 엄청나게 클 수밖에 없다. 짝퉁 시장과 공장을 단속하면 여기에 종사하고 있는 수십만 명의 일자리가 한순간에 사라진다. 상황이 이러하니 중국 정부에서는 적극적으로 단속에 나설 이유가 없다. 그렇다고 국제사회의 비난을 모른 척하기도 어렵다. 그래서 중국 정부에서는 가끔 형식적인 단속을 하는 시늉만 내고 있다. 평소에 진열대에 내놓고 팔던 시계가 동시에 시장 전체에서 사라지는 것은 곧 단속을 나온다는 뜻이다. 단속을 나갈 테니 물건을 치우라고 하는 것은 짜고 치는 고스톱이나 마찬가지다.

짝퉁 가방을 주로 파는 피혁성(皮革城)에서는 제품을 진열해 놓지 않는다. 대신 삐끼들이 호객 행위를 한다. 이들은 주로 인근 아파트에 짝퉁을 진열해 놓고 판다. 이곳에 들어가기 위해서는 철문을 몇 개 통과해야 하는데 문이 닫힐 때 '덜컹'하는 소리가 나면 가슴이 철렁 내려앉는다. 이렇게 여러 개의 문을 통과해서 전시장에 도달하면 분위기 때문에 사지 않고는 못 나올 것 같은 기분이 든다. 보통 상점에서는 카탈로그로 영업을 한다. 사진을 보고 제품을 선택하면 영업 시간이 끝날 즈음에 가지러 오라고 한다. 중국 정부의 의지만 있다면 당연히 짝퉁

상품은 바로 근절될 수 있다. 하지만 중국 정부는 그럴 생각이 전혀 없다. 다른 나라의 지적 재산권보다 중국인들의 먹고사는 문제가 더 절실하기 때문이다.

휴대폰 매장에서 완성되는 짝퉁 휴대폰

중국 전자 산업의 메카는 선전의 화청베이(華強北)다. 이곳에는 중국에서 생산되는 모든 전자 제품이 전시 판매되고 있다. 화청베이는 우리나라의 용산 전자 상가를 연상케 하지만 그 규모는 용산과는 비교할 수 없을 정도로 엄청나게 크다. 주변의 거리에는 화웨이(華爲), 샤오미(小米) 등 중국의 대표적인 휴대폰 광고판이 서 있다. 10여 년 전만 하더라도 삼성이나 애플의 광고판이 있던 자리다. 이곳에도 당연히 짝퉁이 있다. 다이슨(dyson)의 팬이 없는 선풍기는 중국인들에게도 인기다. 그런데 모양은 다이슨인데 중국 업체가 특허를 출원했다고 자랑하는 것을 보면 뭔가 앞뒤가 맞지 않는 모양새다. 세상의 모든 제품이 중국에 오면 중국 것이 된다.

전자 상가에서 짝퉁이 가장 많은 곳은 휴대폰 매장이다. 이곳에서는 전 세계 모든 휴대폰의 부품들이 취급된다. 부품에도 등급이 있는데 휴대폰 공장에서 흘러나온 것을 A급, 중국의 부품 공장에서 만든 것을 B급으로 분류한다. 그런데 실제로는 삼성이나 애플과 같은 휴대폰 업체에서는 대리점을 통해 판매한다. 그러니 이런 시장에는 비공식적으로 부품을 공급하지는 않는다. 그런데도 이곳에서는 A급은 진품, B급은 복제품으로 구분해서 판매하고 있다. 당연히 A급이 비싸다. 그런데 내가 보기에는 이곳에서 진품이라 주장하는 A급 부품도 당연히 짝퉁이라는 생각이 든다.

이곳의 각 매장에서 이런저런 부품을 조합하면 휴대폰이 생산된다. 매장의 한쪽 끝에 포장재를 파는 곳이 있다. 여기에서는 진품과 똑같은 박스를 팔고 있다. 이곳에서 조립된 휴대폰을 박스에 담고 수축 포장을 하면 완전한 형태의 휴대폰이 탄생하게 된다. 그냥 보아서는 짝퉁인지 진품인지 알 수 없다.

몇 년 전만 하더라도 중국의 휴대폰 품질은 형편없었다. 더구나 스마트폰을 만든다는 것은 딴 나라의 일이었다. 그렇지만 요즘 스마트폰의 부품은 대부분 중국에서 생산된다. 이를 바탕으로 한 기술력으로 짝퉁 부품까지 만들어내고 있다. 짝퉁 부품으로 삼성이나 애플 휴대폰을 만드는 것은 식은 죽 먹기다. 실제로 짝퉁을 만들어내는 현장을 보고 나니 중국의 전자 산업이 엄청나게 발전했다는 것을 실감할 수 있었다.

공공 기관에서도 짝퉁을

나는 중국에서 한 번호의 휴대폰을 18년째 사용하고 있다. 처음 가입 당시의 통신사는 CDMA를 사용하는 렌통(聯通, 연통)이었다. 당시에는 전화 요금을 많이 냈기 때문에 VIP 대접을 받았다. 어느 날 출장을 가기 위해 항저우 공항을 이용했는데 렌통 전용 대합실이 있는 것을 발견했다. 그런데 카드가 없으면 이용을 할 수 없다고 했다. 다음 기회에 꼭 사용해야겠다고 마음먹고 이우에 돌아와서 VIP 카드를 발급받았다. 그리고 얼마 후에 벼르던 출장을 위해 항저우 공항으로 갔는데 전용 대합실이 보이지 않았다. 공항 직원에게 물어보았더니 얼마 전에 문을 닫았다고 알려 주었다. 실망이 이만저만이 아니었다.

CDMA 통신망이 중국통신으로 넘어오면서 자동적으로 중국통신의 고객이 되었다. 그렇다고 전화번호까지 바뀐 것은 아니었다. 중국통신을 이용하면서도 계속 VIP 고객 대접을 받은 것은 물론이다. 중국통신에서 오래된 고객들을 위해 특별히 스마트폰을 공짜로 나누어 주겠다는 연락을 받았다. 그것도 애플의 신형 아이폰을 준다는 소식이었다. 애플의 아이폰은 고가 정책을 쓰기 때문에 돈을 주고 사는 것은 상당히 부담스러운 시기였다. 그런데 아이폰을 준다고 하니 눈썹을 날리며 중국통신으로 향했다. 그리고 중국통신에서 요구하는 여러 가지 서류에 서명했다. 공짜로 스마트폰을 얻는다는 생각에 온몸에 전율이 퍼졌다. 그런데 마지막 순간에 내 귀를 의심하는 말을 중국통신 직원에게서 들었다. 공짜로 주는 스마트폰은 진짜 아이폰이 아니라는 것이다. 정신이 몽롱해졌다. 중국통신이라면 조그만 기업이 아니다. 우리나라로 치면 한국통신과 같은 중국을 대표하는 통신 회사다. 그런 기업에서 진짜가 아닌 짝퉁 아이폰을 주겠다니 믿어지지 않았다. 내가 잘못 들은 것이 아닌가 하는 생각이 들었다. 그래서 같이 간 통역을 통해서 다시 확인했다. 결론은 짝퉁 아이폰이었다. 우리나라 같으면 방송에 나올법한 대단히 큰 사건이다. 공기업과 같은 거대 기업에서 우수 고객에게 짝퉁을 주다니 중국다운 발상이 아닐 수 없다.

배보다 배꼽이 큰 짝퉁

광저우 짝퉁 시장은 중국을 방문하는 한국인들에게도 익숙한 시장이다. 일부러 짝퉁을 사러 광저우를 찾아오는 사람들도 있다. 예전에는 한국의 이태원에도 짝퉁 시장이 있었다. 오래전 나와 인연이 있었던 아시아 자동차의 호주 사장인 이안 캠블은 한국에 올 때마다 꼭 이태원을 들렀다. 짝퉁을 사기 위해서였다.

1990년대에는 한국의 짝퉁은 진품과 구별이 어려울 정도로 최고의 제품으로 인정을 받았다. 이안 캠블이 이태원에서 청바지를 하나 샀는데 가게 주인이 어떤 상표를 붙일 것인지를 물어보았다. 잠시 고민하던 이안 캠블은 두 상표를 모두 달아 달라는 특별한 부탁을 했다. 그래서 청바지 뒷면에 '리바이스'와 'Lee'라는 상표를 모두 달고 다녔다. 그리고 보니 짝퉁은 돈이 없는 사람들만의 전유물이 아니다.

호주의 이안 캠블은 저택에다 별장과 요트를 가지고 있는 갑부다. 또 나와 오랫동안 거래하고 있는 미국의 맥스나 멕시코의 귀도는 우리 돈으로 백억이 훨씬 넘는 재산을 소유하고 있는 사업가들이다. 그렇지만 이들도 광저우 짝퉁 시장의 단골 고객이다. 재미있는 것은 이들이 짝퉁을 지니고 다녀도 모든 사람은 이를 명품으로 본다는 것이다. 하긴 내가 어쩌다 명품을 들고 다녀도 다른 사람들은 이를 짝퉁으로 생각할 것이 분명하다. 짝퉁도 가지고 있는 사람들의 수준에 따라 대접이 달라진다.

미국 시카고의 바이어는 이우에 오면 꼭 짝퉁 시장에 들른다. 이곳에서 매년 손목시계를 사는데 잃어버려도 별 부담이 없다는 이유에서

다. 명품 손목시계를 차고 다니면 항상 신경을 써야 하고 만약 잃어버리기라도 하면 이것 때문에 많은 시간을 소비할 수밖에 없다는 것이 그분의 생각이다. 매번 자신의 시계만 사는 것이 미안했던지 어느 날 내게 손목시계를 하나 선물해 주셨다. 물론 짝퉁이다. 비록 짝퉁이지만 디자인도 괜찮고 시간도 잘 맞아서 몇 년을 요긴하게 쓸 수 있었다. 그런데 가죽끈은 오래 사용하다 보면 낡아서 색이 발하기도 하지만 고약한 냄새가 난다. 시계 줄을 갈기 위해 이우의 한 백화점에 있는 시계 수리점을 방문했다. 그런데 시곗줄 가격이 350위안이라고 한다. 내가 선물로 받은 짝퉁 시계는 150위안에 샀으니 이건 배보다 배꼽이 더 큰 꼴이다. 그래서 내가 이건 짝퉁 시계라고 설명했더니 수리공은 "명품이 맞다."며 350위안의 시곗줄을 계속 권했다. 정작 시계 주인은 짝퉁이라고 하고 수리공은 명품이 맞다고 하니 참으로 우스꽝스러운 일이 아닐 수 없었다. 한참의 실랑이 끝에 결국 80위안의 시곗줄로 갈았다. 이 이야기를 들은 시카고 사장님이 명품이라고 우긴 그 친구한테 왜 그 시계를 팔지 않았느냐고 하셨다. 그 말을 듣고 나니 그때 그 시계를 팔지 않은 것이 두고두고 후회된다.

가장 많이 팔리는 맥주는 칭다오가 아니다

산동성 칭다오(青岛, 청도)는 우리나라 기업들이 가장 많이 진출해 있는 곳이다. 그래서 우리에게 가장 친숙하게 여겨지는 곳이다. 칭다오는 맥주로도 유명하다. 이곳에서 매년 8월에 맥주 축제가 열린다. 중국을 대표하는 칭다오 맥주가 있기 때문이다. 칭다오 맥주 축제는 세계 4대

맥주 축제로도 널리 알려져 있다. 칭다오 맥주는 역사가 깊기도 하지만 맛이 좋은 것으로 정평이 나 있다. 그렇지만 칭다오 맥주는 원래 중국 것이 아니다.

칭다오는 한때 독일의 조차지였다. 청나라 말기에는 중국 전역이 외세에 의해 갈라졌다. 홍콩은 영국의 차지가 되었고 상해와 천진, 광주, 하문에는 제국주의 국가들의 조차지가 만들어졌다. 칭다오에는 1897년 독일의 침공으로 또 다른 조차지가 형성되었다. 이곳에서 선교하던 독일인 선교사가 살해당했다는 명분으로 독일군이 점령했다. 그리고 많은 독일인이 칭다오에 상주했다. 그래서 지금도 칭다오에는 독일인들이 살던 주택가와 성당 등이 그대로 남아있다. 칭다오 맥주 역시 이곳에서 생활하던 독일인들이 만든 맥주다. 칭다오 맥주가 1903년에 설립되었으니 100년이 넘는 역사를 지니고 있다. 그래서 칭다오를 맥주의 도시라고 부른다.

중국의 맥주 소비는 미국, 독일 다음으로 세계 3위에 속한다. 이를 반영하듯 중국에는 칭다오를 비롯해서 하얼빈(哈爾濱), 쉐화(雪花, 설화), 옌징(燕京, 연경) 등 수많은 맥주 회사가 있다. 칭다오 맥주가 맥주의 대명사로 불릴 정도로 유명하지만 그렇다고 칭다오가 중국에서 제일 오래된 맥주는 아니다. 칭다오보다 3년 빨리 맥주를 만든 곳이 하얼빈 맥주다. 중국의 4대 맥주에 속하는 하얼빈 맥주는 순하고 깨끗한 맛이 특징이다. 또한 칭다오가 워낙 유명해서 가장 많이 팔릴 것 같지만 실제는 '쉐화(雪花, 설화)'라는 맥주가 가장 많이 팔린다. 칭다오 맥주의 세계 시장 점유율은 2.8%로 쉐화의 절반(5.4%)에 지나지 않는다. 칭다오는 해외에서도 많이 팔리지만 쉐화는 수출보다는 중국 시장 판매에 주력하고 있다.

쉐화 맥주가 가장 많이 팔리는 비결은 순한 맛에도 있지만, 칭다오에 비해 가격이 저렴하기 때문이다. 이런 이유로 많은 음식점에서 칭다오를 취급하지 않는다. 칭다오는 다른 맥주에 비해 상대적으로 가격이 비싸기 때문에 이윤이 높지 않다. 또한 칭다오는 가격이 비싼 덕분에 가짜가 제일 많은 맥주이기도 하다.

중국의 맥주는 알코올의 도수가 그리 높지 않다. 특히 쉐화는 알코올 도수가 2.8%에 지나지 않기 때문에 누구나 부담 없이 마실 수 있다. 점심을 먹으면서 반주로 마시는 맥주가 쉐화다. 독주를 마시는 북방 사람들에게는 물처럼 느껴지는 맥주라고 하겠다.

공자의 나라 중국

텃세는 당연하다

중국의 남방 사람들은 말싸움은 해도 주먹까지는 오가지 않는다. 폭력 행위에 대한 처벌이 우리보다 덜 엄한데도 불구하고 사람을 때리는 경우는 흔하지 않다. 그런데 어쩌다 이우의 시내에서 다른 사람에게 위해를 가하고 때리는 모습을 보게 되면 필시 그 사람은 이우 사람이라고 봐도 된다.

어느 나라나 비슷하지만 중국에서도 텃세가 대단히 강하다. 지역 사람들끼리의 연대가 대단히 강한데 그 이유를 나는 언어에서 연관된다고 보고 있다. 우리나라도 지방으로 가면 지역색이 대단히 강한데, 그것은 지연, 학연과 더불어 언어도 한몫한다. 즉 말이 같으면 동질감을 느끼고 금방 가까워진다. 앞에서도 여러 번 거론했지만 중국은 지역마다 말이 다르다. 심지어 이우에서 자동차로 한 시간 반 거리인 용캉(永康)의 말은 완전히 다르다. 처음엔 나도 이런 말이 사실일까 하는 의심을 했다. 그렇지만 실제 내가 이를 겪어 보니 언어의 이질감이 엄청나다는 것을 실감할 수 있었다. 물론 중국의 표준말과는 달라도 완전히 다르다.

열쇠고리를 납품하던 상점과 계속 시비가 붙은 적이 있었다. 물건을 제때 납품하지 않아 우리가 바이어에게 이를 해명하느라 곤욕을 치르고 있었다. 그런데 상점에서는 일부만 납품하고는 대금을 받아가려고 머리를 굴리고 있었다. 우리는 모두 납품된 다음에 돈을 주겠다고 했고 상점에서는 일단 가지고 온 물건에 대해서 대금을 지급하라고 버텼다. 우리의 걱정은 이미 가지고 온 물건에 대한 돈을 지급하고 나면 나머지 잔량을 가지고 오지 않을 확률이 높다는 점이었다. 이미 여러 번에 걸쳐 납기를 미루었기 때문에 그럴 가능성이 농후했다.

우리가 이용하는 진출공사(우리의 무역회사) 사장에게 전화했더니 금방 체격이 좋은 직원 한 명을 우리 사무실로 보내왔다. 이 친구가 물건을 가지고 온 상점 직원과 잠시 말다툼을 하다가 다짜고짜 상대방의 얼굴에 주먹을 날렸다. 졸지에 기습을 당한 상대방의 얼굴에서 피가 흘러내렸고 그 길로 줄행랑을 쳤다. 내가 진출공사 친구에게 "괜찮냐?"고 했더니 걱정하지 말라며 어깨를 으쓱거렸다.

그 친구가 큰소리를 쳤지만 난 걱정이 되지 않을 수 없었다. 우리 사무실 문제로 사람을 때렸으니 필시 문제가 심각해지리라 짐작하고 있었다. 아니나 다를까 잠시 소강상태가 흐른 후에 얼굴을 얻어맞은 상점 직원이 경찰을 동행하고 우리 사무실로 왔다. 경찰을 따라 파출소로 가는 그 친구에게 걱정돼서 "정말 괜찮은 거냐?" 하고 물었더니 "난 이우 사람이야." 하고 너무 쉽게 대답했다. 그래도 걱정되어서 진출공사 사장에게 전화해서 저간의 상황을 설명했더니 역시 "걱정하지 마라, 바로 해결될 거다."라며 오히려 나를 안심시켰다. 직원이 사람을 때려서 폭행 혐의로 파출소에 갔는데 그런 말을 하니 너무 무심한 것 아닌가 하는 생각이 들었다. 그런데 그 말이 떨어지기 무섭게 그 친구가 우리 사무실로 돌아왔다. 내가 "괜찮은 거니?" 하고 걱정스럽게 물었더니 그 친구 하는 말이 "난 이우 사람이야."였다. 파출소에 가서 이우 말을 하면 모든 게 일사천리다. 그곳에 있는 경찰들이 모두 이우 출신이니 이우 말로 대화를 하면 다른 지방 사람들은 낄 틈이 없다. 우리도 이우에서 어떤 문제가 발생하면 이우의 지인을 찾는다. 그리고 그 친구를 통해 일을 해결해 달라고 부탁하면 수월하게 마무리할 수 있다. 바로 텃세 때문이다. 그래서 중국의 관공서에는 보통화(표준화)를 쓰라고 적어 놓은 것을 볼 수 있다.

텃세는 폭력도 부른다

외삼촌이 해군에서 오랫동안 복무를 하셔서 젊은 시절부터 이사를 많이 다니셨다. 마지막 근무지가 제주도라 전역 후에 그곳에 자리를 잡으셨다. 제주도가 공기도 깨끗하고 환경도 양호해서 노후에 살기 좋은 곳이라는 판단에서였다. 그런데 제주도는 어느 지역보다 타 지역 사람들에 대해 배타적이다. 군 생활을 할 때는 그런 점이 별로 부각되지 않았는데 전역을 하고 나니 상황이 달라진 것을 피부로 느낄 수 있었다고 한다. 그래서 외삼촌의 아들 형제가 현지에서 적응하는 데 무척 힘들었다고 한다. 결국 그곳에서 살아남기 위해 무술을 배웠고 나중에 제주도의 태권도 대표 선수가 되기까지 했다. 얼마 전에 만난 그 형제의 한 분이 이제는 완전히 제주 사람이 되었지만 학창 시절에는 너무 많은 고비가 있었다고 푸념을 했다.

이우 인근에 있는 용캉은 공업 도시다. 중국의 보온병과 머그컵이 모두 이곳에서 생산된다.

그리 멀지 않은 거리이지만 이우와 용캉 사람들의 경쟁심과 텃세는 엄청나게 강하다. 이우와 용캉을 오가는 버스는 30분 간격으로 출발한다. 중국 진출 초기에는 각 지역에서 열리는 전시회에 부지런히 참석했다. 그날은 용캉에서 개최하는 금속 제품 전시회를 관람하고 이우로 돌아오던 중이었다. 당시에는 시외버스에 차장이 있었는데 남자들도 많았다. 출발하고 나서 버스 차장과 승객의 작은 시비가 있었다. 차장은 체격이 엄청나게 컸고 인상도 좀 험악했다. 이에 반해 승객의 체격은 왜소한 편이었다. 사소한 말싸움이 커지기 시작하더니 나중에는 서로의 멱살을 잡는 수준까지 이어졌다. 이윽고 덩치가 큰 버스 차장의 주먹이 승객의 얼굴을 가격했고 승객의 얼굴은 금방 피투성이로 범벅이 되었다. 그리곤 차장이 운전 기사에게 차를 세우라고 하더니 그 승객을 길에다 내팽개쳤다. 아무리 중국이라지만 버스 차장이 손님을 때리다니, 도저히 이해하기 어려운 상황이었다. 버스 안의 승객들은 이를 무심히 쳐다볼 뿐이었다. 길에 나동그라진 승객이 휴대폰으로 어디론가 전화하는 모습이 유리창 너머로 보였다. 덩치 큰 버스 차장은 마치 승리자인 듯 어깨를 들썩이며 우쭐거렸다.

싸움의 발단은 단순했다. 전시회가 있는 날이라 승객이 평상시보다 많아서 좌석이 부족했다. 버스 차장이 그 승객에게 어디까지 가느냐고 물었고, 목적지까지는 멀지 않으니 좌석을 다른 승객에게 양보하고 서서 가라고 했다는 것이다. 이에 그 승객이 발끈했다. "왜 똑같이 버스 요금을 내고 가는데 내가 서서 가야 하느냐?"는 것이었다. 어쩌면 당연한 반발이었는데 이에 발끈한 차장이 주먹질을 해댄 것이다. 아마도 승객의 덩치가 작았던 것이 만만해 보였던 것으로 보인다.

상황은 금방 반전되었다. 버스가 진행하는 도로 앞에 20여 명의 사람이 나무 뭉치와 돌, 공사 장비 등을 들고 서 있었다. 용캉 출신의 승객이 동네 사람들을 불러 모았던 것이다. 방금 전까지 기세등등했던 버스 차장의 얼굴이 창백해졌다. 이윽고 버스로 커다란 돌과 나무 뭉치들이 정신없이 날아들었다. 유리창이 깨지고 파편들이 버스 안으로 쏟아져 들었다. 유리가 깨지면서 여자 승객의 얼굴에 작은 상처가 났다. 피를 본 여자가 "악!" 소리를 내며 울부짖으니 버스 안은 공포로 변했다. 난 본능적으로 몸을 낮추어서 날아오는 돌을 피하는 자세를 취했다. 이러다가 길에서 횡사하는 것이 아닌가 하는 불안감이 몰려왔다. 그런데 고물차나 다름없는 버스가 위기에 처하자 적토마로 변해 정신없이 달렸다. 가파른 언덕도 거친 숨을 몰아치며 거침없이 넘어섰다.

이게 끝이 아니었다. 전방에 더 많은 무리가 도로를 가로막고 서 있었다. 버스 차장은 제정신이 아니었다. 휴대폰으로 공안을 계속 불러댔다. 이윽고 또다시 돌과 공사장에서 쓰는 공구들이 날아왔다. 내가 앉은 자리의 유리창에 큰 돌이 하나 날아왔다. "퍽" 하는 소리와 함께 유리창에 금이 갔다. 차장의 절박한 외침에도 공안은 출동하지 않았다. 버스 뒤를 따라 여러 대의 오토바이가 쫓아 왔다. 그들의 추격은 인근의 동양시에 들어서면서 끝이 났다. 동양은 이우와 용캉의 중간에 있는 도시다. 결국 버스는 동양시의 도롯가에 멈추어 섰다. 차에서 내려 보니 버스의 몰골이 말이 아니었다. 앞 유리를 비롯해서 대부분의 유리창이 모두 박살났고 여기저기 돌과 흉기에 처참하게 맞은 흔적이 남아 있었다.

한참을 기다렸지만 공안은 오지 않았다. 우린 그곳에서 택시를 타고 이우로 돌아왔다. 아마 그 버스는 다시는 용캉으로 운행할 수 없었을 것으로 생각된다. 그 승객이 여기에 있었다면 "용캉에는 다시 얼씬거리지 마라. 여기에서는 내가 나와바리다."라고 했을 것 같다.

점점 사나워지는 주차 인심

중국은 이미 오래전에 미국을 넘어 세계 최대의 자동차 생산국이 되었다. 중국에서는 일 년에 약 2천7백만 대의 자동차가 생산되고 판매가 된다. 그래서 세계의 모든 자동차 회사가 중국 시장에서 살아남기 위해 안간힘을 쓰고 있다. 중국 진출 초기에는 어딜 가나 막힘이 없었지만, 요즘엔 교통 체증 때문에 길에서 소비하는 시간이 점점 늘어나고 있다. 주차도 어려워지긴 마찬가지다. 저녁에 퇴근해서 아파트 안에 주차하려면 몇 바퀴를 돌아야 하는 상황이다. 아파트 단지 안에 빈 공간이 없어 길에다 주차하는 차들이 나날이 늘어가고 있다. 그렇다고 해서 이게 금방 해결될 문제가 아니다. 자동차는 매일 계속해서 늘어나고 있기 때문이다.

이런 현상은 비단 이우만의 일이 아니다. 중국의 전 도시들마다 주차난이 점점 심화되고 있다. 상황이 이러하다 보니 주차 인심도 점점 사나워지고 있다. 다른 사람들이 주차하지 못하도록 구조물을 세워둔다거나 주차 금지 표지판을 세워놓는 곳이 늘고 있다. 예전에는 보지 못하던 현상이다. 일부 아파트 단지는 입주하려면 주차장을 별도로 구매해야 하는데 아파트 가격보다 주차장 가격이 더 높은 황당한 경우도 있다.

주차난이 심각해지다 보니 요즘엔 연락처를 남겨두는 운전자가 늘고 있다. 차를 빼달라고 요구하는 경우가 많아지기 때문이다. 많이 개선되고 있기는 하지만 아직도 비상식적인 주차를 하는 운전자가 많다.

얼마 전 은행에 가서 일을 보고 나왔는데 다른 승용차가 내 차를 가로막고 있었다. 연락처는 아예 없었다. 은행의 관리인한테 물어 차주를 찾아보았지만 헛수고였다. 30여 분을 기다리다가 급한 일 때문에 차를 두고 사무실로 돌아와야만 했다. 사무실에서 일을 끝내고 오후에 차를 찾으러 갔다. 내 차를 가로막고 있던 승용차는 사라진 후였다. 그런데 너무 오래 차를 세워둔 탓에 폭탄 주차료가 청구되었다.

우리나라의 대도시도 주차난이 심각한 편이다. 요즘은 그런 경우가 별로 없지만 한때에는 주차 때문에 말다툼도 많이 하고 이것이 빌미가 되어 살인 사건까지 벌어지기도 했다. 또한 가로막고 있는 차를 긁어 놓거나 열쇠 구멍에 이쑤시개와 같은 이물질을 집어넣는 짓도 했다. 그렇지만 이우에서는 비슷한 상황이 발생해도 우리처럼 이런 식의 치졸한 보복 조치는 하지 않는다. 이런 점은 우리가 반성해야 한다. 그렇다고 해서 중국인들의 주차 매너를 좋게 평가할 수는 없다.

얼마 전에 국제상무성 2기를 방문하고 나왔더니 고급 승용차가 내 차를 막아놓은 상태로 주차를 해 놓았다. 연락처가 없으니 이러지도 저러지도 못하고 있었다. 사무실까지 가기엔 너무 멀어서 차를 다시 찾으러 오는 것도 쉽지 않은 상황이었다. 내가 어쩔 줄 몰라 하고 있으니 가게 주인이 120에 전화를 했다. 공안에 전화하면 차 주인의 연락처를 알 수 있다. 공안의 연락을 받고 온 차주는 미안해하는 기색이 전혀 없었다. "아, 당신 차였어?" 하는 식이다. 아마 북방이었으면 주먹이 날아 갔을지도 모를 뻔뻔한 모습이었다. 주차난이 심각해지면서 주차 단속 도 강화되고 있다. 중국에선 주차 단속을 교통경찰이 한다. 주차 위반 에 대해서는 벌점은 없고 150위안(약 2만 5천 원)의 벌금이 부과된다.

통행료는 내야지

무역을 전문적으로 하다 보면 일 년 내내 출장이 일상화되어 있다. 오늘은 상하이, 내일은 광저우, 이런 식으로 출장을 다니다 보면 한 해 가 금방 지나간다. 요즘에는 교통편이 많이 발달해서 먼 거리를 다니 는 것도 그리 불편하지 않다. 전에는 기차로 열 시간이 걸리던 난징도 고속철을 이용하면 두 시간 반이면 닿을 수 있는 환경이 만들어졌다.

처음 이우에 진출했을 때에는 도로 사정도 그리 좋은 편이 아니었 다. 상하이에서 이우를 오려면 기차를 타는 것이 가장 편리한 이동 수 단이었다. 닝보를 가는 길은 더 험악했다. 기차를 타면 네 시간이, 버 스를 타면 세시간 반이 걸렸다. 그 당시에는 이우에서 닝보로 가는 고 속도로가 없었다. 산길을 타고 넘어야 하는 국도는 위험하기 짝이 없었 다. 특히 앞이 제대로 보이지 않는 야간에 버스를 타고 이동하는 것은 무시무시할 정도였다.

지금은 대부분 없어졌지만 당시에는 다른 도시로 진입하려면 통행료 를 내야 했다. 지금도 용캉이나 퉁루 등 일부 지역을 지나려면 통행료 를 낸다. 어쩌다 택시를 타고 이런 길을 지나게 되면 택시 기사가 이 비 용을 내지 않으려고 먼 길을 돌아간다. 그것도 좁고 험한 산길을 타고 넘어가는데 떨어지면 뼈도 추리기 어렵다는 생각에 간담이 서늘해진다.

그날은 닝보를 갔다가 일을 마치고 밤늦게 이우로 돌아오는 길이었다. 동양은 닝보에서 이우로 들어오는 마지막 관문이다. 언덕만 몇 개 지나면 곧 이우에 들어설 수 있는 한적한 산길이었다. 밤늦은 시간이라 지나가는 차들을 거의 볼 수 없는 왕복 2차선의 도로였다. 기사가 갑자기 차를 세우고 밖으로 나갔다. 나는 낮에 오랜 상담을 한 탓에 잠이 들어 있었다. 깨어나서 보니 도로 앞을 커다란 나무가 가로막고 있었다. 우리가 당황해서 어쩔 줄을 몰라 하고 있는데 숲속에서 건장한 사내들이 나타났다. 그리곤 "나무를 치워 줄 테니 돈을 달라."는 것이었다. 아무도 없는 깜깜한 산속에서 그것도 험악하게 생긴 남자들이 갑자기 나타났으니 겁이 덜컥 날 수밖에 없었다. 그렇다고 돌아갈 수도 없는 노릇이고 그냥 지나갈 수도 없으니 진퇴양난이었다. 치우는 비용이 50위안(약 9천 원)이란다. 어쩔 수 없이 50위안을 주니 그들은 도구를 이용해서 통나무를 치워주었다. 그런데 우리가 그곳을 지나치고 나니 그 친구들이 다시 나무를 제자리로 옮겨 놓는 모습이 보였다. 그러니까 이 친구들은 차들이 오도 가도 못 하게 길목을 지키며 장사를 하고 있는 셈이었다. 아무리 힘센 사람이라도 큰 통나무를 혼자 치우기는 어렵다. 다행인 것은 요즘에는 이런 짓을 하는 사람들이 사라졌다는 것이다.

돈 내고 찾아가라니까

중국에서는 지역별로 특정 산업을 집중적으로 육성 발전시킨다. 예를 들면 동양은 나무 제품, 용캉은 보온병과 전동차, 성저우(嵊州, 승주)는 넥타이, 푸장(浦江, 포강)은 크리스탈 등 그 지역에서 지닌 경쟁력을 최대한 활용하는 식이다. 이와 같은 산업이 발달하면 관련 산업까지 연결돼서 세수 확충과 고용 창출에 지대한 영향을 끼친다. 타이조우(台州, 태주)는 플라스틱 사출과 금형이 발달한 도시다. 가끔 우리도 플라스틱 제품을 개발하기 위해 닝보나 태주를 찾는다. 이우에서 태주는 자동차로 약 3시간이 걸린다.

그날은 비용을 조금 아낄 요량으로 승용차 대신 업무용으로 쓰는 빵차(面包車, 미엔뽀처)를 타고 가기로 했다. 빵차는 배기량이 800cc라 기름값이 승용차의 절반밖에 들지 않기 때문이다.

이우에서 태주까지는 산악 지형이 계속 이어진다. 마치 우리나라의 강원도 산길과도 같은 곳이다. 고속도로를 타고 2시간가량 달렸는데 머플러에서 마치 화재가 난 것처럼 엄청난 연기가 솟구쳐 올랐다. 그리고 엔진 오일 경고등에 불이 들어왔다. 계속 주행하는 것이 무리라고 판단해서 고속도로 안내판에 있는 긴급 전화번호로 연락했다. 우리의 위치를 알려주고 나서 약 20분 후에 견인차가 왔다. 생각했던 것보다 신속하게 와주니 고맙다는 생각이 들었다. 견인차가 우리 차를 끌고 정비소로 향했다. 우리가 "이 자동차의 지정 정비소로 가달라."고 했지만 그건 안 된다는 대답이 돌아왔다. 고속도로에서 차가 고장이 나면 고속도로 공사에서 지정한 정비업소로만 견인해 줄 수 있다는 것이었다. 법이 그렇다니 따를 수밖에 없었다.

그런데 견인차는 험한 산길로 계속 접어들더니 으슥한 곳에 자리하고 있는 정비소에 우리를 내려 주었다. 주위가 온통 산으로 둘러싸인 첩첩산중이었다. 마을은커녕 사람의 그림자조차 구경하기 힘든 두메산골이었다. 게다가 정비소라고 하지만 변변한 장비는 하나도 없고 리프트 하나만 달랑 있는 아주 허접한 곳이었다. 이런 곳에서 자동차를 수리할 수 있을까 하는 의구심부터 들었다. 그렇다 하더라도 우리가 선택할 수 있는 것이 아무것도 없었다. 오로지 이곳에서의 처분만 기다리는 처지였다. 엔진을 분해해 보니 엔진 오일이 굳어서 순환되지 않아 발생한 고장이었다. 엔진 오일 불량이 확실했다. 그런데 수리하고 나서는 시동이 걸리지 않았다. 엔진을 세 번이나 뜯었다가 다시 조립했다. 그러나 보니 밤 열 시가 다 되었다.

수리를 마치고 나니 한숨을 돌렸지만, 또 다른 한 고비가 남았다. 수리비가 문제였다. 이들은 수리비로 2,800위안(47만 6천 원)을 요구했다. 고작 굳은 엔진 오일을 걷어내고 보충한 것에 대해 우리 돈으로 50만 원 가까이 달라고 하니 완전히 날강도나 다름없었다. 지정 정비소에 들어가면 300위안(5만 원) 정도로 해결될 아주 간단한 고장이다. 너무 황당해서 딸을 못 하고 있으니 "빨리 돈을 달라."며 재촉한다. 우리가 가진 돈이 없다고 하니 계좌번호를 알려주고 입금하라고 한다. 우리가 이런저런 핑계를 대자 이들의 목소리가 높아지기 시작했다. 우린 어디인지도 모르는 오지의 산속에서 험악한 사내들이 큰소리를 치니 주눅이 들 수밖에 없었다. 이들이 우리를 겁박한다 해도 하소연할 곳이 없었다. 사정사정해서 2,000위안(약 34만 원)으로 합의를 봤다. 800위안을 깎았지만 그래도 터무니없는 비용을 지출한 셈이다. 이후부터는 출장을 갈 때 절대 빵차를 쓰지 않기로 했다.

허가는 누구 맘대로

이우 도매 시장은 춘절(설날) 기간에 열흘 정도 휴무하는 것 외에는 일 년 내내 문을 연다. 이우 시장은 세상의 모든 물건을 다 판다고 할 정도로 중국에서 생산되는 모든 제품이 모인다. 이우에 없다면 세상에 없는 물건이라고 할 정도다. 다섯 개 구역으로 나누어진 시장에서 가장 활기찬 구역은 액세서리 매장이 있는 1구역이다. 액세서리는 이우의 많은 제품 중에서 가장 경쟁력이 있다.

본래 이우 시장의 기능은 모든 지역에서 만들어진 제품을 도매로 파는 곳이다. 그렇지만 이우에는 수많은 액세서리 공장이 있다. 다른 곳에서 받아 파는 것보다 직접 만들어서 팔면 이윤이 높기 때문이다. 그래서 이우의 많은 상인이 직접 공장을 운영한다. 액세서리 매장은 이우 시장에서 가격이 제일 비싼 곳이기도 하다. 3×3m 면적의 매장이 우리 돈으로 7억이 넘는 곳도 있다. 임대 비용 또한 대단히 높아서 매장을 둘로 나누는 것도 부족해서 4면으로 쪼개 영업을 하는 곳이 많다. 이런 점을 반영해서 얼마 전에 1기 옆에 액세서리 전문 매장을 한 동 더 지었다.

본래 황옌(篁园)에 있던 이우 소상품 시장이 2003년 푸티엔 시장(福田市場, 현 국제상무성)으로 이전을 했다. 이 당시에 개인 건설업자에 의해 액세서리를 전문적으로 판매하는 건물이 그 옆에 별도로 지어질 계획이었다. 모든 사람이 액세서리 매장에 큰 관심을 기울이고 있었기 때문에 분양은 별 어려움이 없었다. 미국에서 와서 이우에서 액세서리를 사가는 사람들까지 분양을 받으려고 줄을 댈 정도였다. 액세서리가 워낙 장사가 잘되는 업종이니 분양만 받으면 대박은 떼놓은 당상이나 마찬가지였다. 분양을 받지 못한 분들이 무척 안타까워할 정도였다. 그런데 일이 꼬여 대반전이 일어났다. 건물이 완성되었는데 분양을 받은 사람들이 입주할 수 없는 사태가 발생한 것이다. 이우시에서 이 건물에 대해 준공 허가를 내주지 않았기 때문이다.

이우 시장은 이우시 정부의 산하 기관인 상청그룹에서 관리한다. 이우시 정부 입장에서는 이우 시장이 잘 돌아가야 상청그룹도 이익을 낼 수 있다. 그런데 시장 옆에 다른 건물을 지어서 액세서리를 파는 것은 이우 시장의 액세서리 매장을 위협하는 일이 될 수밖에 없다. 그래서 이우시 정부에서 이런저런 이유를 들어 지금까지 준공 허가를 내주지 않고 있다. 지금은 임시방편으로 일부 사무실이 들어와 영업하고 있지만 상권이 완전히 사라진 유령과도 같은 건물이 되고 말았다. 결정적인 것은 이 건물을 지은 건설 회사가 이우시가 아닌 동양시에 소재한 회사였다는 점이다.

새로운 BC가 시작되다

예수의 탄생은 세계 역사에서 커다란 분기점이 되었다. 우리가 사용하고 있는 BC와 AD가 그로 인해 생겨났을 정도이니 말이다. 기원전인 BC(Before Christ)는 예수 그리스도의 탄생 이전을, AD(Anno Domini)는 그 이후를 말한다. 예수는 신을 모독했다는 이유로 죽임을 당했지만 그의 사상은 전 유럽을 교회국가로 만들 정도로 인류 역사에 크나 큰 영향을 끼쳤다.

그런데 올해 새로운 BC가 탄생했다. 중국에서 새롭게 생겨난 BC는 Before Corona Virus란다. 중국에서 퍼뜨린 코로나 바이러스 사태를 비꼬는 말이다. 코로나 바이러스 이전과 이후의 세계를 살펴보라는 뜻이기도 하다. 아시다시피 코로나 바이러스는 전 세계에 큰 재앙을 안겨주었다. 2021년 2월 말 현재 전 세계에서 1억 명이 넘는 감염자가 발생했고 사망자만도 2백만 명이 넘는다. 미국에서만 40만 명이 넘는 사망자가 발생했으니 충격적인 일이 아닐 수 없다. 유럽의 확산세도 미국 못지않다. 그동안 가장 부유한 나라라고 여기던 유럽과 미국에서조차 코로나 바이러스에 맥을 못 추고 있다. 더구나 코로나 바이러스는 재선을 꿈꾸던 트럼프 대통령까지 끌어내는 결정적인 역할을 했다.

그렇지만 이런 전 세계적인 재앙을 만들어낸 중국 정부에서 책임감 같은 것을 전혀 느낄 수 없다. 오히려 중국도 피해국의 하나라고 변명까지 하고 있다. 심지어 코로나 바이러스의 발원지가 중국이 아닐 것이라고 발뺌을 하고 있으니 기가 찰 노릇이다. 그렇지만 미국 외에는 중국에 대해 항의조차 못 하는 나라들이 대부분이다. 중국인들의 수입이 늘어나면서 중국 시장에 눈독을 들이는 유럽 국가들이 많다. 만약 중국에 대항했다가 중국 시장에서 퇴출당할까 두렵기 때문이다. 그렇다고 하더라도 유럽인들이 중국에 대한 감정이 좋아질 리는 없다. BC가 탄생한 것도 그런 것을 반영한다고 할 수 있다.

이번 코로나 바이러스 사태로 인해 미국과 영국, 이탈리아 등 소위 선진 국가로 분류되었던 나라들의 허술한 의료와 방역 시스템의 민낯이 그대로 드러났다. 그동안 탈이 없었던 것으로 인식되었던 의료 시스템이 코로나 바이러스로 인해 붕괴되고, 정부의 관리 체계도 우왕좌왕하며 제대로 작동되지 않았다. 코로나 바이러스가 종식되고 나면 이를 어떻게 대처했느냐에 따라 세계 각국의 위상이 달라질 것으로 예상된다.

코로나 바이러스를 탄생시킨 중국은 강력한 통제 정책으로 어느 나라보다 신속하게 이를 해결하고 종식을 선언했다. 중국은 코로나 바이러스 사태가 끝나고 나면 세계의 중심 국가로 발돋움하려고 할 것이 분명하다. 세계 패권의 구도를 중국 중심으로 엮어나갈 계획이다. 어쩌면 코로나 바이러스 사태가 이를 실현하게 만들 수 있는 역할을 하게 될지도 모를 일이다. 새로운 BC의 모습이 어떤 형태로 우리 앞에 나타나게 될지 벌써부터 궁금해진다.

제2장

—

못
말리는
중국인

슬기로운 일상생활

골초들의 천국

중국은 세계 최고의 흡연국이다. 중국 성인 남자의 흡연율은 50%가 넘는다. 성인 남자 두 명 중에 한 명은 담배를 피운다는 뜻이다. 전 세계 담배 소비량의 절반 이상을 중국인들이 태워 없앤다.

중국에 담배가 들어온 것은 17세기 초라고 알려져 있다. 담배는 아메리카 인디언들이 즐겨 피우던 기호품이었다. 1492년 콜럼버스가 신대륙을 발견했을 때 그를 맞이하던 인디언들이 처음 건네준 것이 담배였다. 중국인들의 담배 사랑은 우리의 상상을 뛰어넘는다. 처음 만나는 자리에서 의례적으로 담배부터 권한다. 게다가 담배를 피우고 있는 중에 또 다른 담배를 권한다. 입에 담배를 물고 있는데 또 피우라고 주니 참 이해하기 어려운 문화다. 처음엔 담배를 피우지 않는다고 거절을 하지만 세 번 네 번에 걸쳐 억지로 권하면 이를 물리치기도 어렵다. 계속 권하는 담배를 잠시 모아두면 한 갑이 되는 것은 시간문제다. 그런데 보통 예의를 갖춰 정중하게 권하는 것이 아니고 앉은 자리 앞에 던져 주는 식이다.

처음 이런 문화를 접하다 보면 기분이 나쁠 수도 있다. 그렇지만 이들은 친하다는 표현을 이런 식으로 한다. 이렇게 담배를 피워대니 여러 명이 함께 상담하다 보면 회의실은 금방 오소리 굴이 되고 만다. 저녁에 숙소에 돌아와서 샤워하려고 하면 속옷은 물론 몸에서까지 심하게 담배 냄새가 배어 나온다. 게다가 중국의 담배는 대단히 독하다.

경조사에는 술과 함께 담배가 빠지지 않는다. 어느 행사에 가든 탁자 위에는 담배가 놓여 있다. 이런 장소에는 대부분 '중화(中華)'라는 담배를 사용한다. 중국에서 사장들이 즐겨 피우기 때문에 라오반(老板. 사장) 담배라고도 부른다. 가격은 하드 팩이 45위안, 소프트 팩이 60위안(만 원)이니까 꽤 비싼 편이다. 이런 이유 때문에 가짜가 많다. 그래서 중국에서는 중화 담배의 가짜 식별법이 있을 정도다.

결혼식장에서도 담배는 빠지지 않는다. 식장 입구에서 신랑과 신부가 하객을 맞이하면서 훙바오(紅包. 축의금)를 받는다. 남자 하객이 들어오면 가볍게 담소한 후 신부는 담배를 하나 꺼내서 권하고 신랑은 옆에서 라이터로 담배에 불을 붙여 준다. 결혼식장이 때아닌 흡연장이 되어 버리는 셈이다.

우리 회사와 거래하는 사출 공장의 사장은 항상 러닝셔츠와 반바지 차림으로 어린 손자의 손을 잡고 다닌다. 그런데 아이를 데리고 우리 사무실에 와서 상담할 때에도 담배를 끊임없이 피워댄다. 중국 흡연자들은 주위 사람들을 전혀 배려하지 않는다. 엘리베이터 안에서도 담배를 피우는 골초도 있다. 밀폐된 공간이라 환기가 안 되니 엘리베이터는 군에서 경험했던 가스실이나 다름없다. 특히 택시 운전기사들의 흡연은 무척 거슬린다. 택시를 타면 으레 담배를 권하는 기사들이 있다. 혼자 피우기 미안하니 함께 못된 짓을 하자는 뜻이다. 내가 안 피운다고 하면 혼자 자연스럽게 담배를 입에 물고 불을 붙인다. 자신이 담배를 피우는 것에 대해 내가 은연중에 동의했다는 식이다. 물론 이런 경우는 아예 승객의 의사도 물어보지 않고 담배를 피우는 기사들보다는 나은 편이다.

중국의 고속철은 거칠 것 없이 중국의 구석구석을 누빈다. 워낙 먼 거리를 빠른 속도로 운행하다 보니 중간에 정차하는 역에서 머무는 시간이 무척 짧다. 골초들은 이 순간을 놓치지 않는다. 이들은 고속철이 역에 진입하기 전부터 담배와 라이터를 들고 대기한다. 그러다가 기차가 플랫폼에 머무는 찰나의 순간에 정신없이 담배를 피워댄다. 이 때문에 항상 플랫폼 주변에는 엄청난 담배꽁초들이 널려있다.

화장실에 재떨이가 있는 이유

중국에서도 흡연에 따른 폐해 때문에 금연을 권장하는 장소가 늘어나고 있다. 그렇지만 아직까지도 중국의 담배에는 흡연의 위험성을 알리는 사진은 인쇄가 되어있지 않다. 담배는 국가의 입장에서 보면 국가 재정의 한 부분을 차지하는 큰 수입원이다. 국민의 건강에는 악영향을 끼치지만 이를 통해 거두어들이는 세금이 만만치 않으니 절대 포기할 수 없는 중요한 산업이기도 하다. 그렇기 때문에 정부에서는 대대적으로 금연 운동을 시행하는 한편 세금이 줄어들지 않기 위해서 소비도 진작해야 하는 이중성을 지녔다.

그래도 중국은 아직까지는 골초들에게 천국과 같은 곳이다. 그래서 외국의 골초들이 중국에 오면 아주 편하게 느껴진다고 한다. 영국 바이어인 램버트도 하루에 한 갑을 넘게 피우는 골초다. 그렇지만 영국에서는 담배를 피울 수 있는 곳이 제한적이어서 항상 주위 사람들의 눈치를 봐야 한다고 한다. 그래서 담배를 배웠다는 것이 때론 후회된다고 푸념을 한다. 그런데 중국에 오면 아무 곳에서나 담배를 피울 수 있으니 너무 좋다고 너스레를 떤다. 브라질에서 온 후리오도 비슷한 이야기를 했다. 그는 아무 곳에서나 담배를 피울 수 있다는 것을 자랑하기 위해 공장 사장과 담배를 피우는 장면을 영상으로 찍었다. 그리고 이 동영상을 친구들에게 SNS로 보내기도 했다. 놀라운 것은 5성급의 고급 호텔 프런트 데스크에도 재떨이가 놓여 있다는 점이다. 체크인이나 체크아웃을 하는 골초 투숙객들에게 기다리는 시간의 지루함을 달래주기 위한 조치다. 이런 배려는 중국이 골초들의 천국이란 사실을 여실히 증명해 주고 있다.

중국에서도 공공장소에서의 금연이 확대되고 있다. 그렇지만 아직도 맥도널드나 KFC 매장 같은 특별한 곳을 제외하고는 대부분 흡연이 가능하다. 식당에서도 식사하면서 담배를 피우는 모습이 전혀 이상하지 않다. 중국에서도 공중화장실은 금연 구역이다. 역이나 버스 터미널도 금연이다. 이러한 화장실도 금연이지만 이에 아랑곳하지 않고 많은 승객이 담배를 피운다. 그래서 남자 화장실은 담배 연기로 가득한 곳이 많다. 일부 고속도로의 남자 화장실의 소변기 위에는 가지런히 재떨이가 놓여 있다. 피우고 난 담배를 변기에 버리지 말고 재떨이에 버리라는 뜻이다. 담배꽁초를 아무데나 버리기 때문에 나온 처방이다. 사우나에서도 담배를 피운다. 사우나 안에서도 담배를 피우는 것은 약과다. 물이 있는 탕 안에서도 흡연하는 사람들이 있다. 그래서 탕 주위에 재떨이가 항상 놓여 있다. 그런데 탕 안에서 담배를 피우는 모습은 영화의 한 장면처럼 장관이다. 나도 이런 곳에서 담배를 한 번 피워보고 싶다.

메이요관시(沒有關系)와 차부두어(差不多)

중국 사람들이 흔히 쓰는 말 중에서 "메이요관시(沒有關系)"가 있다. 항상 입에 달고 산다고 할 정도로 중국인들이 많이 쓰는 단어다. 우리말로 '문제가 없다' 또는 '괜찮다'라는 뜻인데 실제로는 항상 문제를 달고 산다. 공장에 주문해서 생산한 제품이 우리의 요구와 다르게 만들어졌는데도 이들은 "메이요관시"라고 한다. 정작 물건을 사는 우리가 보기에 문제가 있다고 하는데 만든 사람은 괜찮다고 하니 어이가 없다. 그것도 얼굴색도 바꾸지 않고 전혀 미안해하는 기색도 보이지 않는다. 때론 납기일이 맞지 않을 것 같아 공장 사장에게 재차 확인하는 경우도 있다. 이때에도 돌아오는 말은 "메이요관시(문제없다)"다.

그러나 이 말을 곧이곧대로 믿었다가는 나중에 낭패를 당하기 십상이다. 중국 진출 초창기에 그런 일을 여러 번 당했다. 우리가 주문한 제품이 제대로 나오지 않아 이에 대한 주의를 주었더니 너무나 명쾌하게 "메이요관시"라고 말하는 것을 보고 별걱정을 하지 않았다. 그런데 나중에 제품이 다 만들어졌는데 같은 문제가 발생했다. 내가 화를 내면서 그때 걱정하지 말라고 하지 않았느냐고 따졌더니 "무슨 문제가 있느냐?"고 되묻는다. 그리고 제품에는 문제가 없다며 "메이요관시"라고 오히려 우리에게 큰소리를 친다. 그래서 우리가 중국에서 가장 경계하는 말이 '메이요관시'다. 문제가 없다는 말이 도리어 문제를 만들어내니 말이다.

또 하나 중국인들이 습관적으로 하는 말이 '차부두어(差不多)'다. 우리말로 풀어서 설명하면 '차이가 많지 않다'는 뜻으로 '비슷하다'는 말이다. 그런데 그 차이가 우리의 사고로는 이해하기 어려울 정도로 너무 크다는 것이 문제다. 이것은 문화적인 차이에서 오는 점도 있다.

초창기에 중국에 들어오니 모든 것이 "차부두어"였다. 우리가 요구한 것은 빨간색 가방인데 자주색 가방을 만들어 놓고도 "차부두어(비슷하다)"라고 우기는 공장 사장을 보면 할 말을 잃을 수밖에 없었다. 매번 이런 문제로 공장과 싸우는 것이 일과였다. 엉뚱한 제품을 만들어 놓고 아예 "똑같다(一模一樣)"고 우기는 공장 사장도 있었다. 내가 "어떻게 이게 같으냐?"고 화를 내면 그때야 "차부두어"라며 꽁무니를 뺐다. 당연히 공장에 주문을 줄 때에는 정확한 규격과 색상, 납기일 등을 적은 계약서를 작성하기 마련이다. 그렇다 하더라도 우리가 요구한 사항을 정확하게 못 맞추는 경우가 비일비재했다. 항상 품질 문제 때문에 공장 사장과 입씨름을 하며 살았던 내가 제일 싫어했던 말이 바로 "차부두어"였다. 그런데 오랫동안 중국에서 살다 보니 이젠 내가 그 말을 입에 달고 산다.

중국이 개방하기 이전까지는 배급제를 실시했다. 이때에는 나누어 주는 물건이라 디자인이나 품질은 그리 문제가 되지 않았다. 그릇은 화사한 문양이 없어도 되고 물이 새지만 않으면 전혀 시빗거리가 되지 않았다. 그런 환경 속에서 자랐던 세대는 모든 제품은 비슷하면 되는 것으로 간주했다. 심지어 1m 전방에서 봐서 비슷하면 괜찮다고 넘어갈 정도였다. 그런 사고를 가진 사람들이 제대로 된 물건을 만들어낼 리가 없었다. 중국의 디자인이 더디게 발전한 이유도 여기에 있다.

마케팅에 능한 거지들

중국은 세계 최대 인구를 자랑하듯 어디를 가나 사람들이 많다. 상하이나 광저우역에 가면 출발 시각을 기다리는 사람들이 피난민 행렬처럼 인산인해를 이룬다. 역 광장에서 아예 이부자리를 펴고 노숙을 하면서 밤새 기차 시간을 기다리는 사람들도 많다.

중국에는 사람 수에 비례해서 거지들도 많다. 그런데 재미있는 것은 중국 거지들은 대단히 적극적이라는 점이다. 중국에서 가까운 한국이나 일본 거지들은 제자리에 앉아서 지나치는 행인들이 자선을 베풀어주기만을 기다리지만 중국 거지들은 아예 거리를 휘젓고 다니며 구걸을 한다. 그냥 돈만 달라는 게 아니라 때로는 어깨를 툭툭 치거나 옷을 잡아당기기도 한다. 2008년 베이징 올림픽 때 호주에서 온 관광객이 바짓가랑이를 잡고 늘어지는 거지 때문에 기절하는 일까지 벌어졌다.

중국의 한 마을은 전 주민이 농한기가 되면 도시로 나가 구걸을 하는 것으로 유명하다. 농번기에는 농사를 짓고 농사철이 지나면 또 다른 수입을 올리기 위해 도시로 진출하니 일 년 내내 바쁘게 지낸다. 또 구걸로 벌어들이는 돈이 농사짓는 것보다 훨씬 짭짤하다고 하니 이런 직업이 없어질 가능성은 거의 없을 것으로 보인다.

거지들의 유형도 여러 가지인데 가장 고약한 것은 어린아이들을 동원한 떼거지들의 행태이다. 이들은 지나는 행인들에게 접근해서 돈을 요구하다가 그냥 지나치면 바짓가랑이를 붙잡고 늘어진다. 이러면 큰 소리를 질러서 물리치거나 아니면 돈을 주는 방법밖에 없다. 중국인들이라면 첫 번째 방법도 가능하겠지만 외국인들에게는 무리일 수밖에 없다. 그래서 대부분 어쩔 수 없이 돈을 내준다. 그러니 외국인들이 거지들에게 집중적인 표적이 된다. 내가 가끔 소극적으로 일하는 우리 직원들에게 "중국 거지처럼 적극적인 사람도 드물다. 너희들도 그들이 하는 것의 반만이라도 하라."며 농담을 하기도 한다.

'잘못했다'는 죽음을 뜻한다

중국인들은 내 잘못이라는 말을 절대 하지 않는다. 일부는 문화 혁명의 영향 때문이라는 이야기도 한다. 문화 혁명 당시에 자아비판을 해서 자기 잘못을 시인하면 공개적으로 체벌을 가하고 공개 처형을 시키기까지 했다고 한다. 그런 이유에선지 아니면 책임에는 돈이 걸려 있어선지 모르겠지만 중국인들은 목숨을 걸고 잘못했다는 말을 하지 않는다. 그래서 가끔 한국 사람들과 시비가 걸린다. 한국에서는 잘못했다는 말을 하면 용서를 해주고 다음부터는 같은 실수를 하지 말라고 하면 그만이다. 그러면 실수를 한 사람도 상대방에게 미안해하고 용서를 해준 데 대한 고마움을 느끼기 마련이다. 이런 습관 때문에 중국에 있는 많은 한국 사람이 중국 사람이 실수했을 때 꼭 "잘못했다"는 이야기를 듣고 싶어 하지만 중국인들은 결단코 그런 말을 꺼내지 않는다. "잘못했다"는 말을 기어코 들으려 하는 한국 사람과 목숨을 걸고 그런 말을 하지 않는 중국 사람들 때문에 가끔 큰 문제가 발생한다. 그러하니 어쩌면 중국인들에게서 "잘못했다"는 말까지 받아낼 생각을 하지 않는 것이 현명할지도 모른다.

또한 중국인들은 문제가 생기면 내 잘못이 아니라 다른 사람 탓이라는 변명을 한다. 물건을 제때 납품하지 못한 것은 부품 회사에서 부품을 늦게 보내 왔기 때문이라는 식으로 말한다. 항상 다른 사람의 잘못 때문에 문제가 발생한 것이지 내 문제는 아니라는 뜻이다.

내가 이우에 진출했던 해에 강소성 난징의 한 유치원에서 큰 소동이 있었다. 한국 학부형 한 명이 여선생에게 잘못했다는 말을 하라며 야단을 치고 있었는데 그 이유가 좀 황당했다. 아이가 집에 와서 잠을 잘 때에 화들짝 놀라며 몸을 부들부들 떨었다. 나중에 그 이유를 알아보니 선생이 말을 듣지 않는다며 바늘로 그 아이를 수시로 찔렀다는 것이었다. 부모 입장에서는 이런 일에 화를 내지 않는 것이 이상한 일이었다. 한국 같았으면 법적으로 처벌까지 받을 수 있는 큰 사안이었다. 그런데 이에 반응하는 유치원 선생의 태도는 당당했다. 당연히 아이가 말을 안 들었으니 그에 대한 벌을 주었다는 식이었다. 이런 상황에 처한 한국 부모는 당황할 수밖에 없었다. 아이의 부모는 한국식으로 선생이 잘못했다는 말이 나오길 기대했는데 전혀 뜻밖의 답이 돌아왔으니 말이다. 만약 그렇게 했다면 상황이 달라질 수도 있었다. 그러나 서로의 생각이 다르니 큰 소리가 오고 갈 수밖에 없었다. 중국의 유치원에서는 종종 이런 사례가 발생한다. 둘의 싸움은 극에 달했고 결국 사태의 심각성을 인지한 유치원 원장이 대신 사과하는 선에서 끝났다.

중국인들은 자존심이 대단히 강하다. 상대방에게 치욕적인 일을 당했을 때에는 반드시 보복한다고들 한다. 힘이 없어 바로 대항하지 못할 때에는 기회가 올 때까지 기다린다고…. 때로는 대를 이어서 복수하기도 한다. 예전에 그런 소설도 있었다. 그렇지만 현대화 시대에는 그런 일은 그리 많지 않다. 모두 돈을 벌려고 바빠서 그렇다. 중국 사람들과 사업을 할 때 아주 크나큰 잘못이 아니면 상대방을 아주 업신여기거나 모욕을 주는 행동은 삼가는 게 좋다. 나 역시 불량 문제 때문에 공장 사장과 심하게 싸울 때가 있다. 그렇지만 이때에도 마지막에는 빠져나갈 구멍을 만들어 주고 몰아친다. 최종적으로 못하겠다고 나자빠지면 달리 해결할 방법이 없기 때문이다.

술은 윤활유와 같다

나는 술을 잘 마시지 못한다. 그렇지만 한국의 거래처들은 접대해야 하고 술을 마셔야 가까워질 수 있다. 그래서 한국 거래처가 많지 않다. 유럽이나 미국 손님들과는 술을 마시지 않아도 거래를 하는데 아무런 문제가 없다. 이들은 어쩌다 내가 저녁 식사에라도 초대하면 무척 고마워한다. 이에 반해 한국 거래처들은 저녁 식사는 물론 노래방까지 같이 갈 것을 요구하는 경우가 많다.

나도 사업을 늘리기 위해 술을 마시려고 노력을 해본 적도 있다. 그런데 술은 기를 쓰고 마셔도 주량이 느는 데에는 한계가 있다. 그리고 주량이 늘어나는 것에 비해 감내해야 하는 고통의 정도가 점점 더 높아진다. 그래서 거래를 끊은 거래처가 많다. 한국에서 직장 생활할 때

회식을 하면 3차까지 가는 것이 기본이었다. 맨정신에 2차로 간 술집에서 만취한 직장 동료들과 함께 어울리는 것까지는 참을 만했다. 그런데 분위기가 무르익으면 술에 취해 행패를 부리는 부류가 꼭 있었다. 주인과 시비를 걸어 몸싸움을 하고 술집의 집기들을 부수어 버리는 일까지 벌어진다. 그러면 멀쩡한 우리와 같은 사람들이 나서서 싹싹 빌고 해결한 후 그 친구들을 택시에 태워서 보내야 했다. 그런데 그런 일을 중국에 와서도 또 겪어야 했으니 이것은 필시 술 못 마시는 사람의 운명인가 보다.

중국에서도 비즈니스를 할 때 술은 필수불가결한 요소다. 중국에서도 술을 마셔야 친구도 선배도 많아진다. 그리고 출세를 위해서는 인맥 형성을 해야 하는데 이럴 때 윤활유와 같은 역할을 하는 것이 술이다. 보통 북방에서는 식사 전에 3배를 하는 것이 기본이다. 그것도 52도나 되는 고량주를 한숨에 털어 넣는다. 보통 여러 명이 술을 마실 때에는 중국 탁자의 거리가 멀어 잔을 부딪치며 함께 건배하기가 어렵다. 그래서 이런 경우에는 손가락을 써서 잔을 맞대는 것을 대신하는데 여기에도 요령이 있다. 친구와 건배할 때에는 두 손가락을 펴서 탁자를 탁탁 두드린다. 주먹을 쥐고 탁자에 때리는 것은 선배와 건배할 때이다. 옛날 황제와 건배할 때에는 손가락을 구부려 예를 표한 상태에서 탁자를 가볍게 톡톡 건드리는 식으로 했다.

우리는 상대방에게 술을 따라 주는 것을 주도로 생각한다. 또한 상대방이 권한 술잔은 단숨에 들이켜야 하는 것이 예의라 여긴다. 그렇지만 중국에서는 각자의 자리에 별도로 술을 보관하고 있다가 자신의 술잔에 따라 마시는 것이 기본이다. 또한 술잔을 다 비우기 전에 그 잔에 술을 채우는 첨잔도 허용된다.

인해전술로 대처하는 술 문화

중국에서는 흔히 북방에 가서 주량을 자랑하지 말라는 말을 한다. 북방 사람들은 만나자마자 친구가 된다. 그리고 술부터 한잔하자고 한다. 그런데 한 잔이 아니고 정신이 아득해질 때까지 마시는 게 문제다. 게다가 이들이 마시는 술은 알코올 도수가 60도에 이를 정도로 무척 독하다. 추운 겨울을 이겨내기 위해 터득한 하나의 방법이다. 이런 술은 한 잔만 마셔도 머리카락이 쭈뼛 서고 속이 싸한 느낌이 온다.

이에 반해 남방 사람들은 술이 그리 강하지 못하다. 이들은 한국 사람들의 주량에 대해 혀를 내두르곤 한다. 그렇지만 이런 남방 사람들에게도 한국인들이 혼이 나는 경우가 많으니 그건 인해전술 때문이다. 공장 사장과 저녁이라도 같이하게 되면 공장의 직원들도 모두 출동한다. 저녁 식사가 무르익으면 자연스레 바이어를 협공하는 게 이들의 방식이다. 먼저 사장이 건배를 하자고 해서 한잔하고 나면 공장장이 또 한잔하자고 나서고, 이게 끝나면 경리가 반갑다며 건배를 청한다. 이런 식으로 술을 마시다 보면 얼마나 마셨는지 가늠하기 어렵다. 문제는 계속 이어지는 건배 때문에 정신을 차릴 수 없다는 점이다. 특히 원저우 사람들은 술이 약한 자신들의 약점을 철저하게 협동 작전을 통해 상대방을 제압한다. 이들은 술을 마시지 않으면 거래하지 않겠다고 버티며 어떻게든 술을 마시게 한다.

내가 하도 이런 일을 많이 당했는데, 한번은 한국에서 술고래 친구가 이우를 찾아왔다. 마침 거래하는 가방 공장에서 저녁을 먹자고 해서 한국 친구도 자연스레 동석하게 되었다. 아니나 다를까 이날도 저녁 식사를 하면서 당연히 건배가 이어졌다. 다행스럽게도 한국 술고래 친구가 나를 대신해서 상대방들과 대적하게 되었다. 친구는 평소에 마시던 대로 다섯 명이나 되는 상대방과 거침없이 건배를 이어 나갔다. 술판이 거의 끝나갈 무렵 먼저 나가떨어진 것은 사장을 비롯한 공장 직원들이었다. 평소에 나를 집중 공격해서 번번이 취하게 만들었던 이들이 오늘은 일찌감치 백기를 들었다. 식사 전의 의기양양했던 모습은 자취를 감추었고 친구와 눈을 마주치는 것을 두려워했다. 그렇지만 종국에는 친구도 술에 취해 횡설수설했다. 친구는 숙소로 돌아오는 길에 "왜 모두 중국말만 하느냐?, 여기가 중국이냐?"는 등 혀 꼬부라진 소리를 했다. 하긴 52도나 되는 고량주로 다섯 명과 상대하다 보니 그럴 수밖에 없었다. 이후로는 그 공장 사장이 저녁을 먹으면서 건배하자는 일이 없어졌다.

포도주도 원샷으로

내가 활동하고 있는 이우도 남방에 속하니 이곳 사람들은 술이 약한 편이다. 이우의 공장 사장들은 거래처를 초청하면 주변의 친구들을 모두 불러 모은다. 자신에게 외국 바이어가 있다는 것을 자랑하기 위함이다. 그러면 노래방의 주차장은 벤츠, BMW, 마세라티 등 고급 승용차로 가득 찬다. 돈이 많은 이우 사람들은 돈 자랑을 집과 자동차로 한다. 이런 이유로 이우에는 어느 지역보다 벤츠나 BMW와 같은 고급 자동차가 많다. 농담으로 '벤츠는 개나 소나 다 타고 다니는 곳이 이우'라고 할 정도다.

이들의 주법은 특이하다 못해 가관이다. 여름에는 모두 웃통을 벗고 술을 마신다. 그리고 술은 독주 대신 포도주를 마신다. 그것도 스프라이트를 섞어 순하게 해서 마신다. 대신 원샷이다. 그래서 중국에서 포도주가 많이 팔리는 모양이다. 세계적으로 유명한 와인은 모두 중국에 들어와 있는 이유다.

이들이 포도주에 스프라이트를 섞어서 마시는 방식은 대만인들과 같다. 아마도 중국으로 진출한 대만인들에게서 배운 것으로 보인다. 복건성 샤먼이나 광동성 동관에는 타이완에서 투자한 공장이 많다. 타이완에서 온 이들이 저녁을 보내는 방법은 우리와는 조금 다르다. 이곳에서 생활하는 타이완 사람들은 저녁 시간을 노래방에서 노래도 하고 술을 마시며 보낸다. 이들은 이 방 저 방을 돌아다니면서 서로 술잔을 맞대고 건배를 한다. 그렇다고 이들이 서로 잘 아는 사이는 아니다. 다만 모두 타이완에서 왔다는 것만으로 인사를 건네고 아는 체를 한다. 물론 당연히 자신이 예약한 방값은 본인이 부담한다. 그렇다고 해서 이들의 주량이 많은 것은 아니다. 그래서 스프라이트를 탄 포도주를 마시고도 술에 취해 주정하는 이들이 의외로 많다.

중국의 가라오케에서는 내기를 한 후 진 사람이 포도주를 마시는 주사위 놀이를 한다. 진 사람은 포도주를 단숨에 들이켜야 한다. 이런 놀이 때문에 자연적으로 술을 많이 마시게 된다. 노래방 주인이 바라는 바다. 그래서 마담은 주사위 놀이에 몰입하도록 분위기를 띄운다.

그래야 술도 많이 마시고 매상이 오르기 때문이다. 남방 사람들은 가뜩이나 술이 약하니 포도주를 마시고도 금방 취한다. 그래서 노래방 앞에서 토하고 고성방가를 하는 이들을 흔히 볼 수 있다. 포도주는 도수가 약한 대신 숙취가 오래간다.

담배도 나누어 피운다

중국에서 오래 생활하다 보니 처음에는 단점만 보이더니 요즘엔 장점도 많이 보이기 시작한다. 중국의 남방 사람들과 비교해 보면 우리나라 사람들이 성질도 급하고 조그만 일에도 화를 잘 내는 편이다. 남방 사람들은 대단히 냉정하고 이성적이다. 내가 보기에는 분명 분통을 터뜨려야 할 상황인데 전혀 화를 내지 않는다. 그러면 우린 당황하게 된다. 한때 한국에서 교통사고가 나면 "운전을 어떻게 이따위로 해!" 하며 상대방을 윽박지르기 일쑤였다. 때론 감정이 격해져서 삿대질을 하고 "새파랗게 어린 놈이 대드느냐?"고 고래고래 소리를 지르기도 했다. 조금 더 심해지면 몸싸움을 하다 경찰서 신세를 지는 것이 우리의 실상이었다. 그래서 사소한 교통사고가 살인 사건으로 이어지기도 한 적도 있다.

중국에서 몇 번의 교통사고를 경험했다. 그런데 교통사고의 당사자들은 의외로 냉철하다. 우리처럼 목청을 높여가며 "너는 눈이 없냐, 어떻게 이런 식으로 운전을 하느냐?"며 따질 만도 한데 전혀 그런 모습을 볼 수 없다. 더구나 몸싸움 같은 그런 볼썽사나운 일은 벌어지지 않았다. 또 때로는 사고 당사자들이 정답게 담배를 나누어 피우기도 한다. 우리의 사고방식으로는 도저히 상상할 수 없는 일이다. 과연 이 사람들이 방금 사고를 낸 이들이 맞는가 하는 의구심까지 들게 될 정도다.

이들은 이미 사고가 난 상황을 우리가 다툰다고 해서 사고 이전으로 되돌릴 수 없다고 생각한다. 말다툼해서 쓸데없이 시간을 낭비하는 것보다 교통경찰과 보험 회사를 불러서 빨리 처리하는 것이 현명하다는 것이다. 이런 경험을 몇 번 하고 나니 그동안 내가 교통사고로 한국에서 겪었던 일들에 대해 다시 한 번 생각하게 되었다. 그리고 반성했다. 중국에 와서 배운 가장 큰 교훈이다.

한국인들은 사소한 것에도 화를 잘 낸다는 것을 중국인들과 부대끼면서 살다 보니 자연스럽게 알게 되었다. 우리끼리만 살다 보니 우리의 성격을 제대로 알 기회가 없었다. 그런데 중국인들과 비교하니 금방 차이가 났다. 나 역시 한국에서 직장 생활할 때 상사들이 화를 내는 모습을 수없이 목격했다. 그래서 그런지 그런 상황에 무감각할 정도로 익숙해져 있었다. 그렇지만 중국인들과 지내다 보니 내가 너무 급하다는 것, 또 상대방을 너무 신경질적으로 대하고 있다는 것을 깨닫게 되었다. 물론 중국에서의 사업이 화를 내지 않으면 제대로 진행되지 않는 경우가 많다. 그렇다고 하더라도 화를 내고 나면 꼭 후회한다. 가장 현명한 방법은 화를 내지 않고 일을 신속하고 순조롭게 마무리하는 것이다. 그런데 그게 쉽지 않다.

못 말리는 자동차 문화

양방향 동시 신호

중국의 자동차 산업은 눈부시게 발전하고 있다. 중국 어디나 마찬가지이지만 이우에서도 차가 늘어나는 것이 눈에 보일 정도다. 평소에 다니던 길이 많은 차량 때문에 좁아 보이고 주차를 할 곳을 찾기가 점점 어려워진다. 내가 항상 다니는 출근길에도 차량이 꼬리에 꼬리를 물고 신호를 기다린다. 10여 년 전에는 신호를 기다릴 필요 없이 바로 빠져나갔던 곳이다. 그나마 신호등에 시간이 표시되어서 기다릴 때 느끼는 답답함이 없어서 좋다.

중국의 신호등은 우리가 본받아야 할 점이 많다. 특히 시간이 표시되는 신호등은 성질 급한 한국인들에게 꼭 필요하다고 생각된다. 우리나라에서도 일부 지역에서 시간이 표시되는 신호등을 사용하고 있지만 중국에서는 이미 오래전부터 전 지역에 적용해 왔다.

이우에는 노란 신호등도 있다. 우리가 초등학교에서 배웠던 파란불에는 진행하고 빨간불에는 정지, 노란불에는 천천히 간다는 신호등이 정말로 존재한다. 실제 노란불일 때에는 다른 차량이 오는 것을 보고 천천히 지나가면 된다. 중국의 신호 체계는 우리와 비슷하지만 일부 다른 것도 있다. 우리는 직진 신호일 때 보행자가 없으면 우회전을 할 수 있다. 중국에서도 이 점은 같지만 일부 구간에는 직진 신호와 함께 우회전 표시가 있는 곳도 있다. 이때 우회전 신호가 들어오지 않았는데 우회전을 하면 신호 위반이 된다.

아주 황당한 신호등도 있다. 내가 중국에서 운전한 지 6개월 만에 발견하고 나서 놀라움을 금치 못했던 신호등이다. 어느 날 내가 직진 신호를 받고 앞으로 나가는데 반대편에서 오던 차들이 좌회전하며 지나가는 것을 볼 수 있었다. 내가 직진할 때 봤던 것은 직진과 좌회전을 함께 할 수 있는 동시 신호였다. 그런데 반대쪽에서 오는 차들이 거침없이 오는 것을 보고 당황할 수밖에 없었다.

중국의 도로 교차로에는 감시 카메라가 있다. 이 카메라들이 신호 위반을 잡아낸다. 그래서 운전자들이 감시 카메라가 있는 교차로에서는 신호를 잘 지킬 수밖에 없다. 그런데 내가 신호를 받고 지나는데 앞쪽에서 오는 차들이 좌회전을 하며 지나가니 이해할 수가 없었다. 그래서 혹시나 하고 뒤를 돌아보았다. 그런데 반대편에서 오는 차들이 받고 있는 신호도 동시 신호였다. 그러니까 양쪽 편에서 동시에 직진과 좌회전을 할 수 있는 신호가 켜진 것이다. 이런 경우 잠시 교차로 중앙은 양쪽에서 직진과 좌회전을 하는 차들로 혼잡해진다. 아마 미국 운전자들 같으면 사고를 내도 여러 번 낼 것 같은 상황을 만들어 놓은 것이다. 그런데 중국 운전자들은 요리조리 신속하게 잘도 빠져나간다. 재미있는 것은 양방향 동시 신호에 대한 중국 운전자들의 반응은 좋다는 점이다. 차가 잘 빠져나간다는 것이다. 실제로 이런 곳에 정상적인 신호등을 설치하면 교통 흐름이 더디다고 하니 중국은 보면 볼수록 신기한 나라다.

고시와 같은 운전면허 시험

우리가 미국이나 유럽으로 여행갈 때 국제 운전면허증을 가지고 간다. 현지에서 렌터카를 이용하면 편리하고 경제적이기 때문이다. 일반적으로 모든 국가에서 국제 운전면허증이 통용되지만 중국에서는 이를 인정하지 않고 있다. 그러니까 중국에서 운전하려면 반드시 중국의 운전면허증을 취득해야 한다. 그러니까 중국을 잠시 방문하는 외국인은 운전할 수 없다는 이야기다.

1994년 홍콩에서 북경까지의 랠리에 참가했을 때에도 똑같은 조건이었다. 우리가 홍콩에서 중국 국경으로 넘어오니 중국의 임시 운전면허증을 미리 만들어 놓았다가 나누어 주었다. 그렇지만 외국인이 험난한 중국의 도로 상황에서 제대로 운전한다는 것은 그리 쉬운 일이 아니다.

중국에서는 면허를 취득하는 것은 취업하는 것만큼이나 까다롭다. 우리 직원의 경우에도 세 번이나 시도를 한 끝에 어렵게 통과했다. 면허 시험에 합격했다고 동네방네 전화하는 모습을 보면서 중국에서 면허를 따기가 어렵다는 사실을 실감할 수 있었다. 그런데 두 번의 기능 시험에서 떨어진 것이 실력보다는 뇌물을 주지 않아서라고 불평을 했다. 감독관이 옆에 타는데 이때 보통 500위안 정도를 주어야 좋은 점수를 받을 수 있다고 했다. 마지막 시험 때에는 이걸 챙겨주는 것을 잊지 않았다고 허탈하게 웃었다. 중국에서의 면허 시험이 까다로워서 한때 한국에 와서 면허를 취득하던 중국인들이 많았다. 이 때문에 이걸 전문적으로 취급하던 여행사가 호황을 누리던 적도 있다.

외국인이 중국에서 운전면허를 취득하려고 할 경우, 외국의 면허증을 보유하고 있다면 기능 시험은 면제가 되고 필기 시험만 통과하면 된다. 나도 중국에서 이와 같은 방법으로 운전면허증을 취득했다. 필기 시험은 총 100문제가 나오는데 80점 이상을 받아야 한다. 일부 지역에서는 한글로 된 문제지로 시험을 볼 수 있다. 운전면허증의 유효 기간은 10년이고 기간이 종료되면 적성 검사를 받고 재발급 받아야 한다. 전에는 60세가 넘는 운전자는 2년마다 적성 검사를 받아야 했지만 현재는 70세 이상으로 바뀌었다.

운전면허는 벌점 12점이 넘어가면 취소가 된다. 신호 위반이 6점이니 두 번만 위반하면 면허 취소의 요건에 해당한다. 우리나라에 비해 대단히 엄격하다고 할 수 있다. 그렇다고 빠져나갈 방법이 없는 것은 아니다. 벌점 때문에 면허가 취소될 위기가 닥치면 주위의 친구나 지인들에게 벌점을 대신 해결해 달라고 부탁한다. 다른 사람의 면허증으로 벌점을 차감할 수 있으니 이를 대행해주는 업체도 있다.

터널에서도 과속하면 걸린다

10년이면 강산도 변한다는 말이 중국에선 통하지 않는 것 같다. 중국의 눈부신 경제 발전 속도가 전 세계의 집중 조명을 받고 있다. 내가 처음 이우에 진출했을 때에는 주변에 고속도로가 하나도 없었다. 항저우 공항에서 내리면 국도를 타고 이우까지 오는데 두 시간이 넘게 걸렸다. 지금은 이우를 지나는 고속도로가 세 개나 된다. 이 정도면 사통팔달이라고 할 수 있다. 중국의 고속도로도 보통 왕복 4차선으로 건설되어 있다. 이런 도로의 최고 제한 속도는 시속 100㎞이고 최저 속도는 시속 50㎞이다. 그렇지만 상하이와 항저우와 같이 큰 도시들을 연결하는 고속도로는 대부분 왕복 8차선이고 이런 고속도로의 최고 제한 속도는 시속 120km이다. 중국도 우리와 마찬가지로 대형차들은 제한 속도가 승용차에 비해 20㎞/h 낮게 책정되어 있다.

속도 측정 카메라는 도로 상단이 아니라 중앙 분리대에 설치되어 있다. 중국도 대부분 전방에 카메라가 설치되어 있다는 안내 표지판이 있지만 꼭 그런 것만은 아니다. 때로는 경찰들이 속도계를 가지고 숨어서 단속하기도 한다. 어느 나라나 마찬가지이지만 교량이나 터널을 지날 때에는 안전을 위해 속도를 줄이도록 권장하고 있다. 중국에서는 터널을 지날 때에는 시속 20㎞를 감속해야 한다. 이런 곳에는 반드시 카메라가 설치되어 있다. 산악 지대를 갈 때에는 속도를 낼 만하면 터널이 나오니 귀찮기가 이만저만이 아니다. 요즘은 내비게이션이 일상화되어 전방에 속도 감시 카메라가 있다는 것을 알려 주지만 10여 년 전만 하더라도 이런 단속에 많은 운전자가 걸려들었다. 가장 고약한 것은 터널이 끝나자마자 마주치게 되는 카메라다. 대부분의 운전자가 터널이 끝나갈 무렵 이젠 속도를 내야겠다고 생각하는 순간 카메라가 나타나는 셈이다. 더 가관인 것은 터널이 연속해서 있는 구간 중간에 설치되어 있는 카메라다. 이런 곳은 많이 다녀본 사람이 아니라면 대부분 그냥 지나치기 쉽다.

이우에서 닝보를 가다 보면 많은 산을 만난다. 마치 우리나라의 산야를 달린다는 기분이 들 정도다. 이우에서 닝보까지는 고속도로로 약 2시간 반이 걸린다. 닝보로 골프를 치러 가던 그 날은 날씨도 좋았다. 그래서 콧노래까지 부르며 즐거운 마음으로 닝보행 고속도로를 탔다.

그런데 닝보 고속도로 톨게이트에 다다랐을 때 전방에 수많은 교통경찰이 줄지어 서 있는 것을 보았다. 경찰들이 일일이 차량 번호를 확인하고 차를 한쪽으로 세우고 있었다. 내 순서가 되었는데 내게도 길 가장자리에 차를 세우라고 요구하는 것이 아닌가. 무슨 일이냐고 물었더니 내가 터널 구간에서 시속 98㎞로 달렸다는 것이다. 그러면서 벌금 고지서를 그 자리에서 발급해 주었다. 누구도 터널 구간에서 속도 단속을 하리라곤 전혀 예상하지 못했다. 그래선지 수많은 차가 터널 구간에서 속도 위반을 했다고 딱지를 떼이고 있었다. 교통경찰은 만약 그곳에서 120㎞ 이상으로 달렸으면 바로 면허가 취소된다고 친절하게 안내까지 해주었다. 실제로 그가 현장에서 빼앗은 다른 운전자의 면허증을 보여주었다. 중국에서 제한 속도보다 50%를 초과할 경우 바로 면허가 취소된다. 과속 딱지를 뗀 그 날 난 다시 백돌이가 되고 말았다.

노견도 때론 주행선이 된다

요즘에야 중국 전역의 고속도로 정보가 시시각각으로 교환되지만 내가 중국에 진출했을 때만 하더라도 이런 것은 언감생심이었다. 그러니까 다른 성에서 발생하는 위반에 대해서는 전혀 공유되지 않았다. 그래서 모든 운전자가 다른 성에 들어가서 과속하는 것을 두려워하지 않았다. 상황이 이러하니 고속도로에 측정 카메라가 있어도 이를 무시하고 다니는 것이 일반적이었다. 산동성 쯔보(淄博)는 중국의 대표적인 도자기 생산 기지다. 2005년 초에 미국에 4천 개의 매장을 가진 체인 스토어로부터 머그컵을 주문받았다. 그런데 수량이 워낙 많다 보니 요구하는 가격도 낮을 수밖에 없었다. 미국에서 요구하는 가격을 맞추기가 무척 어려웠다. 그런데 우연찮게 우리에게 행운의 여신이 찾아왔다. 수소문하다 보니 우리 건물 주인의 친척이 쯔보에서 도자기 공장을 하고 있다는 것을 알게 되었다. 게다가 가격도 맞춰줄 수 있다고 하니 이보다 좋은 조건이 있을 수 없었다. 건물 주인은 진출 공사까지 운영하고 있었다. 미국으로 보내는 수출 업무까지 대행할 수 있으니 모든 일이 술술 풀려 나갔다. 건물 주인을 믿고 계약을 했다. 그런데 약속했던 첫 컨테이너 선적일이 지났는데도 물건을 보내겠다는 소식이 없었다. 게다가 전화까지 받지 않으니 공장이 없어지지 않았나 하는 걱정부터 들었다. 그래서 건물 주인과 함께 현장으로 달려가서 직접 확인해보기로 했다. 이우에서 쯔보까지는 천km가 넘는다. 승용차로 꼬박 달려도 약 12시간이 넘게 걸리는 거리다. 그렇지만 쉬지 않고 교대로 운전해서 가면 2시간 정도는 절약할 수 있다는 생각을 했다. 아침을 일찍 먹고 이우를 출발했다. 강소성을 넘어설 때만 해도 우리는 저녁 5시경이면 쯔보에 도착할 것으로 예상했다. 그런데 중간에 추돌 사고도 있고 공사하는 구간도 있어 차가 계속 밀렸다. 이런 식으로 가다 보면 저녁은커녕 오늘 밤에도 도착하기 어렵다는 판단이 들었다.

그런 걱정을 하고 있는데 건물 주인이 갑자기 노견으로 차를 몰았다. 처음에는 차에 문제가 있는 것이 아닌가 하는 생각을 했다. 그런데 건물 주인은 계속 노견으로 차를 몰았다. 노견을 달리는 차는 우리만이 아니었다. 도로가 막히니 수많은 차가 줄을 지어 노견으로 들어섰다. 처음에 노견으로 들어설 때에는 이래도 되는 건가 하는 생각에 마음이 조마조마했다. 그런데 자주 노견에 들어서다 보니 이게 훨씬 빠르구나 하는 생각에 통쾌한 마음까지 들었다. 다른 차들은 밀려서 거북이걸음을 하고 있는데 노견으로 씽씽 달리니 하늘을 나는 기분이었다. 본래 노견은 고장이나 긴급 차량이 잠시 정차할 수 있도록 만들어 놓은 구간이다. 그렇지만 중국에서는 노견도 주행선이나 다름없었다. 우리 같으면 감히 노견으로 들어가야겠다는 생각조차 하지 않는다. 불법이기도 하지만 남의 시선이 따가운 것을 피하기 어렵기 때문이다. 어쨌든 우린 노견 덕분에 출장을 제시간 내에 끝낼 수 있었다.

음주 운전은 예외가 없다

2018년 11월 29일 우리나라의 국회에서 음주 운전으로 인명 피해를 낸 음주 운전자에 대한 처벌을 강화하는 윤창호법이 통과되었다. 이 법은 고려대를 휴학하고 군 복무 중이던 윤창호 군이 음주 운전자의 차량에 사망하는 사고가 발생하면서 발의되었다. 그의 죽음이 헛되지 않도록 하자는 취지에서였다. 그렇지만 아직도 음주 운전은 근절되지 않고 있다. 이 글을 쓰는 동안에도 음주 운전으로 교통사고를 내고 도주하다가 경찰에 검거되었다는 뉴스를 들었다. 아마도 음주 운전은 세상에서 술이 없어지지 않는 한 사라지지 않을 것 같다.

음주 운전은 많은 사람의 인생을 망쳐놓았다. 몇 년 전에도 유명한 야구 선수가 음주 운전으로 모든 팀에서 외면을 받았다. 자신의 생명이라 할 수 있는 야구를 음주 운전 때문에 날려버린 셈이다. 그러나 음주 운전자는 자신의 실수로 발생한 일이니 그럴 수 있다고 치부할 수 있다. 문제는 선량한 피해자들은 단지 그 길을 지났다는 이유만으로 다치거나 목숨을 잃었다는 점이다.

음주 운전은 절대 해서는 안 될 중대한 범죄 행위다. 그렇지만 오늘 이 순간에도 술을 마시고 운전대를 잡는 이들이 있다. 아무리 단속을 해도 좀처럼 음주 운전이 근절되지 않는다. 그 이유는 술을 마시면 정상적인 판단을 하기 어렵기 때문이다. 자동차가 움직이는 도로에서는 정상적인 상태에서 운전을 해도 사고가 빈번하게 난다. 그런 도로에서 술을 마시고 운전하는 것은 마치 운을 바라고 도박하는 것과 마찬가지다.

음주 운전은 이슬람 국가를 제외하고는 전 세계적으로 벌어지는 공통적인 현상이다. 음주를 문화의 한 축으로 생각하는 중국도 예외가 아니다. 중국 진출 초창기에 공장을 방문하면 상담을 끝내고 사장과 함께 점심을 먹는 게 일반적인 관례였다. 외국인을 대접한다고 비싼 음식을 주문하지만 이때 술도 빠지지 않는다. 술은 우리나라도 마찬가지이지만 중국 비즈니스에서 절대적인 윤활유 역할을 한다. 공장 사장이 기분이 좋으면 술을 거나하게 마신다. 그래야 손님에게 좋은 인상을 남길 수 있다고 생각하기 때문이다. 인사불성이 될 정도로 술을 마시지만 우리를 데려다 주겠다고 운전대를 잡는다. 우리가 술을 너무 많이 마셔서 안 된다고 말리지만 이곳은 내 지역이라 걱정하지 말라며 객기를 부린다. 당시만 해도 술 때문에 운전을 못 한다는 것은 남자답지 못하다는 인식이 강했다. 또한 전반적인 사회 분위기가 술을 마시고 운전해도 별문제가 없었다. 설사 사고가 나더라도 그 지방의 유지라는 신분 때문에 해결이 될 수 있는 시대였다. 당시에는 이우의 친구들도 내게 만약 음주 운전을 하다가 걸리면 전화하라고 할 정도였다. 경찰과 연결되는 사람을 찾으면 음주 운전은 그리 큰 문제가 아니었다.

그런데 중국에서 언젠가부터 음주 운전이 큰 사회적 이슈로 떠오르기 시작했다. 고위 공직자의 자녀들이 음주 운전 사고를 내고도 오히려 큰소리치는 경우도 있었고, 행인을 사망케 하고 도주하는 사례도 발생했다. 예전에는 이런 사고가 나더라도 그냥 넘어갈 수 있었다. 그렇지만 요즘엔 휴대폰 보급이 늘어나고 인터넷이 발전하면서 상황이 달라졌다. 휴대폰으로 이런 정황을 동영상으로 찍어서 인터넷에 올리면서 사회적 파장이 커졌다. 그래선지 어느 날부터 음주 운전 단속이 심해졌다. 얼마나 단속을 심하게 했는지 어느 지역의 공안 부국장도 걸렸다는 소문이 났다.

음주 운전은 감옥행

음주 운전은 다른 사람의 생명과 재산을 파괴하는 대단히 엄중한 범죄 행위다. 그래서 나라마다 음주 운전을 근절하기 위해 엄하게 처벌한다. 일부 국가에서는 법적인 처벌 외에도 월급을 압류하기도 하고 신문에 이름을 기재해서 망신을 주는 방법도 사용한다. 또한 남미의 한 국가에서는 사형까지 구형한다고 들었다.

중국의 음주 운전에 대한 처벌은 우리보다 강력하다. 음주 운전에 적발되면 미미한 경우는 훈방이지만 경중에 따라 6개월에서부터 평생 면허를 취소하는 처벌을 받는다. 또한 때로는 15일간 구류에 처해지고 음주 사고에 대해서는 별도의 법적인 처벌을 받는다. 우리나라에서도 음주 운전을 근절하기 위해 음주 운전자에 대한 처벌을 좀 더 강화할 필요가 있다.

이우에서는 음주 운전 단속을 하는 방식이 전근대적이다. 컵을 이용해서 운전자에게 입김을 불어 넣으라고 하고 술 냄새가 나는지 확인부터 한다. 또 의심스럽다 싶으면 얼굴을 가까이하고 술 냄새를 맡는 경우도 있다. 만약 운전자에게서 술 냄새가 나면 내리게 해서 측정기에 대고 불게 하는 식이다. 이우도 우리와 마찬가지로 도로를 막고 음주 단속을 한다. 중국에서 사업하는 한국인들도 가끔 음주 단속에 걸려 처벌을 받는 경우가 있다. 하긴 우리 속담처럼 안에서 새는 바가지가 밖에서도 샐 수밖에 없다.

이우에서도 5년 전부터 대대적으로 음주 단속을 했다. 당시에는 혈중 알코올 농도와 관계없이 음주하면 무조건 구류를 살게 했다. 모든 사람에게 본보기를 보여줄 필요가 있었기 때문이었다. 이때 내가 알고 있는 이 사장이 음주 단속에 걸려 15일간 구류를 살게 되었다. 그런데 하필이면 가장 무더운 여름에 구류를 살게 되었으니 고생이 말이 아니었다. 연일 섭씨 38도가 넘는 찜통더위를 견디며 하루하루를 보내야 했다. 게다가 높은 습도는 사람의 진을 빼놓았다. 더욱 안 좋은 상황은 갑작스러운 단속으로 수많은 음주 운전자가 함께 구류를 살았다는 점이다. 넘쳐나는 사람들 때문에 공간이 비좁았다. 바로 누워서 잘 수가 없는 상황이라 몸을 옆으로 포개야 겨우 잘 수 있을 정도였다. 옆 사람과 살이 맞닿으면 끈적거림에 절로 몸서리가 쳐졌다. 게다가 땀 냄새가 진동해서 머리가 혼미해졌다. 만약 지옥이 있다면 이런 곳이 아닐까 싶다는 생각까지 들었다고 한다.

이 친구가 구류를 살고 보름 만에 나왔다. 그래서 우리가 하는 식으로 두부를 사가지고 마중을 갔다. 몰골이 말이 아니었다. 마치 전쟁에서 포로로 잡혀 몇 년간 수용소에서 생활한 것처럼 여겨질 정도였다. 초췌한 그의 모습을 보고 아마도 이 친구가 다시는 술을 입에 대지 않으리란 기대를 했다. 그런데 두부를 한 입 베어 물고는 내게 하는 말이 "우리 술 한잔하러 가자고, 나온 기념으로 한잔해야지." 하는 것이 아닌가? 술꾼에게는 무슨 이유를 만들어서라도 술을 마셔야 하는 모양이다. 그는 진정한 술꾼이 아닐까 싶다.

대리운전도 특별한 중국

음주 단속은 계속되고 있지만 아직도 음주 운전은 줄어들지 않고 있다. 음주 운전은 습관적이다. 음주 운전자들은 자신이 왜 운전대를 잡았는지 모르는 경우도 있지만 이런 경우는 극히 일부분이다. 대부분은 이 정도는 문제가 없다는 생각에서 운전대를 잡는다. 이런 분들은 예전에는 더 많은 술을 마시고도 아무 문제 없이 귀가한 경우가 많다고 자랑까지 한다. 또한 나름대로 음주 운전을 피해 가는 방법도 터득하고 있다. 술을 마시고 박카스를 마시면 괜찮다거나 김을 먹으면 냄새가 나지 않는다는 등의 비장의 카드도 있다. 그렇지만 일단 사고가 나면 인생이 망가지는 것은 불을 보듯 뻔하다.

음주 운전의 경우 설사 내가 단속에 안 걸렸어도 또 내가 사고를 내지 않아도 곤경에 처하는 사례가 많다. 나는 멀쩡히 운전하고 있었는데 다른 차가 와서 받은 다음에 음주 운전이 발각되는 경우도 있다. 이럴 경우 내가 사고의 피해자가 되는 것이 아니라 음주 운전이 더 문제가 되는 난감한 상황에 처하게 된다. 그래서 요즘 대리운전 서비스가 각광받고 있다. TV를 켜면 여러 종류의 대리운전 서비스 회사들의 광고를 볼 수 있다.

중국에서도 대리운전이 보편화되어 있다. 중국에서는 대리운전을 '따이지아(代駕)'라고 부른다. 이우에도 여러 개의 대리운전 업체가 경쟁을 하고 있다. 또한 위챗을 통해서도 대리운전 서비스를 신청할 수 있다. 가까운 거리는 8위안(약 1,300원)부터 시작하니 그리 부담스럽지 않은 가격이다. 그런데 대리운전자들의 이동 수단이 재미있다. 이들은 호출을 받으면 전기 스쿠터를 타고 의뢰인에게 간다. 그리고 전기 스쿠터는 의뢰자의 트렁크에 싣고 이동한다. 접이식에다 가볍기 때문에 트렁크에 싣는 것도 큰 문제가 되지 않는다. 의뢰자를 목적지까지 데려다 주고 난 후에는 다시 전기 스쿠터로 다른 장소로 이동하는 방식이다. 대단히 실용적이다. 우리나라의 대리운전 기사는 목적지까지 간 후 다른 장소로 이동하는 것에 상당히 어려움을 겪는다. 택시를 이용할 경우에는 대리운전 비용이 상쇄되니 수익이 줄어들 수밖에 없다. 그런 것을 감안하면 전기 스쿠터는 대단히 실용적이고 경제적이라 할 수 있다. 게다가 요즘 생산되는 전기 스쿠터는 적어도 30㎞ 정도는 주행할 수 있다. 기후도 한몫한다. 이우는 겨울에도 영하로 내려가는 경우가 거의 없다. 따라서 한겨울에도 전기 스쿠터를 타고 다닐 수 있으니 이래저래 편리한 운송 수단이다.

늙어 가는 중국

인구 감소를 걱정하는 중국

2019년 중국의 인구는 공식적으로 14억 3천만 명이다. 세계에서 가장 많은 사람이 중국에 살고 있다. 얼마 전까지만 해도 중국 때문에 지구가 폭발한다고 걱정을 했었다. 그런 중국도 이젠 인구 감소를 걱정하고 있다. 14억이 넘는 중국에서 사람이 좀 준다고 해서 걱정하는 게 우스울 수밖에 없다. 유럽의 조그만 국가에서 인구가 줄어들어 나라의 존폐가 걱정된다면 이해가 된다. 유럽의 많은 국가는 인구가 수백만 명에 불과하다. 이런 나라에서는 출산율도 낮지만 해외에서 유입되는 인구 때문에 금방 정체성을 잃게 될 상황이다. 그렇지만 전체 인구의 반이 줄어든다 해도 7억이 남는 중국인데 인구가 줄어들까 걱정하니 우리로서는 이해하기 힘들다. 만약 중국의 인구가 4~5억 정도로 줄어들면 우리의 환경 문제도 많이 개선되지 않을까 하는 생각도 해본다.

지구상의 모든 사람이 먹고 마시고 버리는 엄청난 양의 폐기물 때문에 지구의 환경이 날로 훼손되고 있다. 그중에서 중국의 인구가 차지하는 비중이 1/5 이상이 된다. 중국의 인구 감소는 환경을 위해서도 필요한 일이다. 중국은 1980년부터 1가구 1자녀 정책을 실시했다. 늘어나는 인구를 감당하기 어려웠기 때문이다. 중국의 인구는 세계 2차 대전을 기점으로 급격하게 늘어났다. 1945년 5억이던 인구가 1983년에 10억 명을 넘어섰다.

가장 큰 문제는 식량 확보였다. 중국은 세계에서 네 번째로 넓은 땅이지만 농사를 지을 만한 면적이 상대적으로 부족한 실정이다. 북서부는 모두 사막으로 덮인 땅이고 티베트는 험악한 산악 지역이다. 이 지역이 중국의 1/3을 차지한다. 또한 1959년 대대적인 식량 증산을 펼친다고 대약진 운동을 전개하다가 수천만 명이 굶어 죽는 참화도 겪었다. 이런 폐해를 경험했기 때문에 인구를 줄이는 것이 중국 정부의 사명과도 같았다. 중국은 1가구 1자녀 정책으로 인한 부작용이 많기는 했지만 인구를 억제하는 데 어느 정도 성공했다. 그렇지만 중국도 여느 산업화 국가가 겪고 있는 인구 감소 현상에 당면한 상태다. 젊은이들은 결혼도 기피하고 있으니 자동적으로 출산율까지 줄어드는 상황이다. 출산율이 낮아지면 노동력 감소가 불가피하고 후세대가 짊어져야 할 부담이 가중될 수밖에 없다.

문제는 중국이 아니고 인도다. 인도의 공식적인 인구는 2019년 말로 13억이 넘었다. 게다가 인도는 인구 억제 정책 같은 것은 아예 생각조차 하지 않고 있다. 인도는, 인구는 세계에서 두 번째로 많지만 면적은 3,287,263㎢로 7위에 지나지 않는다. 인구 밀도로 치면 중국은 79위인데 비해 인도는 인구 밀도 26위이다. 머지않아 인도발 인구 폭발의 공포가 몰려오지 않을까 걱정이다.

공장도 늙어 간다

중국 진출 초창기에 직원들을 뽑기 위해 면접을 보면 첫 번째 물어 오는 것이 "숙소가 제공되느냐?"는 것이었다. 그만큼 당시에는 젊은이들에게 숙소 문제가 가장 큰 이슈였다. 받는 급여가 많지 않으니 숙소로 쓰는 비용을 **빼면** 손에 쥘 수 있는 금액이 많지 않았다. 그런데 요즘에는 "주말에는 쉬느냐?"로 바뀌었다. 그만큼 중국인들의 생활상도 많이 바뀌었다. 급여도 당시에 비하면 열 배 이상 올랐다. 이우 도매시장은 일요일과 공휴일에도 문을 닫지 않고 설(춘절) 연휴 때에만 열흘 정도 쉬는 것이 일반적이었다. 그러나 요즘에는 주말에 문을 열지 않는 매장이 많아졌다. 주말에는 쉬거나 놀러 가는 것이 이우 시장 상인들의 최근 모습이다.

한중 수교 후 중국으로 진출한 한국 공장이 많았다. 그때 공장에서 공원들을 뽑기 위해 모집 공고를 내면 너무 많은 사람이 모여들어 이를 정리하기 위해 주변의 경찰까지 동원될 정도였다. 내가 아는 분이 심양에 양말 공장을 세우고 공원 200명을 뽑으려고 채용 공고를 냈는데 5만 명이 넘는 사람들이 구름처럼 몰려들어 공장 일대가 아수라장이 되었다고 한다. 공안에서 무슨 큰 사건이 생겼는가 하고 출동했다고 한다. 면접을 다 볼 수 없어 대충 정리해서 나머지 사람들은 그냥 보냈다고 했다. 그분은 그때의 상황을 지금도 무용담처럼 이야기하곤 한다.

그렇지만 요즘 중국의 공장도 **빠르게** 노화되어 가고 있다. 특히 3D 업종의 공장에서는 젊은이를 보기 어렵다. 의류 공장에서 실밥을 뜯고 포장하는 이들은 모두 노인네들이다. 수지 공장에서는 젊은이들을 찾기 어려워 손으로 칠을 해야 하는 작업을 인쇄기를 동원해서 대신하고 있다. 일부 공장은 사장들이 자신의 승용차에 직원 모집 광고를 붙이고 다니기까지 한다.

중국의 젊은이들도 일이 험한 공장보다는 비록 월급을 적게 받더라도 서비스 업종에서 일하는 것을 원한다. 중국에서는 일 년에 780만 명이 넘는 대학생들이 졸업한다. 번듯한 대학 졸업장을 받는다고 해도 이들이 모두 직업을 가질 수 있는 것은 아니다. 중국 대학생들도 우리처럼 월급을 많이 주고 일하기 좋은 환경을 가진 직장을 구하기 위해 엄청난 스펙을 쌓는다. 그렇다고 사회가 이들을 다 받아줄 수 있는 여건은 형성되지 않았다. 그래서 중국에서도 부모에 의지해서 사는 캥거루족이 계속 늘어나고 있다.

실패한 1가구 1자녀 정책

중국은 그동안 실시하던 1가구 1자녀 정책을 2016년부터 포기했다. 인구가 급격히 감소하는 것을 걱정해서다. 앞서 설명한 대로 중국은 세계에서 네 번째로 큰 나라이지만 인구는 세계에서 가장 많다. 중국인들의 대부분은 중부와 동남부에 퍼져 살고 있다. 중국에서 면적이 가장 넓은 지역은 신장이고 그다음으로 시장(티베트), 내몽골순이다. 이 세 곳의 면적이 중국 전체의 42%를 차지한다. 그런데 이곳에 사는 인구는 중국 인구의 3.8%에 지나지 않는다. 신장과 내몽골은 대부분이 사막 지역이고 티베트는 해발 4천m가 넘는 산악 지역이다. 중국 전체의 땅은 넓어도 실제로 사람이 살 수 있는 공간은 그리 충분치 않다는 이야기다. 이처럼 좁은 공간에 많은 사람이 살다 보니 식량 확보, 급

수, 환경 등 다양한 문제점이 야기되어 온 것이 사실이다. 이런 고민을 해결하기 위해 중국 정부에서는 1980년부터 1가구 1자녀 정책을 실시했다. 이를 어기면 벌금을 물리고 때론 강제적으로 낙태까지 강행해서 원성을 사기도 했다. 설사 법망을 피해 낳은 아이는 호적에조차 등재가 되지 않아 사회의 구성원이 될 수 없었다.

그렇지만 중국의 경제가 급속히 발전하면서 사회 구조가 복잡해지고 고학력의 젊은이들이 늘어나면서 결혼을 기피하는 현상이 벌어졌다. 중국도 도시화가 집중되면서 주택과 교육 문제가 가장 큰 이슈로 떠오르고 있다. 교육비 지출이 천정부지로 상승하면서 젊은 세대에게는 자녀 양육 문제가 가장 큰 걱정거리다. 중국의 젊은이들도 결혼을 기피하면서 머지않아 중국의 인구 감소가 불가피한 상황이다. 또한 삶의 질이 향상되면서 자연적으로 수명이 길어지고 있다. 출산율이 낮아지고 노인들이 증가함에 따라 중국도 단기간 내에 고령화 시대로 진입할 것이 확실시되고 있다. 인구가 폭발적으로 늘어나는 것을 걱정하던 중국도 이제 인구 감소를 걱정하고 있으니 아이러니한 일이 아닐 수 없다.

늦어지는 결혼 적령기

앞서 설명한 대로 중국 진출 초창기에는 기업들이 직원들에게 숙소를 제공해 주는 것이 기본이었다. 대부분의 젊은이가 외지에서 직업을 찾아 도시로 나오기 때문에 당시에는 숙소가 가장 절실한 문제였다. 이들은 소득의 상당 부분이 숙소 비용으로 지출되는 것을 상당히 부담스러워했다. 당시 직원들을 채용하기 위해 면접을 보다 보면 재미난

면을 발견하게 된다. 부모들의 나이가 무척 어렸다. 대부분 20대 초반, 심지어는 열여덟 살에 결혼해서 아이를 낳은 경우가 대부분이었다. 우리의 부모들과 같이 중국에서도 농촌에서는 조혼하는 것이 관례였다. 요즘엔 당연히 이런 현상을 보기 어렵다.

중국에서는 일 년 내내 열심히 일하고 춘절에는 반드시 고향을 찾는다. 이때가 아니면 떨어져 있던 가족들이 함께 모이기 어렵기 때문이다. 그러나 요즘은 직원들이 명절에도 고향에 가는 것을 꺼려 한다. 집에 가봤자 부모들의 잔소리만 듣기 때문이다. "나이가 몇 살인데 아직도 결혼 생각을 안 하느냐?", "괜찮은 배우자가 있는데 이참에 선이나 보자."는 부모들의 성화 때문에 집에 가는 것이 부담스럽다고 한다. 중국도 고령화와 더불어 젊은이들의 결혼 기피 현상이 심화되고 있다.

선전(深圳, 심천)은 중국에서 가장 부동산 가격이 높은 도시다. 선전은 덩샤오핑의 개방 정책이 가장 먼저 시작된 도시이고, 이에 따른 혜택을 가장 많이 누렸다. 선전 중심부에 있는 렌화산(蓮花山)의 정상에는 덩샤오핑의 동상이 서 있다. 렌화산 밑으로 중국의 발전상을 한눈에 볼 수 있는 선전의 빌딩 숲이 모습을 드러낸다. 덩샤오핑의 동상은 이를 바라다보며 성큼성큼 걸어가는 모습으로 서 있다. 그가 꿈꾸던 세상이 바로 그의 발아래 펼쳐져 있다. 렌화산은 선전 시민들의 휴식처이자 놀이 공간이다. 이곳에서 활동하는 노인들의 모습은 여느 도시와는 사뭇 다르다. 다른 지역의 공원에서는 노래나 춤, 바둑을 두는 것이 일반적이다. 그렇지만 렌화산에서는 매일 노인들이 주축이 된 오케스트라의 연주가 울려 퍼진다. 선전은 중국이 아니란 생각이 들 정도다. 선전은 중국에서 가장 높은 소득을 기록하고 있는 도시다.

렌화산 중턱에는 노인들을 위한 별도의 공간이 마련되어 있다. 그런데 울타리가 쳐진 쉼터의 벽면에 하얀 종이들이 다닥다닥 붙어있다. 나이와 학력, 근무처 등이 적혀있는 젊은이들의 신상명세서다. 살펴보면 이들은 대부분 일류 대학을 졸업하고 좋은 직장에서 근무하고 있다. 그런데 모두 미혼이라는 것이 공통점이다. 하얀 종이를 붙여 놓은 사람들은 나이 지긋한 부모들이고 이를 통해 자식들의 결혼 상대자를 구하려고 한다. 이들은 이곳에서 삼삼오오 모여 서로의 정보를 공유하며 시간을 보낸다. 자식들이 결혼할 생각을 하지 않으니 대신해서 나선 셈이다.

세계 최고 수준의 이혼율

중국도 현대화되면서 결혼 적령기가 늦어지고 아예 결혼을 기피하는 젊은이들이 늘고 있다. 그래서 출산율이 지속적으로 낮아지고 있다. 또한 중국의 노령화도 무섭게 빨라지고 있다. 중국이 급속도로 늙어가고 있다. 또한 이혼율은 서구 사회 못지않게 높다. 중국은 공산당이 지배하는 사회주의 국가이므로 대단히 보수적일 것처럼 여겨진다. 그렇지만 놀랍게도 중국은 세계에서 가장 높은 이혼율을 기록하고 있는 나라다. 2019년 상반기 중국의 이혼율은 44%에 이른다. 남녀 10쌍이 결혼하면 네 쌍 이상이 이혼한다는 이야기다. 남녀평등 사회가 낳은 현상이다. 그동안 우린 중국 하면 남존여비 사상이 높을 것으로 기대를 한다. 물론 아직도 그런 현상이 유지되고 있는 곳이 많기는 하다. 그렇지만 공산당이 정권을 잡은 이래 꾸준하게 남녀평등을 주장해 왔다. 이런 이유로 사회의 각계각층으로 여성들의 진출이 활발해졌다. 이런 분위기 때문에 여자들의 목소리가 커질 수밖에 없었다. 무엇보다 여성들이 집안의 실권을 쥐면서 이런 현상이 더욱 두드러졌다. 중국의 중소 공장이나 회사들은 대부분 남자가 사장을 하고 부인은 자금을 담당하는 역할을 한다. 결국 돈을 손에 쥐고 있는 여자들의 영향력이 강해질 수밖에 없다.

이번 코로나 바이러스 사태로 인해 중국의 이혼율이 더욱 높아졌을 것으로 예상된다. 함께 지내다 쌓인 스트레스로 인해 불화가 더욱 폭발하는 계기가 되었다. 중국의 높은 이혼율을 견인하는 곳은 베이징, 상하이, 선전 등 대도시에 집중되어 있다. 그렇지만 이혼율이 가장 낮다고 하는 티베트도 약 13%나 된다.

중국인들이 이혼하는 사유는 배우자의 외도가 가장 많다. 의외로 중국인들의 성에 대한 개념은 대단히 개방적이다. 남성들의 외도가 이혼 사유가 되지만 여성들 역시 외도로 인해 이혼을 당하는 경우가 의외로 많다. 그다음으로는 가정 폭력, 성격 차이 등이 있지만 주택 구입에 따른 이혼도 급증하고 있는 점도 특이하다.

때론 필요에 의한 정략적인 이혼도 증가하고 있다. 중국의 도시들이 개발되면서 이주 비용을 더 받기 위해 위장 이혼을 하는 경우도 있다. 중국의 농촌도 급격하게 도시화되면서 부동산이 재산 증식의 수단이 되고 있다. 내가 살고 있는 이우에서도 마을을 개발하면서 현지에 거주하던 주민들에게 여러 채의 아파트를 보상금으로 주는 경우를 볼 수 있다. 일부 지역은 한 사람당 여섯 채의 아파트를 나누어 주기도 했으니 이보다 더 큰 재산 증식 수단은 없다고 봐야 할 것이다. 상황이 이러하니 더 많은 아파트를 얻기 위해 위장 이혼도 불사하는 이들도 있다. 하지만 위장 이혼이 실제 이혼으로 이어지는 경우도 많다. 중국의 어느 마을에서는 지역 개발을 하면서 90%가 넘는 가정이 이혼하는 사례가 발생하기도 했다.

이혼하면 지참금도 돌려준다

중국에서는 결혼하기에 앞서 민정국에서 결혼 증명서를 발급받는다. 지금은 많이 완화되었지만 예전에는 결혼 증명서가 없으면 부부라도 호텔에 투숙할 수 없었다. 특이한 것은 이혼하면 이혼 증명서를 발급해 준다는 점이다. 별로 좋은 증명은 아니지만 때론 이혼 증명서가 꼭 필요한 경우도 있다. 이혼 증명서는 다른 결혼 대상자를 만날 때 본인이 독신이라는 것을 확실하게 입증할 수 있는 자료가 된다. 워낙 사람이 많으니 이를 입증하는 것에도 증명서가 필요하다. 중국에는 이혼 남녀를 연결해 주는 인터넷 사이트가 엄청나게 많고 인기도 높다. 이혼 남녀가 수억 명에 이르니 그럴 만도 하다.

중국의 많은 지역에서 결혼하기에 앞서 약혼하는 경우가 많다. 약혼할 때에는 남자 측에서 지참금처럼 신부 측에 돈을 주는 것이 일반적이다. 중국에서는 이를 핀리(聘禮)라고 부른다. 핀리는 신부의 학력과 사회적 지위에 따라 달라진다. 또한 베이징이나 상하이와 같은 큰 도시는 시골이나 작은 도시에 비해 당연히 핀리가 높다. 중국 인터넷에는 지역별 핀리 금액을 지도로 표시해 놓았다. 상하이는 집 한 채와 10만 위안의 현금이, 산동성은 10만 위안 내외의 현금이다. 당연히 핀리 때문에 불상사가 벌어지는 일도 발생한다. 핀리가 적다고 싸움하고 이것 때문에 파혼까지 가는 사례가 허다하다. 또한 핀리를 지불할 능력이 없는 남자가 이를 비관하고 여자와 함께 동반 자살하는 경우도 있었다.

결혼 지참금은 지금도 많은 나라에서 행하여지고 있다. 대부분 신부를 데리고 오기 위해 신랑 측에서 내는 것이 일반적이다. 그렇지만 이와 반대로 인도에서는 결혼할 때 여자들이 지참금은 가지고 온다고 들었다. 현금 대신 염소 몇 마리 하는 식이라고. 그런데 지참금이 적으면 시어머니한테 구박을 받는 것은 물론이고 때론 죽임까지 당하는 경우가 있다고 들었다. 우리나라도 한때 지참금 문제로 사회적인 문제가 되기도 했다. 중국에서도 남자가 열쇠 두 개는 기본적으로 준비해야 한다고 한다. 아파트 열쇠와 자동차다.

이우에서도 약혼할 때 핀리는 필수적이다. 그런데 앞서 이야기한 대로 중국은 이혼율이 상당히 높은 편이다. 남녀가 결혼할 때에는 모두 검은 머리 파뿌리 될 때까지 평생을 함께하겠다고 약속한다. 그렇지만 그 약속이 죽을 때까지 지켜지는 경우는 그리 많지 않다. 이우에서는 이혼하게 되면 핀리를 돌려준다. 이혼할 때 그동안 산 날을 계산해서 정산한다고 하니 대단히 실리적이다. 한편으로는 너무 계산적이라는 생각도 든다. 사랑과 이별을 돈으로 계산할 수 있다니 이재에 너무 밝은 사람들이라고 할 수 있다.

과거는 묻지 마세요

그동안 수많은 직원이 우리 사무실에서 일하다가 갔다. 전체 인원을 따지면 수백 명이 넘는다. 몇몇은 현재 큰 기업을 영위하는 사업가로 발전했지만 아직도 월급쟁이로 살아가는 직원도 있다. 당시에는 대부분 다른 지역에서 일자리를 찾아온 젊은이들이라 숙소가 필수적이었다. 일부 마음에 맞는 남녀 직원들은 외부에서 동거하는 경우도 있었다. 그렇다고 해서 동거하는 것을 이상한 것으로 여기지 않았다. 그러나 동거하던 이들이 대부분 결혼까지는 이어지는 경우는 그리 많지 않았다. 내 주관적 생각으로는 중국에서는 만남과 헤어짐이 그리 절절하지 않아 보였다.

미국 일을 담당하던 체리라는 매니저는 주말이면 항저우로 남자 친구를 만나러 갔다. 그러다가 월요일에 출근이 늦어 항상 따가운 시선으로 바라보는 동료들의 눈치를 살펴야 했다. 그렇다고 주말마다 남자 친구를 만나러 가는 것을 빼먹지는 않았다. 어느 날부터 기운이 없고 실수를 연발하는 것을 보고 "무슨 일이 있느냐?"고 물었더니 별일이 아니라고 힘없이 대답했다. 나중에 다른 직원이 알려주는데 남자 친구와 헤어졌다는 소식이었다.

어느 날 체리가 사무실 인근에서 다른 남자와 데이트하는 것을 우연하게 목격했다. 더 황당했던 것은 거래처 직원 결혼식에 또 다른 남자와 함께 참석했다는 것이다. 그녀는 당황하거나 불편해하는 기색이 전혀 없었다. 더욱 놀라운 사실은 몇 달 후에 벌어졌다. 체리가 약혼식을 한다고 우리 회사 직원들을 초대했는데 약혼자는 우리가 처음 보는 인물이었다. 우리의 사고로는 적어도 약혼식에는 이런 저간의 사정을 잘 알고 있는 직원들을 초대하지는 않았을 것이다. 중국에서는 과거에 무슨 일을 했고 누구와 동거를 했는지 묻지도 따지지도 않는다. 과거는 과거일 뿐이다.

이런 현상은 중국의 역사가 말해주듯 숱한 전쟁을 겪으면서 만남과 헤어짐이 일상사였기 때문에 나타난 것이 아닐까 싶다. 그래서 헤어짐도 아주 절박하지 않다고 생각된다. 우리처럼 "너 아니면 못 산다."라는 말이 그리 마음에 와닿지 않는 중국이다. 실제 내가 알고 있지만, 많은 직원이 결혼 전에 다른 사람과 동거했다는 사실을 부끄럽게 여기지 않는다. 그리고 결혼해서 잘살고 있다. 그것도 아주 당당하게.

남자는 동전과 같은 존재

중국에 와서 놀란 점은 우리보다 훨씬 개방적이라는 것이었다. 앞서 설명한 대로 중국의 이혼율이 약 40%가 넘는다. 그런 면에서 중국인들은 무척 쿨하다. 처음 중국에 진출했을 때 직원들에게는 숙소가 가장 중요한 문제였지만 세월이 흐르다 보니 이제는 근무 환경이 더 중요하게 인식되는 수준으로 바뀌었다. 그만큼 경제적으로 나아졌고 개인의 프라이버시도 중요하게 인식하는 단계로 올라섰다고 할 수 있다. 예전에도 그랬지만 지금도 젊은 남녀의 동거는 자연스러운 현상이다. 그런데 이들의 동거는 여러 가지 의미를 함축하고 있다. 남녀가 좋아서 동거를 시작하는 것은 당연하지만 언제든지 헤어질 수 있다는 조건을 동반하고 있다는 점이다. 그러니까 지금 동거하고 있는 사람과 꼭 결혼해야만 한다는 의무감 같은 것은 전혀 가지고 있지 않다. 실제로 많은 동거 커플들이 결혼까지 이어지지 않고 헤어지는 경우가 더 많다고 봐야 한다. 동거하다가 상대방이 정말 마음에 들면 결혼으로 이어질 수 있으니 하나의 검증 과정을 거쳤다고 할 수 있다. 즉 동거하면서 서로를 이해하게 되면 좀 더 행복한 결혼 생활을 할 수 있다는 이야기가 된다. 그럼에도 불구하고 중국의 이혼율이 높은 것은 참으로 이해하기 어렵다.

　중국 여자들은 남자를 링첸(零錢)이라고 부른다. 우리말로 하면 잔돈이나 동전이란 뜻이다. 그러니까 언제든지 버릴 수 있는 하찮은 동전과 같은 존재라는 뜻이기도 하다. 물론 전체가 그런 것은 아니지만 항상 그런 느낌을 받는다. 우리 직원들도 동거하는 커플이 여럿 있지만 모두가 결혼까지 이어질 것으로 믿지 않는다. 남녀가 동거하는 이유는 서로 좋아하는 것도 있지만 경제적인 부분도 무시하지 못한다. 즉 둘이 살면 생활비가 적게 들고 본능적인 문제도 동시에 해결할 수 있으니 일거양득이라 할 수 있다. 그러다가 서로 마음이 맞으면 결혼하고 싫어지면 갈라서면 되니 대단히 간단한 사고방식이라 할 수 있다. 여자도 마찬가지이지만 남자란 존재는 언제든 포기할 수 있는 동전과 같은 존재라니 음미해볼 만한 사고방식이다. 결국 동전처럼 하찮은 존재가 되느냐 아니면 동화 속의 왕자님처럼 될 수 있느냐 하는 것은 남자에게 달렸다.

체면은 목숨만큼이나 중요하다

남방과 북방의 차이

중국은 우리와 비교할 수 없을 만큼 큰 나라다. 남북의 길이가 5,500㎞에 이를 정도로 길다. 중국 북부에서 남부를 가려면 기차를 타고 꼬박 사흘을 가야 한다. 이렇게 땅이 넓다 보니 남방과 북방은 여러 면에서 차이가 있다. 가장 추운 겨울의 헤이룽장(黑龍江, 흑룡강)은 영하 40도까지 내려가지만 최남단 하이난다오(海南島, 해남도)에서는 수영을 즐길 수 있을 정도로 따뜻하다.

북방 사람들은 남방 사람들에 비해 체격이 크다. 나도 남방에서는 남들에게 뒤지지 않은 체격이지만 북방에 가면 어깨가 절로 움츠러든다. 특히 내몽골 자치구의 몽골족은 모두 레슬링 선수들처럼 체격이 우람하다. 중국의 유명한 장수들은 대부분 북방 출신이다. 또한 유명한 운동선수들도 북방 출신이 많다.

거친 환경은 사람들도 거칠게 만든다. 북방 사람들은 성질이 급하고 거칠다. 그래서 말보다 주먹이 먼저 나온다. 또한 주량이 엄청나게 세다. 식사하기 전에 56도의 고량주 석 잔으로 입가심을 한다. 그리고 식사하면서 다시 건배하는 식이다. 술을 좀 마신다는 한국인들도 북방에 가서 이들과 대작하다가 혼이 나본 경험들이 있다.

중국의 남방은 대부분 아열대 기후를 보이는 지역이다. 또한 일 년 내내 습도가 높다. 벼를 보통 2모작을 하지만 3모작까지 할 수 있는 지역이 많다. 북방에 비해 따뜻하고 풍요롭기 때문에 사람들도 온순한 편이다. 남방 사람들은 북방 사람들에 비해 체격이 작고 감정의 기복이 덜하다. 그래서 싸워야 할 일도 말로 끝낸다. 중국의 뛰어난 지략가들은 대부분 남방 출신이다.

중국에는 북방과 남방을 비교하는 표현이 있다. "새가 울지 않으면 북방 장수는 죽여 버린다. 이에 반해 남방 장수는 새가 울 때까지 구슬린다."라는 말이다. 일본에도 이와 비슷한 말이 있다. 일본에서는 새가 울 때까지 기다린다고 표현한다. 중국 남방 사람들은 기다릴 뿐만 아니라 구슬리는 능력까지 겸비하고 있다. 그만큼 남방 사람들은 인내심이 강하고 상대방을 현혹시킬 수 있는 능력을 갖추고 있다는 뜻이다.

중국에서 남북을 구분하는 것은 창장(長江, 장강)과 황허(黃河, 황허) 사이에 놓인 친링이화이허셴(秦嶺—淮河線)이다. 남방을 대표하는 강은 양쯔강(揚子江, 양자강)이라고도 부르는 장강이다. 장강은 칭하이성(青海省, 청해성)에서 발원하여 열한 개의 성급 행정구역을 거쳐 황해로 빠져나간다. 길이가 6,300㎞로 중국에서 제일 길고 세계에서 네 번째로 긴 강이다. 북방에는 중국에서 두 번째로 긴 황허가 흐른다. 중국인들의 혼과 역사가 담겨 있다는 황허 역시 칭하이성 쿤룬(昆侖)산맥에서 시작되어 아홉 개의 성을 지나 발해만으로 빠져나간다. 길이가 5,464㎞로 세계에서 다섯 번째로 긴 강이다.

장강은 강(江)이라 부르고 황하는 하(河)라고 부르는 이유는 대명사처럼 쓰여 왔기 때문이다. 그동안 수많은 중국인에게 왜 황하를 강이라고 부르지 않느냐고 물어봤지만 속시원하게 대답하는 사람이 없었다. 장강은 강이니까 강이라고 부르고, 황하는 하이니까 하라고 부른다는 대답만 했다.

하늘의 별도 따올 수 있어

북방 사람들의 성격은 우리와 비슷하다. 성격이 급하기도 하지만 뻥도 무척 세다. 만나면 금방 친구가 되고 주위 친구들은 전부 고급 간부나 어마어마한 부자라고 자랑한다. 조금 분위기를 띄워주면 금방이라도 하늘의 별까지 따올 기세다. 그러하니 이들의 이야기를 듣다 보면 자연스레 속이 들여다보이는 거짓말이라는 것을 알 수 있다. 우리나라의 드라마 '겨울연가'가 한때 일본에서 선풍적인 인기를 끌었다. 특히 일본의 중년 여인들의 배용준에 대한 사랑은 우리가 상상을 초월할 정도로 뜨거웠다.

욘사마가 높은 인기를 구가한 것은 당시 일본 남자들의 위상이 점점 작아지던 시대의 배경과 맞물려 있다. 일본이 잃어버린 10년을 겪으면서 대부분의 남자는 선술집에서 홀로 외롭게 술을 한잔 마시고 퇴근하는 것이 일상이었다. 가장이라는 단어 자체가 어깨를 짓누르는 무게감 때문에 남자들이 설 자리가 없었다. 그런데 한국 남자가, 그것도 잘생긴 욘사마가 "내가 책임질게." 하는 모습이 너무도 당당하고 아름답게 보였던 것이다. 일본 남자에게서는 기대할 수 없는 남성다운 체취가 배용준에게 있었던 것이다. 일본의 여자들이 꿈에 그리던 그런 남성상이 '겨울연가'를 통해 전달되었으니 그 감동이 오래도록 지속될 수밖에 없었다. 한국 남자들에게는 중국의 북방 사람들처럼 약간의 뻥이 있다.

그렇지만 남방 사람들은 냉철하다. 책임을 져야 할 약속 같은 것은 잘 하지 않는다. 그런데 말은 그럴듯하지만, 그 말이 정말인지 알 수가 없다. 거짓말 같다는 심증은 가지만 좀처럼 그 의중을 알아차리기 어렵다. 가슴 속에 구렁이가 몇 마리는 들어 있는 것 같은 느낌을 받는다. 그래서 장사도 잘한다.

북방 사람들은 남방 사람들을 아래로 내려다본다. 체격도 작고 술도 잘 마시지 못하기 때문이다. 남자라면 호방하고 말술을 마셔야 하는데 남방 사람들한테선 그런 면이 보이지 않는다. 그래서 북방과 남방 사람들이 조화를 이루기 어렵다. 남방 사람들은 북방 사람들이 실속이 없다고 얕본다. 말은 청산유수처럼 하지만 내용이 없다고 생각하기 때문이다.

체면은 중요하다

중국인들은 어느 민족보다 체면을 중시한다. 그래서 집안에 관혼상제가 있을 때에는 빚을 내서라도 아주 성대하게 치른다. 다른 사람들에게 우리 집안이 초라하지 않다는 것을 보여 주기 위해서다. 결혼식 역시 성대하게 치른다. 요즘에는 결혼식을 할 때 고급 호텔을 빌려 친지는 물론 지인들을 불러 모아 비싼 식사를 제공한다. 그래야 체면이 서기 때문이다. 중국에선 장례를 치를 때 폭죽을 터뜨린다. 요즘엔 공해와 소음 때문에 대도시에서는 단속하지만, 시골로 내려가면 아직까지도 이런 현상은 계속 유지되고 있다. 이때 가능하면 많은 폭죽을 터뜨려 집안의 세를 과시한다. 폭죽을 많이 쏘는 집이 돈과 권력이 있다고 믿기 때문이다. 특히 춘절 전후에 가정마다 폭죽을 터뜨리는데, 이 시기에는 중국 전역이 폭죽을 터뜨리는 소리 때문에 정신이 혼미해질 정도다. 옆집보다 많은 폭죽을 쏘아 올려야 직성이 풀린다. 그래서 집 집마다 경쟁적으로 폭죽을 준비한다.

중국에서는 성묘를 청명절에 한다. 이때에도 폭죽을 준비하는데, 역 시 가능하면 많은 양을 준비한다. 청명절에 터뜨리는 폭죽은 돌아가신 분에게 우리가 왔다는 것을 알리기 위함이다.

내가 처음 무역을 시작할 때의 꿈은 007 가방을 하나 들고 전 세계 를 도는 것이었다. 그런데 요즘엔 꿈과 현실에 많은 차이가 있다는 것 을 실감하고 있다. 바이어들이 요구하는 가격을 맞추기 위해 중국의 허름한 공장을 찾아다니고 있으니 말이다. 꿈은 항상 이루어진다고 했 는데, 조금 시간이 더 걸릴 것 같다.

무역 일은 항상 좋은 제품과 괜찮은 공장을 찾아다녀야 한다. 요즘 은 인터넷도 발달했고 내비게이션이 있어 참 편리하다. 중국 진출 초 창기에는 공장을 찾으려면 차를 길에다 세워두고 여러 번 물어야만 했 다. 그때에는 고속도로 출구에 길을 안내해 주고 돈을 받는 사람들도 있었다. 그런데 길에서 우리가 찾는 주소지를 물어보면 엉뚱한 곳을 알려 주는 것이 다반사였다. 그냥 모른다고 하면 될 일을 굳이 잘못된 방향을 알려주니 길에서 낭비하는 시간이 너무 많았다. 한두 번도 아 니고 계속해서 이런 일을 겪으니 그다음부터는 현지 사정에 밝은 택시 를 불러 앞장을 서게 하고 공장을 찾았다. 나중에 알고 보니 중국인들 은 남이 물었을 때 모른다고 하면 체면이 서지 않는다고 생각한단다.

그래서 엉뚱한 답이라도 해야만 직성이 풀린다고…. 그놈의 체면 때문에 우리가 고생을 많이 했다

중국과 거래를 하다 보면 항상 불량 때문에 긴장한다. 물론 공장 사장이 바로 해결해 준다면 문제가 없지만 그렇지 않으면 언쟁을 벌일 수밖에 없다. 한국 사람들은 성격이 급해서 공장 사장의 면전에서 심한 말을 하고 다그친다. 때론 공장 직원들이 함께 있는 현장에서 사장을 공격하기도 한다. 그렇지만 이런 상황에서 너무 사장을 심하게 몰아붙이면 해결은커녕 역효과를 낼 수 있다. 직원들 앞에서 수모를 당하면 공장 사장이 맘대로 하라고 나올 수 있기 때문이다. 내가 이미 경험한 바가 있다.

액자를 만드는 공장이었는데 내가 불량이 난 액자를 바닥에 내동댕이치니 공장 사장의 얼굴이 하얗게 변했다. 그리고는 돈을 돌려줄 테니 그냥 가라고 했다. 난 납품을 해야 하니 어쩔 수 없이 공장 사장한테 사정해야 하는 입장으로 바뀌었다. 이런 경험을 겪고 나서 설사 공장에서 실수했더라도 완급 조절을 해서 다그쳐야 한다는 것을 절실하게 느꼈다. 아무리 공장 사장이 잘못했더라도 그의 체면을 살려주고 우리의 요구를 관철시키는 것이 중요하다.

명품 구매는 현지에서

한때 한국인들이 해외여행에서 추태를 부려 세계적인 뉴스거리가 되곤 했었다. 아무 데서나 고성방가를 하고 공항에서 고스톱을 하는 모

습이 외국인들 눈에는 거슬리게 보였다. 한국인들이 세계 곳곳을 누비기 전에는 일본인들이 먼저 해외여행을 시작했다. 1960년대 경제 특수를 누린 일본인들이 동남아시아를 누비며 추한 흔적을 많이 남겼다. 그래서 어느 곳에서나 경제적 동물이라는 비난을 받았다. 세월이 흘러 그 자리를 중국인들이 꿰차고 있다.

일 년에 1억 명이 넘는 중국인들이 전 세계 곳곳을 누비고 있다. 게다가 이들의 씀씀이는 다른 나라의 여행객들보다 현저하게 높다. 상황이 이러하다 보니 전 세계 항공사, 여행사들이 중국 여행객을 유치하기 위해 안간힘을 쓰고 있다. 중국 여행객이 발길을 끊으면 여행업계는 찬바람이 분다. 우리나라가 사드 사태로 그런 경험을 당했고, 타이완은 독립 문제로 시끄럽다 보니 같은 경우를 겪고 있다.

지난번에 닝보에서 온 부자들이 쇼핑하겠다고 해서 소공동에 있는 롯데 백화점을 방문했다. 그런데 이 친구들이 한 명품 의류 매장에 들렀는데, 시간이 없으니 진열대에 걸린 옷들을 모두 담아 달라고 했다. 어떤 물건인지 보지도 않고 모두 쓸어 담으니 이건 쇼핑이라고 할 수가 없었다. 내가 더 놀란 것은 담담한 표정의 면세점 직원들의 태도였다. 이야기를 들어보니 이런 식으로 물건을 사는 손님들을 자주 볼 수 있어서 아주 특별한 것이 아니라는 것이었다. 지극히 중국스러운 쇼핑이라 할 수 있다.

영국 바이어인 올리버 램버트의 여자 친구는 상하이에서 중국 고객을 관리하는 일을 한다. 유럽에서 명품을 구매하려는 중국인들을 유치해서 이탈리아나 프랑스로 보낸다. 그런데 일 년 내내 모여드는 고객의 일정을 조정하느라 항상 바쁜 생활을 한다. 중국인들의 명품 구매 열풍은 다른 나라를 압도한다. 세계에서 가장 큰 명품 시장은 중국이다. 그렇지만 많은 중국인이 명품을 구매하기 위해 이탈리아 피렌체나 밀라노, 프랑스 파리를 직접 방문한다. 이런 도시들은 이제 중국인들의 방문객이 없으면 한산한 곳으로 변할 정도다.

중국에도 명품 매장이 전국 도시에 산재해 있다. 큰 도시의 백화점이나 쇼핑몰에는 명품 매장이 반드시 입점해 있다. 이런 곳에서 구매해도 되지만 굳이 큰 비용을 지출하면서까지 현지를 방문하는 이유는 자신들은 보통 사람과 다르다는 것을 과시하기 위함이다. 나는 노는 물이 다르다는 것을 보여주고 싶은 마음 때문이다. 이를 통해 자기만족과 우월감을 느낀다고 한다. 이런 이들이 현지에 가서 보여주는 불미스러운 행태는 도를 넘는다. 그럼에도 이들을 반겨야만 장사가 되니 돈의 힘이 무섭기는 하다.

우린 노는 물이 다르다

슬기로운 여름 생활

중국은 넓은 땅에 다양한 기후를 지니고 있다. 이런 덕분에 지역마다 다른 과일이 생산된다. 중국의 남방은 무척 덥다. 가장 더울 때에는 섭씨 45도까지 올라간다. 특히 습도가 높은 장강 지역의 더위는 중국인들도 몸서리를 친다. 더운 날씨에 습도까지 높으면 완전히 사우나와 같은 찜통 더위라 할 수 있다. 그중에서도 충칭(重慶, 중경)과 난징(南京, 남경), 우한(武漢, 무한)의 세 개 지역을 중국에서 가장 뜨거운 곳이라고 한다. 이 지역에는 속하지 않지만 저장성(浙江省, 절강성)의 더위도 만만치 않다. 우리나라에서는 가장 더운 여름이라도 섭씨 40도를 넘지 않는다. 그래서 처음 이우에 왔을 때 40도라는 온도가 어느 정도인지 알 수가 없었다. 그런데 직접 경험해 보니 정말 끔찍할 정도로 더웠다. 밖에 나가면 뜨거운 열기가 아래위에서 몰려와 숨이 턱턱 막힐 것 같았다.

이런 곳에서 사는 사람들이 더위를 이기는 방법은 여러 가지다. 제일 간단한 방법은 움직이지 않고 가만히 있는 것이다. 만약 선풍기라도 있으면 조금 더 시원해진다. 부채를 사용하는 중국인들이 많다. 그렇지만 부채의 바람은 사람이 투여하는 노동력에 비하면 그리 시원한 것은 아니다. 시원한 음료를 마시는 것도 한 방법이지만 중국인들은 여름에도 뜨거운 물을 마신다. 이열치열이다. 찬 음료를 마시면 잠깐은 시원하게 느껴지지만 그 효과는 오래가지 않는다.

이런 날씨에는 에어컨 없이 지내기 어렵다. 그렇지만 20여 년 전에는 에어컨이 있는 곳이 그리 많지 않았다. 식당에서 점심을 먹으면서도 하염없이 땀을 흘려야 했다. 그래도 요즘에는 에어컨이 없는 식당이 없다. 손님들이 에어컨이 없는 식당은 아예 찾지 않기 때문이다. 이우의 지하 쇼핑몰에 가면 에어컨이 나와 시원하다. 많은 시민이 돗자리를 깔고 쇼핑몰 통로에 앉아서 낮 시간을 보낸다. 이곳에서 바둑도 두고 카드놀이를 하는 모습은 한여름의 열기를 전혀 느낄 수 없다.

일부 남자들은 웃통을 벗고 다닌다. 실제 웃통을 벗고 다니면 조금 시원해진다. 중국인들의 민간요법에도 더위를 이기는 방법이 있다. 동전을 이용해서 목을 일부러 긁어 생채기를 낸다. 이런 방법을 꽈사(刮痧)라고 한다. 그러면 머리로 향하던 열기가 이곳으로 빠져나간다고 한다. 만약 몸에서 발생한 열이 그대로 뇌에까지 전달되면 사람이 혼수상태에 빠지고 심하면 죽음에 이를 수 있다고 한다. 이를 막기 위해 목에 상처를 내면 자연스럽게 이곳으로 열기를 빼낼 수 있다고 한다. 조금 의심이 가기는 하지만 그럴 수도 있겠다는 생각이 든다. 그렇지만 목에 난 상처는 대단히 흉하다. 특히 여자들이 이런 모습으로 거리를 활보하는 모습은 매력과는 거리가 멀다.

웃통 패션

중국에서는 기온이 섭씨 40도가 넘어가면 작업을 못 하도록 하고 있다. 그래선지 매일 일기예보는 39도라고 알려준다. 느낌에는 분명 40도가 넘는 것 같은데 일기예보는 변함없이 섭씨 39도라고 한다. 이우에서 외국으로 나가는 물량은 대부분 컨테이너로 작업한다. 사계절 중에서 여름에 하는 컨테이너 작업이 제일 어렵다. 견디기 어려울 정도로 뜨거운 열기 때문이다. 컨테이너의 내부는 섭씨 60도 이상으로 올라간다. 가만히 있어도 땀이 비 오듯 흘러내린다. 그래서 옷을 입고 작업한다는 것이 불가능하다. 실제 컨테이너 안에 물건을 쌓는 작업을 할 때 작업자들은 모두 웃통을 벗고 일한다. 또한 안쪽으로 대형 선풍기 바람을 계속 불어 넣어 준다. 그럼에도 컨테이너 안은 뜨거운 열기로 숨이 턱턱 막힐 정도다.

또한 공장에서 일하는 작업자들도 웃옷을 벗고 작업 현장에서 움직이는 것이 보통이다. 중국 진출 초기에 미국 1달러 매장으로 나가는 물건을 많이 실어 보냈다. 1달러 매장에 나가는 제품은 원가가 30센트 미만이어야 한다. 이런 제품을 만드는 공장은 대부분 영세하기 때문에 작업 현장이 대단히 열악하다. 이런 공장에 선풍기라도 돌아가면 다행스럽게 여긴다. 그래서 남자들은 모두 웃통을 벗고 일한다. 제품 검수하러 나가서 "왜 이렇게밖에 못 하느냐?"는 말이 나오지 않는다. 그저 "잘 만들어 주세요."라고 하는 것이 고작이다.

도시 안에서도 남자들은 웃통을 벗고 활보하는 것을 당연시한다. 중국에서 웃옷을 벗고 다니는 것을 방예(膀爺)라고 부른다. 웃통 패션이란 내가 지어낸 말이다. 여름에는 오토바이를 타는 남자들은 대부분 웃통을 벗고 움직인다. 또한 고급 쇼핑몰에도 나타나고 식당에서 웃통을 벗고 식사까지 한다. 버스 안에서 내 옆자리에 웃통 패션이 앉으니 묘한 기분이 들었다. 처음 이우에 와서 이런 웃통 패션을 봤을 때 보기에 민망해서 내 시선을 어디에 두어야 할지 난처했었다. 그런데 그동안 고속철 안에서는 한 번도 웃통 패션을 볼 수 없었다. 고속철 안이 워낙 시원해서 웃통 패션을 유지했다가는 감기에 걸릴 수 있기 때문이다.

웃통 패션은 세 가지로 분류된다. 보통 상의를 위로 올려 배만 나오게 하는 방법이다. 외국인들은 이를 베이징 비키니라고 부른다. 그런데 몸매가 괜찮은 남자들은 그래도 봐줄 만한데 배불뚝이는 정말 끔찍하다. 나온 배가 더욱 강조되어 임산부처럼 여겨질 정도다. 다른 하나는 아예 웃옷을 완전히 벗고 돌아다니는 방법이다. 이런 경우는 집에서 나올 때 아예 아무것도 걸치지 않고 나온다. 또 하나는 웃옷을 입고 다니다가 필요할 때 벗어서 어깨에 걸치고 다니는 방법이다. 이 경우에는 실내에 들어갈 때 다시 웃옷을 입으면 되니 대단히 실용적이라 할 수 있다.

많은 중국 남자가 웃통을 벗고 다니니 궁금해지지 않을 수 없었다. "저러고 다니면 과연 시원할까?" 하는 의문이 들었다. 또 "조금 민망하지는 않을까?" 하는 생각도 들었다. 그래서 큰맘 먹고 나도 웃옷을 벗어 어깨에 걸친 후 거리에 나서 보았다. 확실히 옷을 입은 것보다 시원하다. 비로소 중국인들이 왜 웃통을 벗고 다니는지 알 수 있었다. 한번 웃통 패션에 빠지면 헤어 나오기 힘든 시원함이 있다.

그런데 중국 정부에서 웃통 패션 단속을 시작한다고 한다. 지역마다 벌금이 다르긴 하지만 대부분 200위안(3만 4천 원) 내외다. 이런 조치를 중국의 지식인들도 쌍수를 들고 환영하고 있다. 중국인들의 웃통 패션으로 인해 중국에 대한 인상이 많이 흐려졌다는 생각에서다. 그렇다 하더라도 과연 단속만으로 중국의 웃통 패션이 사라지게 될지 궁금해진다. 웃통 패션이 시원한 것은 사실이기 때문이다.

잠옷 패션

중국 남부는 겨울에도 난방을 하지 않는다. 하이난과 같이 아예 남쪽이라면 겨울에도 그리 춥지 않다. 하지만 장강 바로 남쪽에 위치한 장쑤성(江蘇省)이나 장시성과 같은 지역은 꽤나 춥다. 게다가 습도까지 높아 한겨울의 추위는 뼈를 파고드는 것처럼 몸서리치게 만든다. 영하는 아니더라도 영상 1~2도만 유지해도 우린 무척 춥게 느껴진다. 이우의 겨울은 보통 이 정도의 추위가 이어진다. 흥미로운 것은 북방에서 온 이들도 이런 지역의 겨울은 견디기 어렵다고 불평한다는 점이다. 북방의 겨울은 영하 30도까지 내려가는 혹한이 일상이다. 그런데 중국 남방은 어딜 가나 난방을 하는 곳이 없으니 그만큼 겨울나기가 수월치 않다. 특히 잠을 잘 때에는 상당한 인내력을 필요로 한다. 요즘에는 추운 겨울밤을 이겨내기 위해 전기담요를 쓰는 집안도 있고, 일부 고급 빌라에는 아예 바닥에 난방 시설을 설치하기도 한다. 추위를 견뎌내기 위해 남방 사람들은 잠을 잘 때 두꺼운 잠옷을 입는다.

잠옷은 잠잘 때에만 입는 것이 당연한데 중국인들은 이걸 입고 외출까지 한다. 시장에 가서 장을 보거나 은행을 방문할 때에도 잠옷을 걸치고 간다. 잠옷 차림으로 식사하는 것도 흔하게 볼 수 있다. 슈퍼마켓에서 잠옷을 입은 사람을 처음 보았을 때 내 눈을 의심했다. 내가 뭘 잘못 본 것이 아닐까 싶었다. 그런데 잠옷을 입고 매장을 누비는 이들이 하나둘이 아니었다.

특히 원저우 사람들이 다른 지역보다 잠옷을 많이 입고 다닌다. 원저우에 있는 인쇄 공장에 검수하러 나갔는데 그 동네 사람들이 모두 잠옷 차림으로 냇가에서 빨래하고 있었다. 일부는 따뜻한 햇볕을 받으며 편안하게 쉬고 있는 모습은 충격적이었다. 정상 옷차림을 하고 있는 내가 이상하게 보일 정도였다.

습도가 높은 곳의 특징은 실내와 외부의 온도가 별 차이가 없다는 점이다. 방안의 온도가 낮으니 옷을 갈아입는 것이 무척 귀찮다. 그래서 잠에서 깨어나서 그대로 화장실을 다녀오고 밥도 먹고 출근도 한다. 대단히 실용적이라 할 수 있다.

중국인들이 잠옷을 입게 된 것은 1930년대 상하이에 살던 일본인들의 영향이라는 설이 유력하다. 청일 전쟁에서 이긴 일본은 상하이를 점령했고, 이 덕분에 많은 일본인이 거주했다. 일부 일본 여인들이 잠옷을 입고 테라스에 앉아 있는 모습이 중국인들의 눈에는 그렇게 아름답게 보였다고 한다. 당시 중국에는 일본인들이 입던 잠옷과 같은 개념이 없었다. 그 이후에 중국인들도 잠옷을 하나둘 장만해서 입게 되었는데 잠을 잘 때만 입는 것이 아니라 외출까지 하게 되었으니 잠옷이란 중국에서 대단히 실용적인 옷이 되고 말았다. 요즘에는 폴라폴리스 원단으로 만든 잠옷이 유행하고 있다. 폴라폴리스는 가볍고 따뜻하고 감촉도 좋을 뿐 아니라 다양한 색을 낼 수 있는 장점을 지녔다. 이에 따라 밝고 화려한 색상으로 된 현대적 패션 감각의 잠옷이 계속 출시되고 있다. 근래에는 잠옷을 입고 외출하는 이들이 많이 줄어들었지만, 아직도 잠옷 패션은 계속되고 있다. 잠옷만큼 편리한 옷이 없기 때문이다. 물론 잠옷 패션도 내가 만들어낸 말이다. 이런 영향 때문인지 우리나라에서도 잠옷 차림으로 외출하는 이들을 종종 볼 수 있다. 유행은 옮겨 다니는 것이니까.

춤추는 청춘들

중국에서는 전국 어딜 가나 길거리에서 춤을 추는 이들의 모습을 볼 수 있다. 공원은 물론 아파트 앞이나 쇼핑몰 등 공간이 있는 곳이면 모두 모여 춤을 춘다. 이런 모습을 처음 대하는 외국인들은 중국이 무도의 나라라고 생각하지 않을까 싶다.

공산주의 국가였던 소비에트 연방공화국과 마찬가지로 중국도 연회 자리에서 춤을 추는 것이 관례처럼 되어 있었다. 중국 정부의 홍보 자료에 나와 있는 옛 사진에서도 모택동(毛澤東. 마오쩌둥)이 만찬회에서 자연스럽게 춤을 추는 모습을 볼 수 있다. 내가 생활하는 이우나 광저우에도 공원이나 아파트 앞 광장에서 춤추는 모습은 매일 일과처럼 이어진다. 중국 전역에 춤바람이 났다고 해도 과언이 아니다. 그렇다고 해서 이 사람들이 우리처럼 카바레에 가서 남편이나 부인 몰래 춤을 추는 것도 아니다. 공개된 공간에서 친구들이나 이웃들과 함께 이를 즐기는 것이다.

춤은 정신과 육체를 건강하게 만들어 주는 아주 특별한 운동이다.

춤을 추다 보면 정신이 집중되고 땀이 흥건하게 흘러 스트레스 해소에
는 최고다. 그래선지 춤추는 이들의 모습을 보면 행복해 보인다. 때론
이런 모습이 부럽게 여겨진다. 아마 우리나라에서 이런 식으로 춤을
춘다면 뉴스에 올라올 일이 아닐까 싶다.

　탑골 공원은 나이 지긋한 노인들이 차지가 된 지 오래다. 이분들은
삼삼오오 모여 바둑을 두거나 장기를 두며 시간을 보낸다. 이런 모습
보다는 활기차게 춤을 추며 역동적으로 노는 것이 정신과 육체 건강에
더 좋지 않을까 하는 생각을 해본다.

　그렇지만 난 아직도 춤을 잘 모른다. 중국 진출 초기에 저녁 시간을
어떻게 보내야 할지 고민을 많이 했다. 저녁에 일을 끝내면 다음 날 아
침까지 무료하게 시간을 보내야 하는 것이 항상 아쉬웠다. 당시에는 중
국의 인터넷 사정도 좋지 않고 휴대폰도 통화와 메시지만 보낼 수 있는
정도였으니 생활이 단순할 수밖에 없었다. 저녁에 책을 읽거나 텔레비전
을 시청하는 것 외에는 달리 할 일이 없었다. 중국에서는 한국 책을 구
하기가 어려워서 한 번 구입하면 서너 번 읽는 것은 기본이었고 개중에
는 열 번을 넘게 읽은 책도 있다. 그런 내 처지를 알고 근처에 살고 있
던 심 사장이 함께 춤을 배우자는 제안을 해왔다. 매일 춤 교습을 하
는데 한 달에 200위안만 내면 된다고 해서 그를 따라나섰다. 한 그룹이
약 스무 명 정도였는데 우리를 담당한 춤 선생은 매일 다른 춤을 가르
쳐 주었다. 오늘은 지르박, 내일은 탱고, 모레는 블루스 이런 식이었다.
그렇지만 춤 하나를 제대로 익히기도 어려운데 그다음 날에는 다른 것
을 가르쳐 주니 이게 내 것이 될 리 없었다. 결국 한 달을 채우지 못하

고 그만두었는데 지금 와서 생각해 보니 두고두고 후회된다.

노는 물이 다른 놀이 문화

중국의 춤 문화는 우리에게 조금은 이질적이다. 그래도 춤은 중국인들의 일상이다. 사막 한가운데에 있는 회족 자치구의 인촨에서도 춤을 추는 모습을 볼 수 있다. 그렇지만 사실 중국인들이 가장 많이 즐기는 오락은 카드놀이와 마작이다. 춤이야 시간을 정해 놓고 하는 놀이지만 카드나 마작은 시간과 장소를 가리지 않는다. 그래서 중국 어디에서고 카드놀이를 하는 광경을 볼 수 있다. 카드놀이는 서양식 포커가 대표적이지만 지역마다 다른 형태로 만든 카드로도 놀이를 한다. 도박으로 하는 이들도 있지만 대부분은 시간을 때우기 위해 심심풀이로 즐긴다.

바둑과 장기는 우리처럼 나이 지긋한 남자들이 주 대상자다. 공원에서 부채질하며 바둑에 심취해 있는 이들을 보노라면 나도 한판 두고 싶다는 생각이 든다. 중국의 장기는 우리나라의 장기와 조금 다르다. 장기는 약 3천 년 전에 인도에서 탄생한 것으로 알려져 있다. 이것이 서양으로 건너가 체스의 기원이 되었다고 한다. 우리가 두는 장기는 중국에서 체계화되어 한반도로 넘어왔다는 설이 유력하다.

광저우의 공원에서는 제기차기를 한다. 혼자 하는 것이 아니고 여럿이 원을 그려 다른 사람에게 넘겨주는 방식으로 한다. 이들은 박력 있게 제기를 차는 것이 아니라 부드럽게, 그리고 예술적으로 즐긴다. 머리 위로 살짝 넘기는 묘기도 있고 뒷발로 차는 재주도 부린다.

또한 중국을 대표하는 놀이가 마작이다. 마작을 하다 보면 무릎이

썩는 줄 모른다고 할 정도로 재미있다고 한다. 나도 직원들과 심심풀이로 가끔 마작을 해본 적이 있다. 그렇지만 개인적으로 모든 것을 잊을 정도의 매력적인 놀이는 아니라고 생각한다. 마작은 지역마다 하는 방식이 조금씩 다르긴 하지만 북방의 마작을 표준으로 한다고 한다.

주사위 놀이는 주로 술집에서 성행한다. 주로 내기를 해서 술을 마시게 하는 수단으로 활용된다. 두 명이 각자의 속이 보이지 않는 통에 다섯 개의 주사위를 넣고 섞는다. 그리고 내가 가진 주사위의 숫자를 상대방에게 알려 준다. 당연히 상대방을 헷갈리게 하기 위해 가공의 숫자를 알려주어야 한다. 즉 상대방을 속여서 내가 가진 주사위의 숫자를 못 맞히게 하는 놀이다. 그런데 이를 분석해 보면 우린 숫자를 말하더라도 내가 가진 주사위를 근거로 만들어낸다. 그렇지만 중국인들은 자신이 가진 것과는 전혀 관계가 없는 거짓말을 만들어낸다. 우리가 절대 예상할 수 없는 가공의 숫자가 술술 나온다. 주사위 놀이를 해보면 상대방을 현혹하는 중국인들의 마음을 꿰뚫어 볼 수 있다.

이열치열

중국은 차가 발달한 나라다. 광동의 식당에 가면 식사에 들어가기 전에 차부터 마시는 것이 일상화되어 있다. 또 공장을 방문하면 상담에 앞서 차부터 내온다. 이런 식으로 차를 마시면서 분위기를 띄운 후 상담에 들어가는 것이 기본이다. 그러면 차분하게 대화를 이어 나갈 수 있다. 중국의 물은 그냥 마시기에 그리 적합하지 않다. 그래서 옛날부터 차를 끓여서 마셨다. 그런 면에서 물에 관한 한 우리나라는 축복을 받은 나라다. 우리 조상들은 개울가의 물을 그냥 마시고 살았다.

중국인들은 항상 물을 끓여서 마신다. 겨울은 물론이지만 무더운 여름에도 뜨거운 물을 마신다. 물을 그냥 마시기에는 너무 심심하니 차를 우려서 마신다. 중국인들은 뜨거운 물이나 차를 보온병에 담아서 가지고 다닌다. 그렇지만 성격이 급한 한국인은 뜨거운 물을 마시지 못한다. 아무리 추운 겨울이라도 시원한 물을 벌컥벌컥 마셔야 직성이 풀린다. 겨울에도 냉수를 마시는 한국인들을 중국인들은 이해하지 못한다. 나도 처음 중국에 와서 뜨거운 물을 마시는 것에 적응하기 힘들었다. 식당에 들어가서 시원한 물을 기대했는데 뜨거운 물이 나오니 신경질까지 났다. 그렇지만 뜨거운 물은 차가운 물보다 건강에 좋다. 요즘에는 나 역시 더운 여름에도 물을 끓여서 마시고 있으니 반 중국인이 된 셈이다.

중국에서 살다 보면 자연스럽게 중국식으로 살게 된다. 중국인들이 뜨거운 물을 마시는 이유는 물이 깨끗하지 않기 때문이다. 중국을 대표하는 장강과 황하는 칭하이성에서 발원하여 내륙을 두루 거친 후 황해로 빠져나온다. 이들은 중국의 고원을 거치면서 많은 흙을 쓸어 담고 내려온다. 그래서 장강이나 황하는 항상 물이 탁하다. 또한 석회질을 많이 함유하고 있다. 이를 그대로 마셨을 경우 설사를 하는 등의 문제를 야기할 수 있다.

중국에서 생활하다 보면 이를 실감할 수 있다. 수돗물을 그릇에 받아두면 밑바닥에 하얀 석회질이 쌓이는 것을 볼 수 있다. 예로부터 중국인들이 물을 끓여 마실 수밖에 없었던 것은 이런 이유에서다.

그런 중국이지만 요즘엔 생수가 불티나게 팔려 나간다. 내가 처음 중국에 방문했을 때에만 해도 생수는 생각조차 할 수 없었다. 베이징의 고급 호텔의 뷔페식당에서 아침을 먹는데 오렌지 쥬스는 무제한으로 마실 수 있었지만 생수는 돈을 주고 사야 했다. 그것도 외국에서 수입한 생수였다. 그런데 세월이 흐르니 다양한 중국산 광천수가 선을 보였다.

중국에서 가장 많이 팔리는 생수는 '농부산천'이고 그다음이 '와하하'다. 그런데 와하하의 광천수는 천연의 물이 아니고 여과기를 거쳐 만들어진 물이다. 끓여서 식힌 증류수나 마찬가지다. 그래서 물이 가진 미네랄과 같은 성질이 전혀 없다. 와하하의 물맛이 밋밋한 이유다.

중국에서 오래 지낸 한국인들이라고 해도 아직까지 찬물만 고집하는 분들이 많다. 내가 아는 청도의 한국 분이 겪었던 일은 지금 생각해도 어이가 없다. 중국의 냉온수기에는 차가운 물이 나오지 않는 것도 있다. 본래 차가운 물을 마시지 않으니 뜨거운 물과 상온의 물만 나오는 구조다. 처음 중국에 들어오신 한국 사장님이 정수기의 파란색 고리를 눌러 물을 따라 마셨는데 미지근하더란다. 그래서 '아 이 고리 표시가 잘못되었구나.' 하는 생각을 했다. 그래서 빨간색 고리의 물을 따른 후 단숨에 마셨는데 이게 뜨거운 물이라 입안을 다 데어 한동안 병원 신세를 지게 되었다. 급한 성격의 한국인의 특징이 잘 나타나는 대목이라고 할 수 있다.

뜨뜻한 맥주와 콜라

요즘은 중국의 젊은이들이 찬 음료를 마신다. 내가 처음 중국을 방문했을 때와 비교를 하면 격세지감이 느껴진다. 물론 아직도 여름에 뜨거운 물을 마시는 이들이 있지만, 요즘에는 냉음료와 찬 생수를 마시는 이들이 늘어나고 있다. 그래서 요즘 상점마다 냉장고를 비치하고 찬 콜라와 생수를 판다. 20여 년 전에는 뜨거운 물뿐만 아니라 콜라나 맥주도 미지근한 것을 마셨다. 찬 콜라나 생수를 달라고 하면 돈을 더 달라고 하는 상점도 있었다. 차게 보관하려면 냉장고가 필요한데 이를 위해 전기료가 들어가니 당연하다는 식이었다. 모두들 상온의 물이나 콜라를 마시는데 유독 외국인들만 찬 음료를 달라고 하니 바가지를 쓰는 것도 당연시되었다.

보통의 식당에는 찬 맥주가 없어 얼음을 달라고 해서 섞어 마셨다. 그렇지만 얼음을 넣은 맥주는 얼음이 녹으면서 금방 싱거워져서 제맛이 나지 않는다. 더워 죽겠는데 맥주까지 미지근하니 미칠 지경이었다.

영국인들은 한국 사람들보다 더 다혈질이다. 유럽에서 축구 경기를 할 때마다 매번 영국의 홀리건 때문에 곤욕을 치른다. 영국인들도 우리처럼 추운 겨울에도 찬물을 마신다. 한겨울에 영국에서 온 램버트와 함께 중국 식당에서 저녁을 먹었다. 램버트는 저녁 식사 때마다 맥주를 한 병 정도 하는 게 습관처럼 되어있다. 그날도 당연히 음식을 주문하면서 찬 맥주를 달라고 했다. 그렇지만 식당 주인은 냉정하게 차가운 맥주는 없다고 잘라 말했다. 겨울에 찬 맥주를 마시는 이가 없으니 당연한 일이다. 이에 화가 난 램버트가 얼음이라도 달라고 했지만 그 역시 거절당했다. 겨울에 식당에서 얼음을 쓸 일이 별로 없기 때문이다.

결국 우리는 바로 자리에서 일어나 맥도날드로 이동했다. 램버트는 이럴 바에야 차라리 맥도날드에서 햄버거를 먹는 게 낫겠다는 생각을 했다. 맥도날드에 가면 겨울에도 찬 음료를 마실 수 있으니 말이다.

　미지근한 콜라나 맥주는 상상만 해도 속이 이상해진다. 이를 아무렇지도 않게 마시는 중국인들이 이상할 따름이다. 하긴 앞에서도 설명했지만 콜라도 끓여 마시는 중국인들이니 이런 점을 감안하면 차갑지 않은 콜라나 맥주도 이해가 된다. 그렇다 하더라도 콜라나 맥주는 시원하게 마셔야 제맛이 난다. 닭갈비가 매콤하지 않으면 닭갈비가 아니듯이. 그렇다고 세상은 그대로 멈추어 있지 않다. 중국인들도 드디어 찬 콜라와 생수를 마시게 되었으니 세상의 변화를 느낄 수 있다. 요즘 젊은이들은 찬 콜라와 찬 맥주, 찬 버블티를 마신다. 대도시에는 버블티와 찬 커피를 파는 매장들이 속속 들어서고 있다. 처음 중국에 진출했을 때와 비교하면 천지가 개벽한 느낌이다.

노자(老子)의 나라 중국

시골 인심은 어디나 같아

어느 나라나 시골 인심은 후하다. 미국에서 가족들과 여행할 때 두 살이었던 아들이 오랫동안 자동차를 타는 것을 무척 싫어했다. 샌프 란시스코에서 LA까지는 자동차로 10시간이 넘게 걸렸다. 그래서 가 끔 시골길로 들어서서 차를 세우고 길에서 놀이를 하며 시간을 보냈 다. 그러면 지나가던 차들이 우리 앞에 정차하고 "무슨 일이 있느냐?" 또는 "도와줄 일이 있느냐?"며 말을 건네 왔다. 그럴 때면 역시 시골의 인심은 어디에서나 마찬가지란 생각이 들었다.

1992년에는 호주에 수출되는 우리나라 자동차를 홍보하기 위해 호 주 대륙을 일주한 일이 있었다. 호주에는 소금 사막이 있다. 그곳을 자 동차가 들어간 흔적이 있어서 나도 진입했다가 차가 빠져 꼼짝달싹하 지 못하는 신세가 되었다. 겨울에는 소금이 얼어서 단단하지만 여름에 는 진흙처럼 변하는 특성 때문이었다. 그런데 그곳을 지나던 모든 차가 멈추어 섰다. 그리고는 차에서 로프를 꺼내 능숙한 솜씨로 내 차를 소 금 사막에서 꺼내 주었다. 호주는 넓은 땅에 비해 적은 인구를 가진 나 라다. 그래서 오지에서는 사람의 그림자조차 구경하기 힘들다. 이들은 자신도 항상 이런 위험에 빠질 수 있다는 생각을 가지고 있다. 그렇기에 기본적으로 다른 차량을 구조할 수 있는 장비를 차에 싣고 다닌다.

1994년 홍콩 북경 랠리에 참가했을 때다. 랠리는 시합에 임하기 전에 먼저 코스를 답사한다. 이때 주최 측에서 배부하는 지도를 가지고 간다. 랠리는 지도를 가지고 동승자인 코드라이버가 도로의 정보를 계속 알려준다. 자동차가 워낙 빨리 달리기 때문에 만약 지도가 잘못되어 있으면 도로를 이탈해서 큰 사고를 당할 수 있다. 그래서 시합 이전에 코스를 답사하는 절차를 갖는다. 그런데 코스를 답사하면서 주최 측에서 배부된 지도가 잘못되었다는 것을 한참 후에 발견했다. 아무리 가도 제대로 된 길이 없었다.

그런 사실을 알아차렸을 때에는 이미 깊은 산속으로 들어와 주최 측과 연락도 되지 않았다. 우리가 어디에 있는 줄도 모르니 이러다가 중국에서 미아가 되는 것이 아닌가 하는 불안감도 들었다. 그런데 속속 후속 팀들이 우리 쪽으로 들어왔다. 그들 역시 잘못된 지도를 보고 우리가 온 길을 따라왔던 것이다. 날씨가 무더운 데다가 습도까지 높아 모두가 기진맥진한 상태였다. 게다가 길까지 잃었으니 불안, 초조, 공포가 밀려왔다.

목이 말랐다. 이미 가지고 온 물을 모두 마신 상태였다. 주위를 살펴보니 조그만 구멍가게 같은 것이 보였다. 구멍가게라고 하기엔 너무 초라한 진열대가 달랑 하나 있는 거리의 노점이었다. 나무로 된 진열대에 낯익은 코카콜라와 스프라이트가 몇 개 올려져 있었다. 이곳에서 콜라를 보다니 너무 반가웠다. 마치 사막에서 오아시스를 만난 기분이었다. 너무나도 마시고 싶었다. 그런데 우리에겐 중국 돈이 없었다. 우린 주최 측에서 모든 것을 제공하니 중국 돈이 필요 없었다. 홍콩에서 쓰다 남은 홍콩 달러가 전부였다. 홍콩 돈을 보여주고 중국 돈이 없다는 표시를 했다. 그런데 의외의 일이 벌어졌다. 콜라를 우리에게 건네주고는 돈은 필요 없다는 시늉을 했다. 이런 산골에서는 아주 구하기 어려운 물건들이니 팔면 꽤 수익을 올릴 수 있는 것이 분명하다. 그걸 낯선 이방인들에게 선뜻 내어주니 감동스럽지 않을 수 없었다. 일단 너무 목이 말라 콜라를 벌컥벌컥 단숨에 들이켰다. 냉장고가 없으니 미지근한 것은 당연했다. 밋밋한 콜라였지만 세상의 어느 콜라보다 맛있었다.

우리는 중국 돈 대신에 홍콩 달러를 주인에게 쥐여 주었다. 한사코 이를 사양하는 주인의 얼굴이 천사처럼 느껴졌다. 아마도 두메산골이라 그분이 홍콩 달러를 사용할 수 있을지 의문이 들었다. 그렇지만 홍콩 달러라도 지불해야 하는 것이 우리들의 도리라고 생각했다. 언젠가 그분을 한번 찾아뵙고 싶었지만 그곳이 어디인지 알 길이 없다. 이 글을 통해서나마 그때 정말 감사했다는 말을 전해 드린다.

순진한 사람 울리는 사기꾼

요즘은 출장을 다닐 때 고속철을 많이 이용한다. 그렇지만 고속철이 다닌다 해도 버스를 이용해야만 닿을 수 있는 구간도 있다. 그날은 장시성(江西省, 강서성) 난창(南昌, 남창)에 도착해서 버스를 타고 시골 마을에 있는 공장을 가던 길이었다. 앞쪽 좌석에서 콜라 캔이 터지는 소리가 나면서 한바탕 소동이 있었다. 나중에 알고 보니 승객들의 관심을 끌기 위한 행동이었다.

말을 어눌하게 하는 한 남자가 옆 승객과 이야기를 나누고 있었다. 자신이 1940년대 중국 정부에서 발행한 채권을 가지고 있다고 했다. 그런데 자기는 호적이 없어서 이것을 현금으로 바꿀 수 있을지 모르겠다고 푸념하고 있었다. 잠시 버스 안은 이것 때문에 술렁였다. 그런데 건너편 좌석에 앉아 있던 이가 채권을 한번 보여달라고 한다. 그러더니 "이건 확실히 중국 정부에서 발행한 채권이다. 돈으로 바꾸는 데 아무런 문제가 없다."고 했다. 상황이 이런 식으로 흘러가니 바로 옆자리 승객이 이를 사겠다고 나섰다. 그런데 자신은 무역업을 하는데 중국 돈 대신에 바이어한테 물건 대금으로 받은 스위스 달러를 주겠다는 제안을 한다. 채권을 가진 사나이는 좋다고 하며 이를 수락하고 스위스 달러를 받고 증서를 넘겨주었다. 버스 안에서 처음 보는 사람들끼리 채권을 사고팔다니, 나로서는 도저히 이해되지 않는 상황이었다. 중국이란 참으로 기이한 나라라는 생각을 했다.

그렇지만 이것으로 상황이 끝났다면 이야기는 더 이상 진행되지 않았을 것이다. 스위스 달러를 받았다는 친구가 자신은 신분증이 없으니 은행에 가도 스위스 달러를 중국 돈으로 바꿀 수 없다는 것이다. 그래서 승객들에게 은행의 환율보다 낮게라도 좋으니 중국 돈으로 바꾸어 달라는 제안을 했다. 원래는 스위스 달러가 중국 돈보다 다섯 배가 높지만 두 배만 계산해 달라는 것이었다. 그러면 돈을 바꾸어 준 사람은 은행에 가기만 하면 두 배 이상의 수익을 올릴 수 있는 셈이다. 처음에는 선뜻 나서는 이가 없었다. 약간의 의심이 있다는 눈치였다. 그러자 뒷좌석의 승객이 큰 소리로 "내게 500달러를 주시오." 하며 중국 돈을 건넸다. 그러면서 단번에 큰돈을 벌었다는 듯 너털웃음을 웃는다. 한 명이 돈을 바꾸고 나니 승객들이 너도나도 나서서 돈을 바꾸기 시작했다. 내 옆 좌석의 할아버지도 200달러를 바꿨다. 할아버지도 손자에게 줄 용돈이 생겼다며 흐뭇한 표정을 지었다. 그런 상황이 끝나고 나자 채권을 가지고 있던 사나이와 이걸 산 친구, 그리고 채권이 문제가 없다던 바람잡이가 다음 정류장에서 함께 하차했다. 할아버지가 받았다는 스위스 달러를 내가 확인해 보니 스웨덴 크로나였다. 하긴 시골 할아버지가 스위스와 스웨덴이 어떤 나라인지 모를 것이 뻔하다. 가치가 달러의 두 배는커녕 1/9 수준에 지나지 않는다. 그렇지만 이런 사실을 알려주면 할아버지의 실망이 이만저만이 아닐 것 같았다. 그래서 모른 척하기로 했다. 그 친구들은 보기 좋게 한탕을 하고 간 셈이다.

귀신도 울고 갈 솜씨

우린 한 번 출장을 나가면 먼 거리를 이동한다. 이동 수단도 다양하다. 비행기와 고속열차는 물론 때론 버스를 타기도 한다. 중국은 도시라도 면적이 대단히 넓다. 인구가 150만 명인 이우와 같은 작은 도시도 우리의 서울보다 두 배나 크다. 그래서 한 도시에서 다른 지역으로 이동하려면 긴 시간이 걸린다.

그날은 선전에서 동관까지 버스를 타고 이동 중이었다. 계속되는 출장 일정 때문에 상당히 피곤했다. 그래서 버스를 타자마자 잠깐 잠이 들었다. 그리고 버스에서 내려 고속열차를 타기 위해 택시를 탔다. 역에 도착해서 돈을 계산하려고 지갑을 꺼냈는데 이상한 느낌이 왔다. 지갑에 칼에 긁힌 자국이 나 있었고 지갑도 얇아졌다는 것을 알 수 있었다. 지갑 안을 확인해 보니 돈도 일부 사라진 것을 확인할 수 있었다. 중국에서 소매치기를 당한 것이다. 어이가 없었다. 택시 요금을 계산하고 역으로 걸어가는데 뒷주머니가 "툭" 소리를 내며 너덜너덜해졌다. 그리고 보니 버스 안에서 내 주머니를 칼로 도려내고 지갑에서 돈까지 빼내 갔던 것이었다. 그런데 그런 사실을 택시를 갈아타고 역으로 올 때까지 까맣게 모르고 있었다. 그때까지 뒷주머니는 멀쩡히 붙어 있었다.

짐작 가는 일이 있었다. 버스를 탔을 때 옆자리를 비워주던 젊은이가 있었다. 그는 내게 자리에 앉으라고 하며 왼쪽으로 비켜 앉았다. 그러니까 내 왼쪽 주머니에 있던 지갑을 노린 것이다. 내가 졸다가 깨어났을 때 옆 칸의 좌석에 있던 동료에게 눈빛을 보내더니 함께 하차했다. 그때까지 난 무슨 일이 일어났는지 몰랐다. 그런데 기가 막힌 것은 뒷주머니에 있던 지갑 속에서 돈을 빼낸 것이다. 그것도 지갑은 그대로 둔 채로 말이다. 분명 옷과 지갑에는 칼자국이 있었다. 그렇지만 지갑은 내 주머니에서 나오지 않았다. 내 짐작에는 칼로 옷을 자른 후 핀셋을 이용해서 돈을 지갑에서 뺀 것이 아닌가 하는 추측을 해볼 뿐이다. 정말 귀신같은 솜씨다. 그 솜씨에 감탄만 할 뿐이다. 난 이제껏 소매치기를 당해본 적이 없다. 그런데 중국에서 보기 좋게 당했으니 허탈할 뿐이다.

서양에서는 식사 때 칼과 포크를 사용한다. 이에 반해 한국과 중국, 일본, 베트남에서는 젓가락을 사용한다. 공통적으로 손재주가 좋다. 제품의 세세한 부분까지 잘 다듬고 마무리까지 한다. 서양인들이 도저히 따라올 수 없는 솜씨다. 우리는 이를 젓가락 문화라고 부른다. 그런데 이런 손재주를 좋은 물건을 만드는 데 사용하지 않고 소매치기와 같이 나쁜 일에 쓰다니 괘씸하기만 하다. 정말 귀신도 울고 갈 손재주였다.

홍콩인과는 다른 시민의식

요즘 부쩍 커진 중국의 위상이 절로 느껴진다. 미국과의 갈등에서도 결코 지지 않겠다는 투지가 엿보인다. 중국의 덩치가 커지니 주변 국가들에 대해서 고압적인 자세로 일관한다. 특히 홍콩을 대하는 태도는 "까불지 말고 우리가 지시하는 대로 따라라." 하는 식이다. 20여 년 전만 하더라도 상상하지 못하던 상황이 벌어지고 있다.

100년 넘게 영국 식민지를 겪은 홍콩은 오랫동안 중국인들에게 부러움의 대상이었다. 오래전에는 중국에서 밀항해서 홍콩만 가면 돈도 벌고 사람답게 살 수 있다는 희망을 주었다.

얼마 전 심천의 박물관에서 재미난 사진을 발견했다. 덩샤오핑의 개혁 개방 정책에 따라 심천을 경제 특구로 지정했는데 그곳으로 떠나는 시진핑 형제와 그의 아버지인 시중쉰(習仲勳)이 베이징 공항에서 찍은 사진이다. 당시 시중쉰의 직책은 카오차(考察, 고찰)로 홍콩으로 탈출하는 중국인을 잡아들이는 것이 임무였다.

개혁 개방 이후에도 목숨을 걸고 불법으로 홍콩으로 향하는 중국인들의 숫자는 줄어들지 않았다. 일단 홍콩으로 가면 중국에서 받던 급여보다 열 배 이상을 받을 수 있었다. 상황이 이러하니 비록 위험하다고는 하나 이를 쉽게 포기할 수 있는 일이 아니었다. 그래서 중국을 탈출하려는 자를 감시하고 체포하는 역할은 대단히 중요했다.

그동안 홍콩인들은 중국인들을 사람 취급하지 않았다. 처음 내가 중국과 무역한 것은 홍콩 무역 회사를 통해서였다. 그때 홍콩 사람들이 하는 말이 "중국인들은 못 믿는다. 매일 다그치고 확인해야 조금씩 진척된다."고 농담조로 말했다. 그러했던 중국이 어느새 세계 제2의 경제 대국이 되어 홍콩의 경제까지 집어삼킬 기세다. 또한 홍콩인들을 대하는 중국인들의 태도 역시 예전과는 다르다. 이제는 홍콩 사람들을 중국을 위협하는 바퀴벌레와 같은 존재로 인식하고 있다.

때때로 홍콩을 여행하는 중국인들과 홍콩 시민들 사이에 잦은 말다툼이 벌어지곤 한다. 두어 해 전에 홍콩을 여행하던 젊은 부부가 아이가 급하다고 길에서 용변을 보게 했다. 이를 두고 홍콩인들과 중국인들 사이에서 갑론을박이 있었다. 홍콩인들의 사고로는 아무리 급하다고 하더라도 화장실을 찾아가서 용변을 보게 하는 것이 당연하다는 주장이었고, 중국인들은 아이가 급해서 이를 해결한 것뿐인데 그런 것을 가지고 비난할 일이 아니라고 반격에 나섰다. 실제 중국에서는 길거리에서 아이의 용변을 보게 하는 모습을 심심찮게 볼 수 있다. 또 중국에서는 아이들에게 카이탕쿠(開襠褲)라는 가랑이가 열려 있는 바지를 입힌다. 급하면 아무 곳에서나 바로 앉아서 용변을 볼 수 있는 구조다. 아이들은 어른에 비해 용변이 급할 때 이를 참아내는 능력이 떨어진다. 카이탕쿠는 이런 문제를 해결할 수 있는 특별한 구조의 옷이니 특허를 내도 될 만하다. 그렇지만 정작 외국에 나가면 문화가 다른 나라에서는 문제가 될 수 있다.

안에서 새는 바가지 밖에서도 샌다

앞서 이야기한 대로 작년 중국과 홍콩의 인터넷을 가장 뜨겁게 달군 내용은 거리에서 용변을 본 중국의 아이 때문에 일어난 사건이었다. 한 중국 아이가 부모의 도움을 받으며 용변 보는 모습을 본 홍콩 사람들이 이들과 심한 말싸움을 벌였다. 그리고 주변 사람들이 이를 동영상으로 찍어 SNS상에 올렸다. 중국인들과 홍콩인들이 한동안 이에 대해 뜨거운 논쟁을 벌였다. 사실 중국에서는 이런 일이 별로 문제가 되지 않는다. 중국에서는 누구나 아이가 용변이 마렵다고 하는데 주위에 화장실이 없으면 길에서 일을 보게 하는 것이 일반적이다. 그러나 홍콩인들은 아무리 급하다 하더라도 길에서 용변을 보게 하는 것은 도덕적으로 용납되지 않는다는 주장이다.

워낙 많은 중국인이 외국에 나가다 보니 이런저런 사건이 많이 일어난다. 각 나라는 중국 여행객을 반기지만 그렇다고 모두 달가워하는 것은 아니다. 제일 먼저 중국인 하면 떠오르는 것이 '시끄럽다'는 것이다. 중국어의 특성상 몇 명만 모여 이야기하면 마치 싸움하는 것처럼 들린다. 이런 환경에 익숙하지 않은 서양인들이 중국 관광객에 대해 좋은 인상을 가질 리 없다. 여기에 더해 아무 데서나 담배를 피우고 가래침을 뱉는 등 다른 사람들을 전혀 배려하지 않는 중국인들의 모습은 '어글리 차이니스'라는 말을 듣기에 충분하다.

한때 일본인들도 해외여행이 일반화되면서 전 세계에서 추한 일본인 이라는 말을 들었고, 한국인들도 비슷한 경험을 했다. 그렇다 하더라 도 중국인들이 외국에 나가서 보여주는 행태는 일본이나 한국인에 비 해 좀 심하다는 생각을 지울 수 없다. 미국의 한 아웃렛에서 서로 물건 을 사겠다고 싸움한 것은 애교로 봐줄 수 있다. 한 중국 관광객은 태 국의 유명 관광지의 공중화장실에서 유유자적하게 샤워를 해서 빈축 을 산 일도 있다. 또 2013년에는 3천 년의 역사를 지닌 이집트의 룩소 신전에 낙서를 해서 모두를 경악케 했다. 그것도 자랑스럽게 중국어로 적어 놓았으니 할 말을 잃을 수밖에 없다. 2014년에는 태국 방콕에서 중국 난징으로 향하던 비행기 안에서 좌석 문제로 화가 난 여자 승객 이 컵라면을 승무원의 얼굴에 던져 비행기가 회항하는 사고도 있었다. 몇 해 전에는 제주도를 방문한 일부 중국 관광객들이 용두암을 깨서 가지고 가는 황당한 사건도 있었다.

세계 곳곳에서 날로 늘어나는 중국인들의 추태로 인한 부작용을 중 국도 심각하게 생각하고 있다. 중국의 '중국국가여유국(CNTA)'에서는 만약 외국에 나가 국가의 위신을 떨어뜨리는 행동을 하면 처벌하겠다 고 나섰다. 그렇다고 이 문제가 바로 해결될 것 같지는 않다. 문화가 바뀌려면 적어도 한 세대는 지나야 가능하기 때문이다.

상상을 초월하는 추태

중국의 경제 발전으로 주머니 사정이 두둑해진 중국인들은 여행업 계의 큰손으로 등장했다. 2019년 중국 내를 여행한 중국인들의 숫자가 연 40억 명에 달하고 있다. 가장 여행객이 많이 몰리는 시기는 7월과 8월이다. 학생들의 방학이 이 시기에 맞물려 있기 때문이다. 이때가 되면 전국의 유명 관광지에는 발 디딜 틈이 없을 정도로 많은 인파가 몰린다. 황과수 폭포나 계림과 같은 유명 관광지에서는 풍경을 감상하는 것은 둘째로 치고 앞 사람의 뒤통수만 보고 걷다가 끝이 난다. 이 시기에는 덩달아 비행기 요금도 올라가고 호텔비도 평소의 두 배를 내야 한다. 또한 유명 관광지에서는 바가지요금은 기본이다. 줄을 서야 하는 곳에서는 새치기도 횡행한다. 이 때문에 서는 줄이 뒤로 늘어나지 않는데 앞의 줄 또한 줄어들지 않는다. 한참이 지나도 제자리에 서 있는 식이다.

상점에서 물건을 사는 데도 줄을 서지 않는다. 작년에 돈황에 갔을 때 매점에서 서로 생수를 사겠다고 아우성을 쳤다. 상황이 이러하니 주인이 마음 내키는 대로 돈을 받고 생수를 팔았다. 나도 그 틈에 끼어들었지만 내가 살 수 있는 기회가 오지 않았다. 이대로 가면 종일 물 한 병도 사 마실 수 없다는 생각이 들었다. 그래서 내가 소리를 질러 질서 정연하게 줄을 세웠다. 내가 워낙 크게 야단을 치니 아무도 대꾸하지 못했다. 줄을 서니 매끄럽게 한 명씩 물건을 살 수 있었고 덕분에 나도 뒷줄에 서서 생수를 하나 살 수 있었다.

홍콩은 1997년 중국에 반환되어 이제 중국령에 속하지만 홍콩 사람들은 아직도 자신들을 중국인이라고 말하지 않는다. 일국양제가 2046년까지는 지속되니 그때까지는 홍콩인의 신분이 유지되어야 한다는 생각에서다.

홍콩 사람들은 이곳을 방문하는 중국인들과 자주 다툼을 한다. 얼마 전에 빅토리아 피크를 오르는 트램을 타기 위해 줄을 서 있었는데 서너 명의 중국인들이 아무 거리낌 없이 새치기했다. 이를 본 홍콩인들과 시비가 걸려 큰 소리가 오고 갔다. 중국인들은 때론 새치기가 필요하다고 생각하지만 영국의 식민지를 겪은 홍콩인들에게는 그게 용납되지 않는다. 중국의 2019년 1인당 국민소득이 만 불을 넘어섰다. 국민소득이 오르면 그에 걸맞게 시민의식도 높아져야 하는데 그게 그렇지 않다.

중국인들이 국내 여행을 하면서 문제를 일으키는 것은 단순한 사고만이 아니다. 고속철은 많은 인원을 빠른 속도로 이동시키는 가장 현대화된 이동 수단이다. 고속철의 생명은 빠른 속도와 정시 출발, 정시 도착이다. 작년에 한 중년 부인이 고속철의 문을 가로막고 출발을 지연시킨 사건이 있었다. 가족의 일행이 미처 도착하지 않아 이를 잡아 두려고 한 행동이었다. 이로 인해 정시 출발을 생명으로 하는 고속철이 10여 분이나 늦게 출발하는 불상사가 일어났다.

2016년에는 중국 베이징의 한 야생 동물원에서 승용차에서 내린 승객이 호랑이한테 물려 죽는 사고가 발생했다. 이 야생 동물원은 관람객이 직접 차를 운전해서 도는 방식으로 운용된다. 야생 동물이 있는 곳에서는 밖으로 나오면 위험하다는 것은 삼척동자도 아는 일이다. 그럼에도 차에서 내렸으니 호랑이한테 "나 잡아봐라." 하다가 당한 셈이나 다름없다.

버리는 사람, 치우는 사람

중국에서 생활하는 동안 지금도 익숙하지 않은 것이 쓰레기를 아무 데나 버리는 것이다. 한여름에 직원과 공장을 방문했다가 나오면서 인근 가게에서 아이스크림을 하나씩 사 먹었다. 그리고 포장지를 버리려고 쓰레기통을 찾았으나 보이지 않았다. 내가 한참을 두리번거리니 직원이 하는 말이 "그냥 버리라."고 퉁명스럽게 이야기했다. 주변에 널린 쓰레기가 워낙 많으니 직원이 하는 말도 일리가 있었다.

실제 길을 지나치는 사람들은 아무렇지도 않게 이것저것을 버리고 간다. 조금만 지나가면 쓰레기통이 있는데도 불구하고 말이다. 그래서 중국의 환경미화원들은 항상 바쁘다. 길을 지나면서 청소하고 나면 뒤쪽에는 또 다른 쓰레기가 널브러져 있다. 중국인들이 하는 말은 "버리는 사람이 있어야 환경미화원들도 먹고산다."는 말을 한다. 그러니 마구 버려야 한다는 식이다. 그래선지 어느 지역엘 가나 환경미화원의 숫자가 많다. 버리는 사람이 많으니 치워야 하는 사람도 그만큼 많아야 한다.

칭다오에서 형님처럼 모시던 한국 분이 중국 여자와 결혼하셨다. 모두 재혼의 아픔을 겪었기 때문인지 서로를 이해하며 지내는 모습이 보기 좋았다. 금슬이 무척 좋다고 소문이 자자해서 주위 사람들의 부러움을 샀다. 그런데 아무것도 아닌 것처럼 여겨지는 쓰레기 때문에 이혼의 위기까지 간 일이 있었다.

부부는 저녁이면 다정하게 아파트 주변의 강을 산보하는 것이 낙이었다. 하루는 심심풀이로 즐겨 먹던 사탕이 달랑 하나만 남았다는 것을 발견했다. 사탕을 먹고 나서 포장지를 버려야 하는데 주위를 둘러

보니 쓰레기통이 없었다. 남편이 쓰레기통을 찾지 못해 안절부절못하는 모습을 보고 아내가 이를 빼앗아서 길에다 버렸다. 남편은 어쩔 줄 몰라 하며 한숨을 내쉬었다. 그리고 가던 길을 계속 가다가 남편은 왔던 길을 바삐 되돌아갔다. 그리고는 그 비닐봉지를 주워서 다시 오더라는 것이다. 남편은 어떻게 쓰레기를 그냥 길에다 버리느냐며 아내를 꾸짖었다. 이에 대해 부인은 공연히 쓸데없는 일을 해서 시간을 낭비한다며 짜증을 냈다.

원래 둑이 터지려면 사소한 누수 현상이 점점 커지면서 발생한다. 이 일을 계기로 한국인 남편과 중국인 부인의 다툼이 많아졌고 종국에는 파탄 직전까지 갔다. 남편은 평소 한국에서 하던 대로 하던 일이고, 부인 역시 중국에서 하던 습관을 그대로 따르다가 벌어진 사건이다.

중국인들이 한국에 와서 당황하는 것이 거리에 쓰레기통이 없다는 점이다. 중국처럼 아무데나 쓰레기를 버릴 수는 없는 일이고 제대로 버리려고 하는데 정작 쓰레기통이 없으니 황당할 수밖에 없다. 요즘 중국에서도 환경 때문에 쓰레기를 분류해서 버리는 지역이 늘어나고 있다. 그렇지만 아직도 대부분의 지역에서는 쓰레기는 그냥 버려도 되는 존재에 지나지 않는다.

내가 한국 집에 돌아오면 쓰레기 처리를 하는 임무를 맡는다. 비록 일주일에 한 번이지만 쓰레기를 종이와 비닐, 플라스틱으로 구분해서 버리는 것은 무척 성가신 일이다.

때 벗기는 사우나

내가 생활하는 이우의 겨울은 길고 또 춥다. 영하로 내려가는 날은 많지 않지만 영상의 날씨라도 습도가 높아서 더욱 춥게 느껴진다. 게다가 난방을 하지 않으니 겨울에 목욕하는 것이 그리 녹록지 않다.

숙소에서 샤워하려면 대단한 각오를 해야 한다. 난방을 하지 않으니 당연히 뜨거운 물을 구하기가 어렵다. 그래서 전기를 이용해서 물을 데우는 온수기를 별도로 구매해야 한다. 그렇지만 방도 춥고 화장실도 추우니 샤워하기 전이나 하고 나서도 상당히 귀찮다. 우선 샤워하기 전에 화장실 내의 온도를 높이기 위해 한동안 뜨거운 물을 틀어 놓는다. 그런 다음에 화장실로 입장한다. 뜨거운 김이 화장실 전체를 감싸 안으면 견딜 만하기 때문이다. 샤워한 후 방 안에 들어와서는 히터를 켜 놓고 몸을 녹인다. 이런 과정을 거쳐야 하니 겨울에는 샤워 한번 하는 게 보통 일이 아니다.

그래서 겨울에는 자주 사우나를 간다. 가격도 그리 비싸지 않고 뜨거운 물을 마음대로 쓸 수 있으니 상당히 편리하다. 그런데 사우나를 가면 눈살을 찌푸리게 하는 일이 하나둘이 아니다.

물이 들어있는 욕조 안에서 때를 벗기는 사람들이 많다. 이런 모습을 보면 당연히 다시는 오고 싶지 않다는 생각이 든다. 그래서 주로 탕 안에는 들어가지 않고 샤워기만 이용한다. 사실 사우나에서는 뜨뜻한 탕 안에서 잠시 몸을 맡기면 마음까지 편안해진다. 이런 것을 건너뛰어야 하니 조금 안타깝다. 게다가 사우나 안에서 담배를 피우는 인간들을 종종 보게 된다. 사우나처럼 좁은 공간에서 담배를 피우는 것은 기본을 상실한 것이나 다름없다. 사우나 안에서 담배를 피우는 것도 가관이지만 가래침을 뱉는 사람도 있다. 과연 이 사람이 제대로 정신이 박힌 것인가 할 정도다. 나만 즐길 테니 너희들은 나가라는 뜻처럼 여겨진다. 더욱 가관인 것은 열판에다 가래침을 뱉는 일까지 있다. 눈을 뜨고도 전혀 믿을 수 없는 광경이 내 앞에서 펼쳐지는 것에 경악할 수밖에 없었다.

요즘 중국인들의 해외여행이 눈에 띄게 늘었다. 한국뿐만 아니라 전 세계 각지를 누비고 다닌다. 중국인들의 돈 씀씀이가 커서 모두 중국 관광객을 유치하기에 혈안이 되어 있다. 그렇지만 중국인들의 여행 매너는 별로 환영받지 못할 수준이다.

독일의 한 호텔에서는 중국인들만 식사하도록 별도의 공간을 만들어 놓았다고 한다. 중국인들을 배려하는 차원인 것 같지만 실제는 시끄러운 중국인들을 다른 손님들과 분리해야만 하는 호텔 측의 고충이 숨어 있다. 식사하면서도 너무 시끄럽게 떠들고 가래침까지 아무데나 뱉는 것 때문에 다른 투숙객들에게 불쾌감을 주기 때문에 어찌할 수가 없어서 나온 대책이었다.

가깝고도 먼 나라

중국에 없는 것들

중국은 유럽이나 미국에 비해 산업화가 늦어졌다. 그래서 한때 미국과 영국을 따라잡겠다고 호기를 부리다 수천만 명의 인민이 굶어 죽는 사태를 겪기도 했다. 그렇지만 덩샤오핑의 개방 정책 이후 많은 부분에서 이를 만회하고 있다. 외국의 자본과 기술이 들어와 중국의 산업을 발전시켰고, 이 덕분에 중국인들의 삶도 윤택해졌다.

21세기 초까지만 해도 변변한 휴대폰 하나 제대로 만들지 못해 외국의 제품들이 중국 시장을 석권했다. 그러했던 중국이 이제 미국을 넘어서겠다는 야심에 불타오르고 있다. 전문가들마다 다르기는 하지만 2035년경에는 중국의 GDP가 미국을 넘어설 것으로 예상하고 있다. 그때가 되면 어떤 형태의 또 다른 세계의 경제 축이 형성될지 궁금해지지 않을 수 없다.

중국의 도시마다 야시장이 있다. 보통 오후 6시에 시작해서 밤 12시에 문을 닫는다. 이우에 처음 진출했을 때 소일거리가 없으면 시간을 때우기 위해 야시장을 찾았다. 야시장의 제품은 가격이 싸다는 게 특징이다. 야시장에는 짝퉁 운동화와 시계, 티셔츠를 비롯해서 없는 물건이 없다. 한국의 영화나 드라마를 복제한 DVD도 인기가 있는 품목이었다. 그때 중국에는 VTR이 없다는 것을 알았다. 산업화가 다른 나라에 비해 늦은 관계로 VTR을 거쳐 DVD로 가면 너무 늦다고 중국 정부는 판단했다. 그래서 VTR을 건너뛰고 바로 DVD의 시대를 열었다. 중국에도 없는 물건이 있다는 사실이 신기하다.

중국은 전기 자동차에 사활을 걸고 있다. 앞서 이야기한 대로 중국은 세계 최대의 자동차 시장이다. 이 때문에 세계 굴지의 모든 자동차 회사들이 중국에 진출해 있다. 외국 자동차 회사들은 독자적으로 중국에 진출할 수 없다. 반드시 중국 자동차 회사와 합작 관계를 맺어야만 한다. 베이징 현대는 우리의 현대자동차와 중국 베이징 자동차가 합작한 회사다. 상하이 따중은 독일의 폭스바겐과 중국 상하이 자동차의 합작 회사다. 이렇게 외국 기업과 합작하는 이유는 기술을 신속하게 습득하기 위해서다. 그런데 이런 식으로 접근해도 중국 기업들이 기존의 내연기관 엔진으로는 외국 기술의 벽을 넘어서기 어렵다는 판단을 했다. 중국이 전기 자동차에 전념하기로 한 결정적인 이유다.

이에 반해 전기 자동차는 이제 막 새롭게 시작되는 분야이므로 여기에서 기술적 우위를 선점하는 것이 중요하다고 판단하고 있다. 전기 자동차에 중국의 미래가 달려있다고 하겠다.

중국인들의 신용카드 보급률은 다른 나라에 비해 현저하게 낮다. 모든 물건을 사면서 바로 결제하는 것에 익숙해져 있다. 신용 사회가 아니기 때문이다. 덕분에 위챗페이나 알리페이가 발달했다. 모든 것이 중국의 특성에 맞게 발전해 나가기 때문이다.

이우에서 광저우까지는 매일 비행기가 3~4편이 운행된다. 중동이나 아프리카 상인들은 광저우에서 옷을 구매하고 생활용품은 이우에서 구매한다. 이들로 인해 이우~광저우 노선은 항상 만석을 기록한다. 나도 이우와 광저우에서 일했으니 이곳 구간의 항공편을 자주 이용하는 편이다.

어느 날 난방항공에서 메시지가 들어왔다. 그동안 쌓아놓은 마일리지가 소멸되니 바로 사용하라는 내용이었다. 그래서 광저우를 갈 때 이걸 사용하기로 했는데 마일리지가 충분해서 비즈니스석을 이용하기로 했다. 단지 세금은 내가 부담해야 한다는 조건이었다. 별생각 없이 이우 공항에 도착했는데 세금은 신용카드로만 내야 한다고 한다. 그것도 외국 신용카드는 안 되고 중국 신용카드만 가능하다고 해서 한참 실랑이가 벌어졌다. 혹시 공항에서 근무하는 직원 중에 신용카드를 가지고 있으면 대신 결제를 해달라고 요구했다. 공항 직원이 여기저기 알아본 끝에 신용카드를 보유한 직원이 나타났다. 내가 그 직원에게 현금을 지불하는 조건으로 그의 신용카드로 해결할 수 있었다. 덕분에 아슬아슬하게 광저우행 비행기를 탈 수 있었다.

축구의 공한증

중국은 근래에 올림픽에 참가하면서 1등을 놓쳐본 적이 없다. 그 정도로 모든 스포츠에서 단역 두각을 나타낸다. 그래도 지구상에서 하는 운동 중에서 가장 인기가 높은 종목은 단연 축구다. 축구는 올림픽보다도 높은 인기를 구가하는 스포츠다.

이우에는 여러 나라에서 온 외국인들이 많다. 그런데 이들이 가장 손쉽게 모여서 즐기는 운동이 축구다. 가끔 각 나라를 대표한 외국인들이 모여 축구 시합을 한다. 그런데 항상 우승하는 팀은 대한민국이다. 그만큼 한국 축구는 아시아에서 가장 강하다고 할 수 있다. 중국인들도 축구에 대한 열기가 높아 주말마다 열리는 유럽의 프리미어 리그, 분데스리가를 시청한다. 또한 중국 기업이 유럽 프로 축구팀을 인수해서 운영까지 한다. 그런데 중국 축구는 한국만 만나면 꼼짝을 못하니 신기한 일이다. 14억을 대표하는 중국 축구 대표팀이 대한민국 대표팀을 이겨본 적이 거의 없다. 근래에는 2010년 동아시아 축구 대회에서 중국 대표팀이 3:0으로 이겨 32년 만에 승리를 거둔 것이 유일하다. 그때 중국인들이 얼마나 신이 났는지 그날부터 다음 날 밤까지 지겨울 정도로 이 경기를 계속 방영했다.

중국인들은 축구의 종주국은 영국이 아니고 중국이라고 주장한다. 약 2천 년 전에 중국의 한나라에서 가죽 주머니에 동물의 털을 넣거나 또 돼지의 오줌통에 공기를 불어 넣어서 찬 것으로 알려져 있다. 국제 축구연맹에서도 이를 인정하는 추세다.

중국은 축구에 대해 열광적이다. 특히 시진핑 주석이 축구를 좋아하기 때문이란다. 요즘 유럽 축구 리그를 보면 경기장의 광고판이 중국어 일색이다. 그만큼 중국은 축구에 대한 투자를 아낌없이 하고 있다. 중국은 자국의 축구 리그를 활성화시키기 위해 외국의 유명 선수들을 스카우트해왔다. 영국 프리미어 리그에서 뛰던 드로그바와 테베스 등을 천문학적인 금액으로 데리고 왔다. 외국 선수들과 함께 뛰면 중국 선수들의 실력도 일취월장할 것이란 기대 때문이었다. 또한 이탈리아의 명감독인 마르첼로 리피와 네덜란드의 히딩크를 비롯한 세계적인 지도자를 모셔다가 중국 축구 발전을 꾀하려고 했다. 그렇지만 중국의 축구 실력은 아직도 고만고만하다.

중국이 월드컵에 출전한 것은 2002년 한일 월드컵이 유일하다. 그것도 대한민국과 일본이 개최국 자격으로 자동 출전하는 덕분에 어부지리로 참가할 수 있었다. 그렇지만 부푼 꿈을 안고 도전했던 세계의 벽은 너무 높았다. 브라질 등 3개국과의 경기에서 한 골도 넣지 못하고 열 골을 먹으면서 3전 전패로 예선 탈락했다. 한때 중국 올림픽팀을 지도했던 히딩크 감독은 중국이 월드컵에 출전하려면 월드컵을 개최해서 자동 출전권을 얻는 것이 가장 현실적이라고 했다. 정상적인 시합을 통해서는 월드컵에 참가하기 어렵다는 이야기다. 실제 중국의 축구 대표팀이 올림픽에 출전한 것도 베이징 올림픽을 개최하면서 얻은 자동 출전권 덕분이었다. 천하의 히딩크도 중국 대표팀을 지도하면서 고개를 절레절레 흔들었다. 참으로 이해하기 어려운 중국이다.

출발 시각은 엿장수 맘대로

중국인들에게도 차이니스 타임이 있다. 약속 시각을 지키지 않아서 생겨난 오명이다. 내가 어릴 때는 코리안 타임이라는 게 있었다. 당시만 해도 시간 약속이라는 것을 그리 중요하게 여기지 않았다. 보통 약속 시각에 20~30분 정도 늦는 것은 관례라고 생각할 정도였다. 우리가 경제 개발을 통해 수출 입국으로 거듭나면서 코리안 타임은 자동적으로 사라졌다.

중국의 기차는 차이니스 타임의 전형을 보여 주었다. 제시간에 떠나거나 도착하는 경우가 드물다. 비행기도 비슷한 상황이다. 20여 년 동안 중국에서 수없이 많은 비행기를 타보았다. 그렇지만 아침 첫 비행기를 빼놓고는 제시간에 타본 기억이 별로 없다. 항상 비행기 출발 시각이 늦으니 으레 그런 것으로 생각한다. 이런 상황에 익숙한 중국 탑승객들은 출발 시각이 지연되어도 항의하거나 불만을 표시하지 않는다.

출장을 끝내고 선전에서 이우로 오는 비행기표를 구매했는데 그날도 출발 시각이 지연된다는 안내 방송이 나왔다. 가끔 중국에서는 공군이 비행 훈련을 하면 모든 비행기 일정이 훈련이 끝날 때까지 지연된다. 그날도 그런 상황이었다. 문제는 출발 시각이 언제인지 모른다는 점이었다. 하염없이 기다리는데 이우로 가는 비행기가 탑승을 준비한다는 안내 방송이 나왔다. 내가 구입한 이우행 비행기는 연착이어서 언제 출발할지 모르는데 그다음 비행기가 먼저 출발하게 된 셈이다. 그래서 그 비행기 좌석을 알아보니 바로 구매 가능하단다. 그러기 위해서는 앞서 산 비행기표를 취소해야 했다.

비행기표는 현장에서 구매하면 가격이 엄청나게 비싸다. 정상적으로 산 것에 비해 손해가 이만저만이 아니다. 그래도 이우를 빨리 가겠다는 생각에 이를 감수하기로 했다. 먼저 산 비행기표를 취소하고 새로운 비행기표를 구매했다. 다행히 짐이 없어서 간단하게 끝낼 수 있었다. 그리고 체크인까지 끝내고 탑승구로 이동했다. 이젠 홀가분하게 비행기 출발 시각만 기다리면 된다고 생각하니 마음이 편했다. 그런데 탑승구에 도착하니 비행기가 연착된다는 안내문이 붙어 있다. 그것도 3시간이나 기다려야 한다고 하니 돌아버릴 지경이었다. 그러던 중에 앞서 출발이 연기되었던 비행기의 탑승이 시작된다는 안내 방송이 나왔다. 맥이 풀렸다. 빨리 가려고 하다가 더 늦게 된 최악의 상황이다. 정말 재수에 옴이 붙은 날이다.

오지 않는 비행기

요즘은 출장을 다닐 때 대부분 고속철을 이용한다. 광저우처럼 1,000㎞ 이상 떨어진 아주 먼 곳이 아니라면 고속철이 훨씬 편리하다. 비행기를 타려면 기다리는 시간이 너무 길고 탑승 수속이나 보안 검사가 복잡하다. 이에 비해 고속철은 수속이 간단할 뿐 아니라 시간을 정확하게 맞출 수 있기 때문에 계획했던 대로 일정을 진행할 수 있다. 그동안 비행기가 지연되면서 예기치 않은 황당한 일을 많이 겪었다. 요즘은 복건성(福建省)으로 가는 고속철이 많다. 그리고 시간도 그리 많이 걸리지 않는다. 그렇지만 고속철이 없던 시절에는 복건성 첸저우(泉州)는 항저우에서 비행기를 타야 했다. 이우에서 항저우 공항까지는 공항버스로 한 시간 반이 걸린다. 공항에서 보안 검사를 하고 탑승할 때까지 기다려야 하는 시간까지 감안하면 보통 약 3시간 전에 이우를 출발하는 것이 안전하다. 그런데 그날은 일진이 좋지 않았다. 고속도로에서 사고가 있었는지 차량들의 정체가 엄청나게 심했다. 원래는 항저우 공항에서 탑승 수속을 하고 점심을 먹을 계획이었다. 그래도 시간이 충분하다고 생각했는데 차가 지체되는 덕분에 예정했던 시간에 못 맞출 것이 예견되었다. 탑승 수속 시간에 늦으면 비행기표는 날아간다. 그러면 다음 날 비행기 표를 다시 사야 하고 항저우까지 또 와야 하니 이만저만 피곤한 일이 아니다. 그런 생각을 하니 마음이 급해졌다. 그렇다고 해서 막혀 있는 고속도로를 날아서 갈 수는 없는 일이었다. 그런데 같이 가던 직원이 "중국 비행기는 항상 늦으니 너무 걱정하지 마세요. 아마 오늘도 분명 연착일 거예요."라며 나를 안심시켰다. 나도 속으로 그랬으면 좋겠다는 생각을 했다.

공항에 도착하니 이미 예정보다 한 시간가량 늦었다. 그래서 일찌감치 첸저우에 가는 것을 포기하기로 마음먹었다. 어차피 이렇게 되었으니 비행기표를 다시 사서 내일 항공편으로 가자는 생각을 했다. 대신 오늘보다 더 일찍 이우에서 출발하는 것으로 계획을 세웠다. 그리고 첸저우에 있는 공장에 오늘 도착이 어렵다는 사실을 통보했다. 그런데 공항에 내려 보니 직원의 말대로 첸저우로 가는 비행기 편의 출발이 연기가 되었다. 연착이 밥 먹듯 일어나는 중국이니 이런 행운도 생긴다. 덕분에 공항에서 아무 일 없었다는 듯 여유 있게 탑승 수속을 했다. 그리고 느긋하게 점심까지 챙겨 먹었다. 그리고 3시간을 기다렸는데 언제 들어올지 모른다는 비행기가 아예 취소되었다. 종국에는 오늘은 비행기가 뜨지 않는다고 한다. 산 넘어 산이다. 결국 이우로 다시 돌아와서 다음 날 다시 가야 하는 처지가 되었다. 그래도 비행기표가 날아가지 않았으니 우린 그걸로 만족해야 했다.

먼저 가는 것은 못 참아

그동안 항공기 연착으로 비행장에서 가장 오래 기다린 것은 14시간이다. 연도가 확실치 않지만 대략 2010년경으로 기억된다. 그때 베이징에 100년 만에 큰비가 내려 공항까지 침수되었다. 이 때문에 베이징에서 출발하는 모든 비행기 편이 지연되었다.

중국은 넓은 나라다. 비행기가 한 지역만 다니는 것이 아니라 이곳저곳을 옮겨 다닌다. 베이징에서 승객을 태우고 광저우로 간 후 그곳에서 다시 우루무치를 가는 식이다. 베이징이 물에 잠기니 그곳에서 출발하는 비행기와 그곳으로 향하는 비행기 모두 불발이 되어 중국의 모든 공항이 혼란에 빠졌다. 나는 아르헨티나에서 온 훌리오와 함께 그날 아침에 광저우로 가는 비행기 편을 예약해 놓았다. 그런데 베이징의 비상 사태로 인해 비행기가 언제 들어올지 모르는 상황이었다. 모든 승객이 공항에서 하염없이 비행기를 기다리는 신세가 되었다. 비행기가 떠나지 못하니 기다리는 승객들의 숫자가 급격하게 늘어났다. 그래도 가끔 비행기가 한 대씩 이우 공항에 도착했다.

　한 비행기는 이우에서 승객을 내리게 한 후 12시 40분에 다시 광저우로 떠나는 일정이 잡혀 있었다. 얼마 후에 12시 40분에 출발하는 승객들에게 탑승 수속을 하라는 안내 방송이 나왔다. 이 때문에 공항 대합실에는 잠시 혼란이 벌어졌다. 오전에 광저우로 떠날 승객들에게서 불만이 나왔다. 어떻게 뒤에 출발 예정인 비행기가 먼저 떠날 수 있느냐는 것이었다. 당연히 자신들이 먼저 탑승해야 한다는 논리였다. 그렇지만 항공사의 입장에서는 12시 40분에 출발하는 비행기이니 그 시간으로 예약한 승객들이 타야 하는 것이 맞다고 했다. 한동안 말싸움이 벌어지더니 사태는 점점 더 험악해지기 시작했다. 많은 승객이 무리를 지어 탑승구 쪽으로 향했다. 경비원들이 막아섰지만 역부족이었다. 이들은 검색대를 그냥 지나쳐 탑승구의 유리문을 부수고 비행기에 올라탔다. 그리고 막무가내로 빨리 출발하라는 요구를 했다. 공항이 완전히 무법천지로 변했다. 그렇다고 승객 마음대로 비행 스케줄을 바꾸어서 운행하지는 못하는 법이다.

우린 이런 상황을 마냥 지켜보고만 있어야 했다. 경찰들이 출동하고 나서야 비행기에 탔던 승객들은 대합실로 나왔다. 그날은 중국의 공항에서 생전 처음 겪어 보는 난장판이었다. 우리는 온종일 공항에서 시간을 보냈다. 그리고 밤 10시 20분에 출발하는 비행기에 올라탈 수 있었다. 훌리오는 종일 비행기를 기다리느라 지쳐서 말을 하는 것조차 힘들어했다. 그리고는 아주 이색적인 경험이라며 너털웃음을 웃어댔다.

중국몽 중국의 꿈

작은 거인 덩샤오핑은 개방 정책과 더불어 중국의 대외 정책으로 도광양회(韜光養晦)를 주창했다. 소리소문없이 안으로 힘을 길러 때를 기다린다는 뜻으로 중국이 세계 최강국이 될 때까지는 앞에 나서지 말라는 뜻이다. 공연히 힘을 자랑하다가 다른 나라에 빌미를 제공해서 그 기세가 꺾일 수 있다는 것을 덩샤오핑은 예견했다.

덩샤오핑의 그런 우려가 현실이 되고 있다. 미국은 중국의 예봉을 꺾기 위해 무역 전쟁을 벌이고 있고, 남중국해에서 자유의 항해를 감행하고 있다. 시진핑 정부 이전까지만 하더라도 미중은 물 밑에서 보이지 않는 경쟁을 했다. 그렇지만 시진핑 정부가 들어선 이후 중국은 일대일로, 제조 2025를 통해 미국을 넘어서겠다는 의지를 대내외적으로 표명하고 있다. 이는 그동안 중국이 추진했던 도광양회를 바탕으로 한 조용한 정치나 외교와는 판이하게 다른 양상이다. 이런 자신감은 중국의 GDP가 이미 일본을 넘어섰고, 곧 미국도 따라잡을 수 있다는 자료를 바탕으로 해서 나왔다.

중국은 개방을 통해 30년간 약 10%에 가까운 비약적인 경제성장률을 기록했다. 전 세계의 제조업을 싹쓸이한 중국은 현재 미국과 우주와 첨단 산업, 군사 부문에서 치열한 경쟁을 펼치고 있다.

　　중국 정부가 국민에게 중국의 꿈이라는 목표를 제시한 것에는 시진핑 정부가 공산당 일당 체제를 더욱 공고히 하려는 의도도 포함하고 있다. 덩샤오핑은 모택동 정권 시절 일인 독재 체제의 폐해를 누구보다 잘 알고 있었다. 그래서 자신이 집권하면서 주석의 종신제를 폐지했다. 이후 그 누구도 이런 체제를 부정하지 않고 권력을 후임자에게 자연스럽게 인계했다. 그렇지만 시진핑 정부가 들어서면서 다시 모택동 시절로 돌아가는 모양새다.

　　중국 인민들에게 중국의 꿈에 대한 청사진을 펼치고 있는 시진핑 주석의 인기는 대단하다. 미국을 제치고 세계의 패권을 쥐겠다는 계획을 중국 인민들은 굳게 믿고 있다. 이것이 중국의 꿈이다. 중국인들 모두 중국의 꿈이 실현되는 그날을 기다리고 있다.

　　모든 중국인의 기대는 중국이 미국을 누르고 세계 최고의 패권 국가가 되는 것이다. 그렇게 되면 중국인들이 꿈꾸어 왔던 중화사상이 세계를 지배하는 세상이 열리는 것이리라. 그 말이 허언이 아니고 통계를 보면 점차 현실화되어 가고 있다는 것을 느낄 수 있다. 대부분의 경제학자나 예언가들이 예측하기를 2035년 이후에는 그럴 수 있을 것이라고 보고 있다. 그런데 얼마 전에 AI로 중국의 꿈을 입력해 보니 의외의 답이 나왔다. AI가 내놓은 중국의 꿈은 돈을 벌어서 미국으로 이민 가는 것이라고 나왔단다. 중국인들은 돈을 벌면 결코 중국에서 살고 싶지 않다는 뜻이다.

제3장

—

천하의
중국
상인

중국인들의 탁월한 상술

중국인들의 상술

중국의 북방과 남방 사람은 성격이 판이하게 다르다. 북방 사람들은 우리처럼 성질이 급하고 화를 잘 내며 단순하다. 그리고 과장이 심하다. 또한 자신들은 호탕하다는 착각 속에서 살아간다. 남방 사람들에 비해 체격이 크고 싸움도 잘한다. 말보다 주먹이 먼저라는 말을 하곤 한다. 예전에 유명한 장수들은 대부분 북방 출신이다.

이에 반해 남방 사람들은 무척 냉철한 사고를 지녔다. 오랫동안 알고 지내도 속마음을 잘 털어놓지 않는다. 또한 분명 싸워야 할 일도 말로 할 정도로 참을성이 강하다. 체격이 북방 사람들에 비해 작아서 싸움에는 그리 소질이 없다. 그렇지만 장사에는 일가견이 있다. 이들은 주먹으로 돈을 살 수는 없지만 돈으로 싸움 잘하는 사람을 부릴 수 있다고 믿고 있다. 이 때문에 남방 사람들은 북방 사람들을 우습게 본다.

중국에는 이런 말이 있다.

"베이징에 가서 벼슬 자랑하지 말고 북방에서는 주량을 자랑하지 말고 광동에 가서 돈 자랑하지 마라, 돈으로 묻어 죽인다."

중국에서 최고로 치는 상인들이 바로 광동 상인들이다.

중국인들은 5천 년 전부터 차마고도를 통해 중국의 차를 티베트에 팔았다. 차마고도는 세계에서 가장 오래된 교역로다. 또한 실크로드를 넘어 유럽까지 진출하여 교역할 정도의 뛰어난 상술을 지녔다. 차마고도는 해발이 평균 4,000m가 넘고 때론 5,000m가 넘는 고산을 지나야 했다. 또한 커다란 바위도 쓸려 나가는 급류를 헤쳐나가야 하는 험난한 길이었다. 실크로드는 죽음의 길이라 불리는 타클라마칸 사막을 지나야 했던 위험천만한 여정이었다. 때론 마적들이 나타나 목숨을 걸고 싸워야 했던 세상에서 가장 거친 길이었다.

중국에서는 장사를 천하게 여기지 않았다. 워낙 큰 나라이므로 물자가 제대로 유통되어야 하는 이유가 있었기 때문이었다. 특히 남송 시대에는 장사를 장려하기까지 했다. 사농공상으로 장사치들을 가장 천하게 여겼던 우리들의 조상과는 본질적으로 다르다. 그렇기 때문에 중국인들은 장사하는 법이 몸에 배어있다고 해도 과언이 아니다.

흥정의 달인

한국 사람들은 성격이 급하다. 그래서 조금만 이야기하다 보면 금방 속마음을 다 드러낸다. 이런 성격으로 인해 중국인들과의 상담에서 항상 수세에 몰린다. 상대방은 절대 자신의 본심을 먼저 드러내지 않는다. 느긋하게 이것저것을 찔러 본다. 그리곤 이미 우리의 속을 다 알고 있으니 자신들이 원하는 방향으로 상담을 이끌어 나간다. 그러니 상담은 하나 마나다.

오래전에 이우 시장에서 이런 황당한 상황을 목격했다. 매장을 찾은 상인과 상점 주인과의 대화는 나의 상상을 초월했다.

"이거 얼마요?" 하고 방문객이 물었다. 주인장이 "100위안입니다." 하고 대답하니 "음… 너무 비싼데… 10위안에 주면 안 될까?" 하며 아주 능청스럽게 다시 묻는다. 100위안짜리 제품을 10위안에 달라고 하니 이런 황당한 일이 있는가?

만약 한국 가게에서 이런 식으로 요구했다면 아마도 "이런 도둑놈 같은 인간이 다 있어, 너 같은 놈한테는 1,000위안을 준다고 해도 안 팔아!"라고 했을 것이다. 그리고 손님을 쫓아 버리고 나서 소금을 뿌리며 "오늘은 재수에 옴 붙은 날"이라며 분을 삭이지 못했을 것이다.

그렇지만 이들은 느긋하게 가격을 흥정해 나간다. 주인은 80위안을 부르면 다시 손님은 30위안, 이런 식으로 해서 결국 60위안에 파는 식이다. 방문객은 싸게 사서 좋고 파는 사람은 물건을 팔아서 좋다. 만약 안 깎아주면 사지 않으면 되고, 제품을 꼭 사야 한다면 그 가격에 사면 되는 일이다. 그러니 흥정해서 거절당한다고 해서 절대 손해를 보는 일은 아닌 것이다.

흥정은 인내심이 필요한 전술이다. 중국인들은 상담할 때 절대 서두르지 않는다. 중국인들은 삼국지나 초한지는 물론 손자병법 등을 통해 상대방을 어떻게 공략해야 할지 이미 단련이 된 사람들이다. 우린 그걸 참지 못해 화부터 낸다. 그러니 중국인들과의 상담은 우리의 정신 무장부터 다시 해야 한다. 무작정 그들도 우리의 생각과 같다는 식으로 접근하면 백전백패다.

장사를 장려한 송나라

중국 역사에서 가장 번영된 시기를 꼽으라면 단연 송나라라고 할 수 있다. 송나라는 문물을 장려하여 중국 역사에서 가장 부유한 제국을 이루었다. 송나라는 960년 후주의 장수였던 조광윤에 의해 창건되었다. 요나라와 북한의 연합군이 후주를 침공하자 황제는 이를 막을 요량으로 조광윤을 총사령관으로 임명하였다. 그렇지만 조광윤은 그를 따르는 장수들과 함께 병력을 돌려 황제를 끌어내리고 송나라를 건국했다. 황제에 오른 조광윤은 문치주의를 주창하고 무인들의 세력을 무력화시켰다. 장사를 장려한 덕분에 송나라에는 은과 비단이 넘쳐났고 문학과 예술이 화려하게 꽃을 피웠다. 당시 송나라의 GDP가 유럽 전체보다 훨씬 높았다고 추정하고 있다. 그렇지만 문학과 예술에 전념하다 보니 군사력이 형편없었다.

송나라 주변에는 용맹무쌍한 오랑캐들이 많았다. 요나라가 침공을 해왔다. 송나라는 이를 은과 비단으로 해결했다. 또한 서하가 쳐들어오자 더 많은 양의 은과 비단, 차로 마무리했다. 송나라는 군사력을 키우는 대신 이런 나라들을 천박한 오랑캐의 무리라며 무시했다. 자신들이 세계의 중심에 있다고 믿어 의심치 않았다. 그런데 금나라가 요나라를 무너뜨리고 송나라를 위협했다. 그리고 요나라보다 훨씬 많은 조공을 요구했다. 이에 응하지 않자 1126년 금나라는 송나라로 쳐들어와 황제를 끌고 갔다. 북송의 종말이다. 송나라 황제의 동생인 고종은 남쪽으로 이동해서 1127년 남송을 세운다.

남송 역시 송나라의 통치 이념을 계승하여 문치주의를 이어갔다. 남송은 중국 역사에서 찬란한 문화와 예술, 학문적 업적을 남긴 제국으로 기록된다. 남송의 수도인 항저우는 당시 세계에서 가장 많은 인구가 살던 도시였다. 그러나 남송은 외세의 침공을 막아낼 힘이 없어 1279년 금나라에 의해 역사 속으로 사라지고 말았다. 우리가 교훈으로 삼아야 할 역사이기도 하다. 우리는 1592년에 임진왜란을 겪고도 300여 년 후에 또다시 일제의 압제에 시달려야 했다. 역사를 잊은 민족에게는 미래가 없다.

조선의 이성계는 송나라의 조광윤과 비슷한 전철을 밟았다. 위화도 회군을 통해 고려를 쓰러뜨리고 조선을 세웠다. 조선은 송나라에서 생성한 성리학을 국가의 통치 이념으로 삼았다. 그리고 이를 바탕으로 찬란한 유교 문화를 만들어냈다. 그렇지만 조선에서는 사농공상이라 하여 장사치들을 가장 천하게 여겼다. 이에 반해 송나라는 장사를 장려해서 물자가 풍부했고 이로 인해 경제가 번영할 수 있었다. 경제는 각 지역에서 생산되는 물자가 교류되어야 발전을 꾀할 수 있다. 조선은 그런 면에서 취약한 경제 구조를 지녔다. 우리나라가 그런 악조건 속에서 지금과 같은 경제 대국으로 발전할 수 있었던 것은 기적과 같은 일이다.

몸에 밴 장삿술

이우 시장 안에서 아이들이 천진난만하게 뛰어노는 모습을 매일 볼 수 있다. 특히 방학이 되면 아이들은 대부분의 시간을 부모들과 시장에서 보낸다. 학교에 다니는 아이들은 상점에 앉아서 숙제도 하고 시장 안에서 소꿉놀이나 공놀이를 하며 지낸다. 상황이 이러하니 시장은 아이들의 가정이자 학교의 연장선에 있다고 봐야 한다. 그리고 시장에서 지내다 보니 부모들이 장사하는 모습을 자연스럽게 보고 익히게 된다. 어려서부터 상대방을 다루는 법을 배우게 되니 이들의 장사 수완은 우리의 상상을 초월한다. 시장에서 겨우 말을 하는 어린아이가 외국인에게 "우리 물건이 싸요." 하며 말을 건네는 모습을 보고 경악하지 않을 수 없었다. 이렇게 성장한 아이들에게는 어느 분야에서든 두려울 게 없을 것 같다. 우리는 아이들에게 공부만 열심히 하라고 강요한다. 그렇지만 정작 돈을 어떻게 벌어야 하는지는 가르치지 않는다. 우리나라에서는 머리가 좋든 나쁘든 대학을 졸업해야만 사람 구실을 할 수 있다. 그래서 빠듯한 살림살이에도 모두 아이들을 학원에 보낸다. 이러하니 학교에서는 시험 문제를 잘 푸는 학생들만을 기계처럼 만들어내고 있다.

중국의 교육열은 우리 못지않게 높다. 중국에서는 한 해에 700만 명이 넘는 대학생들이 졸업한다. 이들 역시 우리와 마찬가지로 졸업 후에 치열한 취업 전쟁을 경험하게 된다. 그렇지만 이우 사람들은 공부를 잘하는 것만이 인생의 전부가 아니라 생각한다. 이들은 수중에 돈이 많이 있으면 세상을 사는 것이 그리 어렵지 않다고 본다. 공부를 잘하는 학생들은 대학까지 학업을 계속하라고 하지만 그렇지 않으면 장사를 배우라고 한다. 어쩌면 세상을 살아가는 가장 확실한 대안이 아닐까 싶다. 실제 이들은 어려서부터 부모들이 장사하는 것을 생생하게 체험한다. 그래서 장사하는 것을 그다지 어렵게 생각하지 않는다. 중국이 사회주의 국가이지만 돈이 가지는 위력은 어느 나라보다 강하다.

우리나라의 대학 진학률은 80%에 가깝다. 이렇게 학구열이 높은 나라는 지구상에 거의 없다. 그렇지만 실제 우리 사회에서 필요로 하는 대학 졸업자는 30% 내외다. 나머지는 눈높이를 맞추지 못하면 실업자 신세로 전락하게 될 가능성이 농후하다. 이젠 현실적인 대안을 마련해야 할 시기가 아닐까 싶다. 그래선지 어쩌면 장사를 통해 가장 돈을 벌려는 확실한 철학을 가진 이우의 상인들이 현명하다고 여겨진다.

근본적으로 공산주의를 할 수 없는 나라

오래전에 우리나라 가요 중에 '비단 장사 왕서방'이라는 노래가 있었다. "비단 장사 왕서방 명월이한테 반해서"로 시작되는 흥겨운 곡이다. 우리나라만큼 중국인들이 힘을 못 쓰는 나라가 없다. 전 세계에 퍼져 있는 화교들은 나름대로 상권을 형성하고 탄탄하게 사업을 영위하고 있다. 특히 동남아시아의 상권은 완전히 화교들에 의해 움직인다.

15년 전에 인도네시아에서 폭동이 일어났다. 이때 많은 인도네시아 사람들이 중국인 가게를 습격하고 약탈해 갔다. 중국인들이 인도네시아 상권을 장악하고 돈을 착취해 가고 있다는 이유에서였다. 이 폭동으로 거의 모든 중국인 상점이 불에 타고 많은 중국인이 사망했다. 이를 피해 수많은 화교는 집과 가게를 그대로 놔두고 몸만 빠져나왔다. 처음에는 인도네시아인들이 자신들을 착취하던 중국인들을 몰아냈다며 기뻐했다. 그런데 정작 중국인들이 없어지니 자신들의 생활에 필요한 생필품의 공급이 중단되고 물가가 폭등하는 현상이 발생했다. 워낙 탄탄한 조직력으로 상권을 장악했던 중국인들의 자리를 대신할 인도네시아 상인들이 없었던 것이다. 결국 인도네시아 사람들은 중국인들에게 돌아오라고 사정할 수밖에 없는 처지에 놓였다. 덕분에 중국인들이 하나둘씩 다시 인도네시아로 돌아와 자연스럽게 상권을 되찾았다. 그리고 인도네시아 사람들도 그걸 받아들일 수밖에 없었다.

태국, 인도네시아, 필리핀 등 동남아시아는 화교들의 상권이라고 할 수 있다. 중국인들은 어딜 가나 장사에 탁월한 수완을 발휘하며 상권을 장악한다. 특히 이재에 밝다. 그러므로 중국은 기본적으로 공산 국가가 될 수 없는 여건을 지녔다. 우리와는 달리 장사에는 일가견이 있고, 정부에서 장사를 장려했을 정도로 자본주의가 발달했던 나라다. 우리나라에서는 사농공상이라고 해서 장사하는 사람들을 장사치라고 해서 천한 계급으로 여겼던 것과는 근본적으로 다르다. 또한 중국인들은 본시 돈에 대한 애착이 어느 민족보다 강하다. 그러하니 어쩌다가 공산주의를 선택한 것 자체가 모순이 아닐 수 없다. 중국인들은 끔찍할 정도로 돈을 사랑한다. 그런 중국인들에게 함께 잘 먹고 잘살자는 공산주의식 구호는 먹혀들지 않는다.

종교도 장삿속이다

중국은 형식적으로 종교의 자유를 보장하고 있다. 물론 여기에는 종교가 정부의 정책에 순응하고 또 사회 문제를 일으키지 않는다는 전제가 깔려있다. 중국 정부에서 파룬궁을 공산당과 인민들을 위협하는 하나의 사이비 종교 집단으로 간주하고 활동을 중지시켰다. 파룬궁 관계자들은 파룬궁은 종교 단체가 아니고 호흡 조절과 명상을 통해 심신의 건강을 가져다주는 운동이라 주장하고 있다. 실제 파룬궁의 긍정적인 효과가 널리 알려지면서 많은 이들이 파룬궁에 동참했다. 그렇지만 중국 정부에서는 파룬궁을 인민들의 사상을 피폐하게 만든다면서 강력하게 탄압하고 있다.

중국 정부에서 가장 신경을 많이 쓰는 부분이 신장의 이슬람과 티베트의 불교다. 티베트의 불교는 당나라의 문성공주가 토번왕에게 시집가면서 티베트에 전수되었다. 그 이전에는 토테미즘과 샤머니즘의 전통적 미신이 티베트인들의 마음속 깊이 자리 잡고 있었다. 티베트에 불교가 뿌리내리면서 번창을 거듭하게 되었는데 청나라 시절에는 라마 불교의 지도자를 황제의 정신적 스승으로 모셨을 정도다. 티베트인들의 정신적인 바탕이 되는 라마 불교는 티베트의 독립을 지속적으로 요구하고 있다. 그들의 지도자인 달라이 라마는 중국의 위협을 피해 인도에 망명 정부를 설치하고 티베트의 독립을 위해 고군분투하고 있다.

그렇지만 종교 단체도 정부에 협조만 하면 돈벌이를 하는 데에는 별 어려움이 없다. 돈을 좋아하는 중국인들의 이상과도 잘 맞아떨어진다고 할 수 있다. 가장 대표적인 것이 하남성에 위치한 소림사다. 소림사는 495년 인도에서 온 발타 선사가 창건한 것으로 알려진 사찰이다. 소림사가 유명한 것은 소림권법을 사용하는 스님들이 있기 때문이다. 소림사의 소림권법은 상대방을 일격에 죽일 수도 있는 무시무시한 무술이다. 고대로부터 중원을 차지한 자가 중국을 지배한다고 했다. 소림사가 위치한 하남성은 중국의 중원에 위치하여 전란이 끊이지 않던 곳이다. 전란은 불교 사찰이라고 해서 결코 피해갈 수 없었다. 그렇기 때문에 스님들도 살아남기 위해 무술을 연마하고 침입자들에 맞서 싸워야 했다.

본래 불교에서는 살생을 금하고 있다. 그렇지만 적과 목숨을 걸고 싸우려면 어쩔 수 없이 무술을 사용해야만 했다. 소림 무술은 이런 배경으로 태어났다. 그런 소림사도 평화 시대를 맞아 돈벌이에 나서고 있으니 역시 중국답다는 생각이 든다.

소림사는 세계적으로 이름난 브랜드를 이용해서 장사에 나서고 있는데 장사가 꽤 짭짤한 편이다. 이를 주도하는 이가 소림사 방장인 스융신(釋永信)이다. 그는 소림사를 일반인들에게 개방하는 것은 물론 스님들에게 영어와 스페인어를 가르치고 있다. 이를 통해 소림 무술을 전 세계에 널리 알리고 있다. 또한 소림사란 상표를 단 여러 종류의 음료를 개발해서 판매까지 하고 있다. 이를 팔기 위해 비키니를 입은 여성들을 동원하기까지 한다. 음료가 잘 팔릴 수밖에 없을 것 같다. 또 소림사에서는 비키니 차림의 여자들이 스님들과 함께 무술을 연마하는 모습도 연출한다. 이를 보기 위해 중국 전역은 물론 해외에서까지 소림사를 찾는 관람객이 구름처럼 모여든다. 불교 사찰이라기보다 마케팅에 능한 기업이라고 할 수 있다.

외국인은 봉이다

개방 이후 한동안 중국에서는 외국인들이 쓸 수 있는 인민폐를 따로 발행했다. 이런 돈은 외국인만 사용할 수 있었으니 상점에서 바가지를 쓰는 것은 당연했다. 외국인들은 중국의 물가에 둔할 수밖에 없었다. 설사 중국인들이 바가지를 씌워도 그게 비싼 것인지 알 수 없었다.

1994년에 홍콩 북경 랠리에 참가했을 때 경험한 일이다. 당시 나는 한국 자동차 팀의 일원으로 참가를 했다. 호주의 웨인 벨은 현대

자동차의 엘란트라를 타고 출전했다. 웨인 벨은 현대자동차를 랠리라는 분야에 뛰어들게 만든 주인공이다. 현대자동차는 2019년과 2020년 WRC(세계 랠리 챔피언십)에서 연속으로 종합 우승을 차지했다.

랠리는 극한의 자동차 경주다. 랠리에서 우승하는 것은 자동차 부문의 월드컵에서 우승한 것이나 마찬가지다. 더구나 자동차 산업의 후발주자인 대한민국의 자동차가 이런 대회에서 우승했으니 우리나라 자동차 역사에 기록될 일이다. 현대가 세계 최고의 대회에서 우승했으니 축하하고, 전 세계에 대대적으로 알려야 할 일이다. 그럼에도 불구하고 현대자동차가 이를 제대로 홍보하는 것에 인색한 것 같아 조금 아쉽다.

웨인 벨은 현대가 자동차 경주 부문에서 별로 관심이 없을 때 호주의 여러 랠리에서 우승하는 쾌거를 이루었다. 이를 시발점으로 해서 현대가 랠리에 본격적으로 참가하는 계기를 마련했다. 웨인 벨과는 여러 아시아 퍼시픽 랠리 대회에 함께 출전한 경험이 있어서 서로 막역한 사이였다. 또한 내가 자동차 생활의 객원 기자를 할 때 그에 관한 특집 기사를 쓴 일이 있어 더욱 친하게 지낼 수밖에 없었다. 그는 사생활에서도 모범적인 완벽한 남자였다.

대회를 시작하기 한 달 전에 코스를 답사하는 일정이 있다. 중국에 들어와서 광저우 인근에 위치한 총화라는 곳에서 첫날밤을 보냈다. 우리가 묵던 호텔의 인근에 암석으로 된 산 정상 부근에 절이 보였다. 큰 암석으로 이루어진 산을 어떻게 올라가야 할지 궁금하지 않을 수 없었다.

저녁을 일찍 먹고 나서 우리 팀의 일원들과 산 위에 있는 사찰을 올라 보기로 마음먹었다. 천천히 산길을 오르기 시작하려는데 입구에서 가마 부대가 진을 치고 있었다. 가마 부대는 여섯 명이 한 팀으로 구성이 되어 있었는데, 네 명이 가마를 메고 가고 두 명은 그 뒤를 따른다. 그러다가 힘이 부친다 싶으면 두 명이 계속 교대로 바꾸어 가며 가마를 지는 식으로 이동한다. 손짓 발짓을 동원해서 정상까지 오르는데 얼마냐고 물어 보았다. 우리가 돈을 보여주자 200위안이라고 하면서 이를 빼앗아 갔다. 어쩔 수 없이 졸지에 가마를 타는 신세가 되었다. 그런데 가마 위에서 이를 메고 가는 사람들의 모습을 보자니 너무 안쓰러웠다. 체격도 왜소한 데다 땀을 하염없이 흘렸고, 또 숨이 턱에 찰 정도로 힘겨워했다. 그래서 중간에 내려서 우리끼리 그냥 걸어가자는 것으로 결정했다. 물론 돈을 돌려받는 것조차 미안했다.

가마를 뒤로하고 한참을 걸어 올라가다 보니 웨인 벨이 가마를 타고 내려오고 있는 모습이 보였다. 서로의 눈이 마주치자 웃음부터 나왔다. 그 웃음 속에는 의미가 있었다. 내가 얼마를 냈느냐고 슬쩍 물어보니 손가락으로 네 개를 표시해 보였다. 400위안을 냈다는 이야기다. 완전히 바가지를 쓴 것이 분명하다. 당시 광동에서 일하는 사람들의 한 달 월급이 100위안을 조금 넘는 수준이었다. 가마 부대는 그날 특별 보너스를 받은 것이나 다름없었다. 외국인을 만나 횡재를 했으니 말이다.

불량품으로도 돈을 번다

중국은 나라가 크다 보니 그 안에 여러 나라가 존재한다고 볼 수 있다. 소득이 우리나라의 평균보다 높은 상하이나 선전과 같은 도시도 여럿 있지만 일 년 내내 벌어봐야 우리 돈으로 10만 원이 안 되는 산골 마을도 수두룩하다. 이들이 만들어내는 상품의 수준도 각양각색이다. 이우에는 중국에서 생산되는 모든 제품이 모인다. 광동의 전자 회사들은 세계 최고 수준의 휴대폰과 컴퓨터, 텔레비전을 생산한다. 이에 반해 사천성 산골 마을에서는 쓰다 보면 금방이라도 터질 것 같은 허접한 지갑을 만든다. "이런 제품을 어떻게 팔 수 있을까?" 또 "이런 제품을 사는 사람도 있을까?" 하는 의문이 들 정도다. 그렇지만 우리의 생각과는 달리 이런 것을 필요로 하는 시장이 있다. 중국인들은 이런 제품으로도 돈을 번다.

일본이 한동안 세계 제조의 중심 역할을 한 적이 있다. 일본 제품이 인기를 끌었던 것은 디자인도 깔끔하지만 무엇보다 완벽한 마무리 때문이었다. 일본 제품에는 조그만 오차도 허용하지 않는 일본인들의 장인 정신이 숨어 있다. 그렇지만 일본 경제는 대한민국과 중국의 제조업 때문에 많은 부분에서 열세를 면치 못하고 있다. 특히 휴대폰이나 텔레비전, 반도체 부문은 이미 한국에 완전히 백기를 든 상태다. 20여 년 전만 하더라도 텔레비전 하면 소니였지만 이젠 명함도 내밀지 못하는 신세가 되었다. 일본을 대표하는 열 개 전자 회사들의 전체 이익금을 다 합쳐도 삼성전자의 이익금에 못 미치는 게 현실이다.

일본인들은 제품이 완벽하기 전에는 시장에 내놓지 않다 보니 다른 경쟁 업체의 속도전에서 밀린다. 이에 반해 중국 공장은 제품이 어설퍼도, 또 설령 불량이 난다 해도 물건부터 팔고 본다. 그런데 실제 세계의 시장은 이런 제품을 필요로 하는 이들이 많다. 이런 중국 제품은 일본에서 만든 것보다 디자인이나 품질은 떨어져도 싼 가격 덕분에 불티나게 팔려 나간다. 일본의 완벽주의가 때로는 스스로를 옭아매는 벽을 만들어낸다.

배보다 배꼽이 크다

난 그동안 대부분의 중국 지역을 방문했다. 아직 못 가본 곳이 헤이룽장과 신장, 티베트 세 곳이다. 원래 책을 쓰기 전에 중국의 전 지방을 다녀보는 것이 나의 계획이었다. 만약 코로나 바이러스가 없었다면 내 목표는 이미 끝을 낼 수 있었을 것이다. 중국은 큰 땅덩어리만큼 우리나라와는 비교할 수 없는 절경을 지닌 곳이 많다. 그동안 다녀본 곳 중에서 가장 인상적인 곳은 사막 속의 오아시스인 돈황이다. 일 년에 20mm 미만의 비가 내리는 곳인데도 푸르른 농장이 도심 안에 가득했고, 가로수에는 스프링클러로 물이 뿌려지고 있었다. 또한 열 시간 넘게 가도 풍경이 전혀 변하지 않는 내몽골의 초원은 경이로움의 연속이었다. 당나라 문성공주가 토번의 왕에게 시집을 가면서 지났다는 해발 3,566m의 일월산을 방문한 날에는 바람이 무척 세게 불었다. 장가계의 신비스런 산봉우리들은 신이 내려주신 선물 같았다. 그렇지만 중국에는 아직도 가보지 못한 곳이 많다.

2년 전에 내몽골의 후허하오터를 다녀온 적이 있다. 내 여행 패턴은 주로 현지의 여행사를 이용해서 중국인들과 단체로 여행하는 식이다. 이런 방식으로 여행을 하면 경비도 많이 줄일 수 있고 자세하게 안내받을 수 있어 대단히 효과적이다. 후허하오터의 한 호텔에서 얻은 안내 책자를 보고 여행사에 전화했다. 1박 2일의 여행 상품을 이용하고 싶다고 했더니 다음 날 아침 나를 데리고 오겠다고 했다.

몽골 여행의 진미는 초원과 사막을 함께 체험할 수 있다는 것이다. 아침 일찍 나를 데리러 미모의 여행 가이드가 나타났다. 그녀는 기사가 딸린 9인승 승합차를 타고 왔다. 승합차 안에는 이미 다른 여행객 한 명이 타고 있었다. 그 친구는 상하이의 IT 업체에서 일한다고 했다. 그래선지 생김새부터 무척 똑똑하다는 느낌이 들었다. 차는 후허하오터 시내를 벗어나서 황량한 들판으로 들어섰다. 가도 가도 주위의 풍경이 바뀌지 않았다. 몽골은 칭기즈칸이 세운 원나라의 땅이다. 몽골은 명나라에 망한 후 내몽골과 외몽골로 구분되어 중국의 지배를 받았다. 중국의 국력이 쇠퇴한 틈을 타 외몽골은 옛 소련의 지원을 받아 1921년 독립을 선언했다. 그렇지만 내몽골은 아직도 중국 땅에 속해 있다.

여행사에서 제시한 1박 2일 코스의 가격은 180위안이었다. 하루 숙박비와 이틀 치 식사비까지 모두 포함되어 있으니 파격적인 가격이 아닐 수 없다. 그런데 여행객이 나를 포함해서 달랑 두 명인 것이 께름칙했다. 180위안이라는 가격으로 그런 비용을 충당할 수 있을지 의문이 들었다.

초원에 도착하니 현지의 몽골족들이 몽골 전통식으로 우릴 반겼다. 청색 스카프를 목에 걸어주고 전통주를 한 잔씩 나누어 준다. 그런데 여행은 처음부터 꼬이기 시작했다. 첫 여행 코스가 말을 타고 초원을 돌아보는 것이었는데 비용이 450위안이었다. 그런데 나와 함께 온 중국 젊은이가 단칼에 말을 타지 않겠다고 잘라 말했다. 그 친구의 단호함 때문에 나도 감히 말을 타겠다는 말을 할 수가 없었다. 그래서 나도 말을 타지 않겠노라고 대답했다. 그리고 나니 분위기가 썰렁해졌다. 1

박 2일 코스의 전체 비용이 180위안인데 말 타는 비용만 450위안이니 배보다 배꼽이 더 큰 셈이다. 상하이에서 온 친구는 당일 여행 코스로 왔으니 그보다 훨씬 싼 가격에 초원 여행을 왔을 것이 분명하다.

기나긴 초원의 밤

상하이에서 온 젊은 친구가 초원 여행을 끝내고 오후에 후허하오터로 떠났다. 나만 홀로 초원에 남게 되었으니 막막하기만 했다. 나 한 명을 위해 가이드 한 명과 9인승 버스, 그리고 기사까지 따라다니는 것은 대단히 비효율적이란 생각이 들었다. 그래서 나도 후허하오터로 돌아가겠다고 하니 가이드가 그건 안 된다고 단호하게 잘랐다. 내 생각에는 초원 여행은 이미 끝마쳤으니 다음 날 사막을 별도로 가면 될 것 같았다. 초원과 사막은 후허하오터시의 동서쪽으로 나뉘어져 있으니 그것은 별로 문제가 되지 않을 것 같았다. 그런데 여행 가이드는 이미 계약이 1박 2일로 되어 있으니 그걸 지금에 와서 변경할 수 없다는 것이었다. 그런 다음에 가이드는 나를 다른 여행사에 넘겨주고 홀연히 떠났다. 이젠 완전히 초원에서 외톨이가 된 셈이다.

저녁 식사를 하고 나서 숙소를 배정해 주었다. 초원에는 게르라는 몽골식 주택이 지어져 있었다. 원래 몽골족은 초원에서 양을 기르며 생활하는 유목 민족이다. 풀을 찾아 수시로 이동해야 하니 설치와 철거가 수월한 게르를 이용한다. 요즘엔 한 지역에서 생활하기 때문에 시멘트와 단열재를 이용한 현대식 게르가 대세다. 현대식 게르에는 샤워 시설까지 갖춰져 있어 웬만한 호텔이 부럽지 않다. 그런데 내 방에는 히터가 없었다. 아마도 내가 낮에 말을 타지 않은 것이 괘씸죄로 작용한 것이 아닌가 하는 생각을 했다.

한여름이라고 하지만 몽골의 밤은 춥다. 낮에는 뜨거운 태양으로 대지가 한껏 달아오르지만 밤이 되면 기온이 뚝 떨어져 한기가 느껴진다. 내가 준비해온 옷은 모두 여름옷이었다. 스웨터가 그리운 여름밤이었다.

몽골은 황량한 땅이다. 초원이라고 하지만 건조한 땅이라 모래가 많이 섞여 있다. 낮에는 모래바람이 초원을 뒤덮는다. 끝도 없이 불어오는 바람에 모래가 하늘 위를 뒤덮는다. 밤새도록 들려오는 바람 소리는 공포였다. 게다가 너무 추워서 잠이 오지 않았다. 이불을 덮어도 온몸이 부들부들 떨려왔다. 초원의 밤이 이렇게 추운 줄 미처 몰랐다. 밖으로 나와 보니 하늘에 떠 있는 무수히 많은 별이 금방이라도 떨어져 내릴 듯하다. 초롱초롱한 별이 그렇게 많은 것을 본 것은 호주의 그레이트빅토리아 사막 이후 처음이었다. 그렇지만 너무 추워서 아름다운 밤하늘의 운치를 느껴볼 겨를이 없었다. 다른 게르에서는 히터가 가동되는 소리가 들려왔다. 아침에 일어나니 내 몰골이 말이 아니었다. 말을 안 탄 죄가 이리 큰 줄 미처 몰랐다.

항상 문제를 만든다

많은 장사꾼이 비슷한 유형을 보이지만 중국인들은 기선을 제압하는 능력이 뛰어나다. 세상 모든 일이 그렇지만 처음에 계약을 성사시키는 것이 어렵다. 한번 거래를 트고 나면 서로의 사정을 속속들이 알게 되고 그다음부터는 수월하게 진행되는 것이 일반적이다. 중국 공장들 역시 어떻게든 거래하려고 다소 무리한 요구를 들어주는 경우가 있다. 그렇지만 이런 경우에는 십중팔구 반드시 문제가 생긴다. 일단 계약까지 끝내고 났는데 후에 가격을 잘못 주었으니 돈을 더 달라고 요구하는 경우도 있다. 그것도 바이어가 있는 곳에서 서명까지 했는데도 불구하고 나중에 이를 번복하면 우리로선 할 말이 없다. 마치 우리가 바이어를 속인 것밖에 되지 않으니 참으로 난감할 수밖에 없다. 이런 경우에는 바이어한테 사실대로 고백하는 것도 민망하다. 중국에서 일한다는 사람들이 그 정도밖에 되지 않느냐는 소리를 듣기 십상이기 때문이다. 그런데 이런 일을 이해하는 바이어들이 꽤 많다는 점은 재미있다. 똑같은 경우를 우리만 당하는 것이 아니고 이미 여러 번 경험한 외국인들이 무척 많다는 것이다.

중국 진출 초창기에는 출장을 다닐 때 승용차가 없어 택시를 많이 이용했다. 당시에는 지금처럼 고속도로도 많지 않았고 교통편이 잘 연결되지 않아 어쩔 수 없었다. 그런데 목적지에 닿아서 택시에서 내리려면 요금 때문에 항상 말싸움이 벌어졌다. 원래는 원저우를 가자고 했으니 원저우역까지만 가면 되는데 우리가 원저우 버스 터미널까지 왔으니 그 요금을 더 내라는 식이었다. 그런데 전체 택시비가 200위안인데 100위안을 추가로 내라고 하니 어이가 없었다. 배보다 배꼽이 더 큰 경우가 아닐 수 없다. 더구나 외국인이 탔으니 이걸 기회로 삼아 돈을 더 받아낼 심산이 분명했다. 그래서 내가 끼어들기라도 하면 더 큰 사단이 났다. 택시 기사가 외국인이라는 것을 알고 더욱 기세등등해서 큰 목소리로 주위를 시끄럽게 했다. 그래야 자신에게 유리하다고 판단하는 것이다. 내가 모른 척하고 그 자리를 떠나면 의외로 쉽게 해결이 되었다. 그래서 다음부터는 택시에서 내가 먼저 내려서 한참을 걸어간 후 직원을 기다렸다. 그러면 별문제가 없었다.

재주는 곰이 넘고

한동안 방탄소년단(BTS)의 병역을 면제해 주어야 한다는 목소리가 우리 사회를 뜨겁게 달구었다. 비록 상업적인 목적으로 활동하는 연예인이기는 하지만 방탄소년단만큼 대한민국의 위상을 높인 인물이 없다는 점에서다. 지구상에 살고 있는 수많은 사람 중에서 대한민국은 몰라도 방탄소년단을 모르는 이가 없을 정도로 그들의 인기는 최고조에 달하고 있다. 방탄소년단뿐만 아니라 우리나라의 아이돌 그룹은 세계적으로 많은 팬을 확보하고 있다.

이제 한류는 세계적인 현상이다. 영국 바이어인 알 램버트의 여자 친구가 가장 좋아하는 그룹은 우리나라의 아이돌이란다. 알 램버트가 이야기할 때까지 우리나라에 그런 그룹이 있는지조차 몰랐다. 멀리 아르헨티나에 갔을 때 현지 젊은이들이 우리 아이돌 가수들의 노래를 따라 부르며 춤추는 모습을 보고 놀란 적이 있다. 그런데 이들은 심지어 아이돌의 모습이 화면에 나타나면 감동에 겨워 울기까지 했다. 멕시코 친구인 귀도의 딸들이 가장 좋아하는 가수는 우리나라의 블랙핑크란다. 그렇지만 우린 우리나라 아이돌의 세계적인 명성을 제대로 인식하지 못하고 있다. 한류는 우리의 노래뿐만 아니라 영화, 드라마 등 모든 분야를 통칭한다.

우리나라에서 높은 시청률을 기록했던 '별에서 온 그대'는 중국에서
도 대단한 인기를 끌었다. 아침에 시장에 나가면 모두들 일할 생각은 하
지 않고 '별에서 온 그대'를 시청하느라 정신이 없었다. 가격을 물어봐도
별로 관심이 없다는 식으로 시큰둥하게 대답할 정도였다. 또 한 편이 끝
나면 다음 편이 시작할 때까지 어떻게 기다리느냐며 안타까워했다. 그
만큼 '별에서 온 그대'의 인기는 대단했다. 그래서 주인공인 김수현과 전
지현이 중국 제품의 광고 모델로 등장하는 것이 전혀 이상하지 않았다.
코카콜라와 피자헛, KFC 등 세계적인 상품의 광고를 이들의 얼굴로 도
배했다. 심지어 후베이 한 방송사에서는 김수현을 자신들의 방송에 출
연시키기 위해 전세기까지 동원했다. 또한 김수현에게 다섯 시간 출연
에 수억 원의 출연료를 지급하는 등의 특급 대우를 해주었다.

당시에 가장 인기를 끌었던 대목이 바로 "눈 오는 날에는 치맥인
데…."였다. '별에서 온 그대'의 인기를 반영하듯 전국적으로 치맥 열풍
이 노도와 같이 일어났다. 중국도 예외가 아니었다. 치킨과 맥주를 파
는 한국 치킨집의 매출이 폭등했다. 일부 가게에서는 줄을 서서 주문
한 치킨을 기다리는 인파로 인산인해를 이루는 진풍경이 생겨났다. 당
연히 매출이 늘어나니 주인장이 돈을 벌어야 하는데 실상은 그렇지 못
했다. 손님들이 장사진을 이루니 건물 주인이 임대료를 왕창 올려 버렸
기 때문이다. 재주는 곰이 부리고 돈은 왕서방이 챙긴 셈이다.

이푼첸 이푼휘

무역업을 30년 가까이 해오면서 그동안 세계 각국의 많은 바이어들을 만났다. 내가 경험해 본 바로는 제일 신사적인 상인은 영국인이었다. 모든 것을 합리적으로 처리했고 절대 모든 것을 독식하려고 하지 않았다. 미국과 일본 바이어들도 약간의 차이가 있긴 하지만 공급자에게 갑질을 하는 행태는 보이지 않았다. 거래는 상호 간 신뢰가 밑바탕이 되어야 한다. 또한 서로의 입장을 존중해 주어야 관계가 오래도록 지속된다. 멕시코의 귀도는 다른 중국 공급처가 파격적인 가격에 준다고 해도 내게 주문을 넣는다. 또한 우리 직원이 직접 거래하자고 제안했을 때에도 이를 거절했다. 그것은 나에 대한 믿음이 있기 때문이다. 그는 중국에서 20년 넘게 수입하면서 이런저런 경험을 쌓았다. 이를 통해 좋은 거래는 결코 가격에 좌우되지 않는다는 철학을 정립했다.

내가 그동안 경험해 본 바이어들 중에서 가장 까다로운 상인들은 한국인이다. 한국인들의 요구 조건은 가격은 가장 싸고 품질은 가장 좋아야 한다는 것이다. 그렇지만 세상에 그런 제품은 존재하지 않는다. 그걸 제일 잘 표현하는 말이 '이푼첸이푼휘(一分錢一分貨)'다. 우리 말로 하면 '싼 게 비지떡'이란 뜻이다.

중국에서는 바늘을 비롯해서 우주선까지 세상의 모든 제품을 생산해 낸다. 모든 제품은 그에 소요되는 재료와 기술, 노동력에 따라 가격이 결정된다. 한국인들은 무조건 싼 가격의 제품을 요구하지만 중국인들은 가격에 맞는 품질의 제품을 생산해 낸다. 똑같은 모양의 제품이라도 가격에 따라 품질이 달라진다. 즉 제품에 들어가는 부품의 질에 따라 가격이 달라질 수 있다. 중국 공장에서는 한 가지 제품이라도 가격에 맞는 여러 종류의 제품을 만들어 준다. 따라서 한국으로 나가는 제품과 중동으로 나가는 제품의 품질이 다를 수밖에 없다. 물론 가격도 중동으로 나가는 제품이 싸다. 중동으로 나가는 제품의 가격을 제시하면서 한국으로 나가는 품질의 제품을 요구하는 것은 어불성설이다.

이우 시장은 아프리카나 중동, 남미 시장에 적합한 물건을 공급하는 곳이다. 품질 요구 수준이 까다로운 한국이나 일본 시장에는 맞지 않는 제품이 대부분이다. 그래서 이우 시장에서 물건을 고르면 "어디로 보낼 거냐?"부터 물어본다. '한국'이라고 하면 가격이 달라진다. 품질 요구가 높으면 이에 맞춰서 물건도 제대로 만들어야 하니 가격이 높아질 수밖에 없다는 뜻이다. 문제는 이우 시장에 걸어놓은 샘플은 그럴 듯한데 실제 만들어서 공급하는 제품은 그보다 못하다는 데 있다.

동업에 능한 중국인

앞서 설명한 것처럼 중국에서 오래 생활하다 보니 처음에는 중국인들의 약점만 보이더니 요즘에는 장점도 보이기 시작한다. 가장 부러운 점은 중국인들은 동업을 잘한다는 것이다. 중국인들이 동업할 때에는 보통 세 명이 모여 함께 사업한다. 이들은 각자의 역할 분담을 나눈다. 한 명은 영업을, 한 명은 관리를, 한 명은 자금을 맡는 식이다. 여럿이 힘을 모으니 시너지 효과가 대단히 높다. 당연히 혼자 하는 것보다 사업이 잘될 수밖에 없다. 그동안 중국에서 지내다 보니 동업을 통해 돈을 번 중국인들을 많이 볼 수 있었다. 이에 반해 한국인들은 동업을 잘 하지 않는다. 설사 동업한다 해도 잘 깨진다. 그 이유는 한국인들은 개개인의 능력이 뛰어나고 너무 똑똑하기 때문이다. 동업자를 의심해서 곁눈질로 딴짓을 하는지부터 살펴본다. 또 내가 만들어내는 매출보다 돌아오는 몫이 적다고 생각한다. 그러다가 조그만 이유를 들어 서로를 비난하고 결국 갈라지는 수순을 밟는다.

한국인들은 몇 명만 모이면 모임을 만든다. 처음에는 단결이 잘되고 모임의 운영도 순조롭다. 그렇지만 조금 시간이 지나면 집행부에 불만을 품는 사람들이 하나둘 늘어난다. 그리고 별도의 소그룹별로 마음이 맞는 사람들끼리 만난다. 그런 다음에 다른 모임을 만드는 식이다. 그동안 한국뿐만 아니라 해외에 나와 있는 많은 한국인의 모임이 그런 수순을 밟았다. 교포들이 가장 많이 사는 미국 LA에서도 한 지역에 두 개의 한인회가 만들어지기도 했다. 그리고 정통성은 자신들에게만 있다고 주장하는 바람에 미국의 법정까지 간 일까지 있다. 이것이 미국에서만 국한된 것이 아니고 한국인이 진출해 있는 어느 나라에서나 발생하고 있는 일이다.

중국인들은 친구들과의 동업에도 친숙하지만 친인척들과의 연대도 중요하게 생각한다. 만약 돈이 될 만한 일이 있으면 친척들끼리 돈을 모아서 투자한다. 예를 들어 산동에서 콩을 사서 사천에다 내다 팔면 돈이 될 것 같으면 친척들에게 알려 자금을 모은다. 그리고 이를 통해 이익이 발생하면 공평하게 나누어 갖는다. 중국인들이 의심이 많다고 하지만 우리처럼 약삭빠르지는 않다. 물론 중국은 넓은 나라이고 워낙 많은 사람이 살기 때문에 다 그렇다고는 할 수 없다.

낙천적이다

우리나라가 이미 선진국에 진입했지만 행복지수는 세계적으로 대단히 낮은 수준이다. 소득이 늘고 생활 환경이 현저하게 좋아졌지만 그렇다고 해서 우리들의 삶까지 행복하다고 할 수 없다. 우리가 처한 환경을 어떻게 해석하느냐에 따라 행복하다고, 또 불행하다고 여길 수 있다. 우리보다 훨씬 못사는 부탄 국민의 행복지수가 세계에서 가장 높다. 결국 행복이란 것은 돈이 아니라 마음먹기에 달렸다는 뜻이다.

중국인들의 삶이 여유로운 것만은 아니다. 우리처럼 취업과 결혼, 아이들의 양육과 노후 생활 등에서 결코 자유롭지 않다. 그렇지만 중국인들의 행복지수는 우리보다 훨씬 높다. 이우 시장에 나가면 낮잠 자는 상인들을 흔하게 볼 수 있다. 요즘은 세계적인 불경기로 어려움을 겪고 있다. 중국도 예외가 아니고 이우 시장도 별반 다르지 않다. 그럼에도 아무렇지도 않다는 듯 잠을 청하고 있는 상인들을 보면 부럽다는 생각이 든다. 우리라면 장사가 안될 때는 노심초사하며 물건의 배치도 바꾸어 보고 새로운 상품을 개발할 생각으로 이리저리 머리를 굴린다. 그렇지만 이우의 상인에게서는 그런 모습을 전혀 찾아볼 수 없다. 이들에게 "장사가 어떠냐?"고 물어보면 대부분 "마마후후(馬馬虎虎)"라고 대답한다. 우리말로 하면 "그저 그렇다." 또는 "그저 그만하다."는 뜻이다. 이들은 아무리 장사가 안된다 하더라도 결코 어렵다는 말을 하지 않는다. 지금은 어렵지만 시간이 되면 다시 경기가 풀린다고 믿고 있다. 큰 눈이 내릴 때는 눈이 그칠 때까지 기다리는 것이 순리라는 것이다.

우린 안 되면 되게 하라는 식으로 모든 일을 해왔다. 그런 정신이 밑바탕이 되었기 때문에 대한민국이 무에서 유를 창조해 냈다고 믿고 있

다. 그렇지만 중국에 와서도 그런 식으로 일을 하다 낭패를 본 경우가
많다. 중국인들은 내게 왜 안 되는 것을 왜 억지로 하느냐고 핀잔을 주
기도 한다. 그리고 급하게 서두르지도 않는다. 우린 물건을 주문할 때
납기가 30일이라면 그걸 앞당겨 달라고 요청한다. 우린 항상 이런 식
으로 일을 하고 있다. 그래서 이런 상황이 익숙하다. 그렇지만 중국인
들은 예정보다 일정을 앞당길 경우 품질을 보증할 수 없다고 설명한다.
그리고 이런 요구를 하는 한국인들을 이상하게 여긴다. 이들은 모든
것을 순리에 따라 해야 한다고 생각한다. 그렇게 한다면 모든 것이 급
할 게 없다.

상도의가 실종된 중국

계약금은 올가미

오래전에 한국의 한 대형 식품 회사에서 신상품으로 만두를 출시할 계획을 세웠다. 그러면서 기왕이면 만두를 바로 쪄서 먹을 수 있도록 찜기를 끼워주는 판촉 행사를 하려고 했다. 우리에게 이 행사에 사용할 대나무 찜기 10만 개를 주문했다. 중국의 대나무 산지로는 사천성이 유명하다. 중국의 마스코트인 팬더의 주 먹이가 대나무일 정도로 사천성에는 대나무가 많다. 그렇지만 사천성은 내륙 깊숙한 곳에 위치하고 있어 교통편이 불편하다. 그래서 대나무 제품은 주로 복건성 닝더 (寧德)에서 만들어진다.

닝더는 이우에서 자동차로 여섯 시간이 걸린다. 대나무 제품은 주로 산 위에 있는 마을에서 수작업으로 만든다. 닝더에서 다시 비포장 길로 세 시간을 올라야 그런 마을을 만날 수 있다. 주문은 촌장이 받은 다음 각 가정으로 수량을 분배해서 작업한다. 전형적인 가내수공업 형태의 산업이다. 우리가 마을과 직접 계약하기에는 여러 가지 위험 요소가 있었다. 그래서 우린 닝더의 한 무역 회사와 공급 계약을 작성했다. 그 무역 회사 사장은 대나무 찜기를 생산하는 마을 촌장의 사위였다. 수량이 많고 또 식품을 담아야 하는 제품이기 때문에 우리 직원이 그곳에 상주해서 검수하는 것으로 계약을 했다.

계약서대로 계약금을 지불하고 났는데 무역 회사 사장이 만약 검수를 나오면 진행하지 않겠다고 배짱을 부렸다. 그럼 계약금을 돌려 달라고 하니 그건 그렇게 못하겠다고 하고.

호텔 커피숍에 앉아 이런 이야기를 들으니 부아가 치밀었다. 얼마 전까지만 해도 계약하면 무엇이든 다 들어 주겠다고 찰떡같이 약속하더니 정작 계약금까지 지불하고 나니 딴소리를 했다. 우리가 꼼짝없이 끌려 들어간 셈이다.

무역 회사 사장의 말은 다른 사람이 옆에서 지켜보고 있으면 작업자들이 긴장해서 제품을 제대로 만들지 못한다는 것이었다. 워낙 깊은 산골에 사는 사람들이라 그럴 수도 있겠다는 생각이 들었다. 그렇지만 제품을 검수하지 않고 보낸다는 것을 우리로서는 상상할 수 없었다. 그렇다고 지금에 와서 주문을 취소할 수도 없는 상황이었다. 이미 한국 거래처와 계약했고 계약금까지 받았으니 약속은 지켜야 하는 처지였다. 이런 상황을 한국 바이어한테 알리고 차라리 내가 손해를 감수할 테니 이 주문을 취소해 달라고 요청했다. 그런데 한국의 식품업체에서 이미 대대적으로 광고가 나갔기 때문에 취소는 절대 불가하다는 대답을 들었다. 미치고 환장할 노릇이었다. 앞에 앉아 있는 무역 회사 사장의 얼굴에 주먹을 날리고 싶은 생각이 굴뚝같았다. 납품은 꼭 해야 했기에 결국 무역 회사 사장의 의도대로 검수 없이 제품을 받기로 했다. 도박하는 것이나 마찬가지였다. 다행히 일정에 맞게 들어온 제품은 별문제가 없었다. 납품 일정에 맞춰 선적을 끝냈다. 아무런 문제가 없다는 것에 안도할 수 있었다.

한국에서 물건을 받아본 바이어가 제품의 품질에 만족을 표시했다. 그리고 추가로 10만 개를 만들어 달라고 요청했다. 그렇지만 우린 이를 포기했다. 더 이상의 도박은 하고 싶지 않았기 때문이다.

위기를 돈벌이로 생각한다

중국에서 일하면서 항상 따라 다니는 불량 문제는 숙명처럼 여겨진다. 지금까지 불량 문제 때문에 고생했는데 앞으로도 이 문제는 시원하게 해결이 될 것 같지는 않다. 중국의 공장 체계가 바뀌지 않는 한 이 문제는 앞으로도 계속 발생할 수밖에 없을 것 같다. 일단 불량이 발생하면 우린 다른 일을 제쳐두고 이를 해결하기 위해 공급자와 협의한다. 그렇지만 공급자의 태도는 태연자약하기만 하다. 당연히 그럴 수 있다는 태도다. 그리고 이를 해결하기 위한 노력도 우리의 기대와 달리 그다지 성의를 보이지 않는다. 결국 공급자와 구매자의 중간에 낀 우리만 이리 뛰고 저리 뛰며 해결책을 찾기 위해 바쁘다. 다행히 정상적인 사고를 가진 공급자를 만나면 쉽사리 해결책을 찾지만 "너는 그래라, 나는 모르겠다." 하는 식으로 나오면 정말 해결 방법을 찾기 어렵다. 시간만 있으면 다시 만들 수 있지만 행사에 쓸 물건 같은 경우에는 그 시간에 공급하지 못하면 제품 자체가 필요 없어진다. 해결책으로 때론 다시 만드는 방법을 생각해 낸다. 최악의 경우에는 공급자에게 사정사정하고 돈을 또 주고 다시 만들기도 한다. 그것도 원래 만들던 가격보다 조금 더 보태서 주어야 한다. 급하게 만들려면 야근을 시켜야 하기 때문이란다. 이럴 경우 공장 사장은 주문을 두 번이나 받는 셈이니 더 큰 이익이 생긴다. 우리 같으면 불량을 만들었으니 대단히 큰 위기라고 보는데 중국 공장은 이를 돈을 벌 수 있는 기회로 본다. 본래 국제적인 거래에서는 불량이 발생하면 공급자가 다시 만들어 주는 것이 상관례다. 그렇지만 그동안 중국이 세계의 공장으로 거듭나면서 수요자 중심이 아닌 공급자 위주의 거래가 되다시피 되어왔다. 그러다 보니 중국 공장들이 주도권을 쥐고 중국식의 상거래 관행을 만들어 왔다. 중국이 아니면 만들 곳이 없으니 공급자들이 그동안 큰소리를 쳐온 셈이다. 걱정스러운 것은 이런 행태의 거래 관행이 중국식으로 굳혀지는 것이 아닐까 하는 것이다.

오리발에 능하다

내가 어렸을 적 중국인들에 대한 인상은 돈이 많고 신용이 높다는 것이었다. 그런데 직접 경험해 보니 꼭 그런 것만은 아니었다. 중국 진출 초창기에 침낭을 주문받아 롱요라는 곳에서 생산했다. 지금은 교통이 많이 편리해 졌지만 당시에는 고속도로도 없고 기차도 완행열차만 정차하는 곳이라 이런저런 어려움이 많았다. 동네가 작다 보니 호텔도 시원찮았다. 그래서 되도록이면 시간이 늦더라도 일을 마치고 이우에 돌아오려는 노력을 했다.

이우에 돌아가기 위해서는 저녁 여덟 시에 떠나는 막차를 타야만 했다. 완행은 느리기도 하지만 타기조차 어려울 정도로 승객이 많았다. 샘플을 어깨에 걸쳐 메고 기차를 타려는 사람들과 한바탕 씨름한 후에 열차에 오르고 나면 땀에 옷이 흥건히 젖어 있었다. 열차 안은 승객들의 땀 냄새와 중국인 특유의 커다란 목소리 때문에 난장판이나 마찬가지였다. 선풍기가 돌아가기는 하지만 워낙 많은 사람이 열차 안을 빼곡히 채우고 있어서 전혀 시원하지가 않았다. 이럴 때는 식당 칸으로 가면 10위안을 내고 죽을 먹을 수 있다. 그나마 앉아서 쉴 수 있는 공간이라 우린 식당을 이용했다. 그렇지만 완행열차를 타는 사람들은 10위안도 아까워서 그걸 먹지 못했다.

그런데 이런 고생을 해서 제품을 만들었는데 결과는 참담했다. 샘플은 그럴듯한 것을 제시했는데 완제품을 받고 보니 모두 불량이었다. 제품 모양은 멀쩡했지만 박음질이 엉망이었다. 제대로 선을 따라 재봉한 것이 없었다. 게다가 처음에 박음질이 잘못된 것 위에다 세 번, 네 번 다시 재봉질해 놓았다. 뒤집어질 일이지만 그대로 납품할 수는 없어서 한국에서 재작업을 해야만 했다. 아는 봉재 공장에 사정사정해서 3주 동안 작업했다. 재작업을 해주던 공장장 왈 "실력도 없는 사람들이 고속 재봉기로 정말 마음대로 박았네요."라며 허탈하게 웃었다. 그러니까 이제 막 운전면허를 딴 초보 운전자가 F1 경주차를 타고 가다가 중앙선도 침범하고 인도로도 돌진했던 그런 모습이었다. 설사 잘못 재봉질을 했더라도 한 번만 했다면 실밥을 뜯어내기가 수월할 텐데 서너 번이나 박아 놓았으니 보수 작업을 하는 것이 더욱 어려웠다.

어렵사리 납품을 끝내고 중국 공장을 찾아갔다. 불량이 난 침낭을 보여주고 공장 사장에게 열변을 토하며 항의했다. 그런데 자신들은 그런 제품을 결코 만든 적이 없다며 오리발을 내밀었다. 그러니 당연히 배상 요구는 생각조차 할 수 없었다.

정말 고생 많이 하셨네요

중국에서 일하는 동안 얼마나 고생을 많이 했는지 지금도 불량이라는 말만 들어도 치가 떨린다. 불량이 발생하면 이를 해결하기 위해 많은 시간이 걸린다. 또한 과다한 비용이 소요될 수밖에 없다. 무엇보다 고객과의 약속을 지키지 못하는 것이 가장 부담스럽다. 중국에서 오래 살면서 쌓이는 이런저런 스트레스 때문에 수명이 적어도 10년은 짧아지겠다는 생각이 든다.

중국 진출 초창기에는 매번 불량 때문에 내일은 누구와 어떻게 싸워야 하는가를 고민해야 했다. 불량 문제가 나오면 입술은 바짝바짝 타들어가고 잠도 오지 않는다. 한 번은 이우에 있는 액세서리 공장에서 불량을 만들었다. 다시 만들라고 요구했지만 공장 사장은 듣는 둥 마는 둥 요지부동이었다. 말 그대로 "니 맘대로" 하라는 식이었다. 웬만하면 그냥 넘어갈 수도 있는데 공장 사장이 하는 짓이 너무 괘씸해서 법에다 호소하기로 했다. 능력이 있다는 변호사를 수소문해서 찾아갔더니 "외국 분이 객지에서 정말 고생이 많다."며 반갑게 맞이해 준다. 나에게서 내용을 들어본 후 "그런 일라면 걱정하지 마십시오. 제가 그런 일에는 전문가입니다. 빠른 시간 내에 속 시원히 해결해 드리도록 하겠습니다." 하며 간단명료하게 대답해준다. 중국에서 구세주를 만난 기분이었다. "만약 그 친구가 도망간다면 중국 전역을 뒤져서라도 깔끔하게 처리해 드릴 테니 안심하세요."라며 자신 있게 말해 주었다. 잘생긴 데다 세련되고 무게감이 있는 변호사가 워낙 당차게 말하니 신뢰감이 갔다. 불량품을 밥 먹듯 만들어내는 중국이지만 변호사는 역시 다르다는 생각을 했다. 변호사가 요구하는 비용과 함께 관련 서류를 제출하고 가벼운 마음으로 사무실로 돌아왔다.

그런데 한 달이 지나도 두 달이 지나도 변호사 사무실에서 아무 연락이 없었다. 그래서 전화했더니 그제야 추가로 보충해야 할 서류가 있다고 알려준다. 그런데 보충해야 할 서류가 너무 황당했다. 내 여권 사본에다 상하이의 한국 영사관과 한국에 있는 중국 대사관의 직인을 받아 오라고 한다. 당연히 한국 영사관에서야 확인해줄 수 있는 사항이지만 중국 대사관에서 한국 사람의 인적 사항을 확인해줄 리는 만무하다. 그래서 한국에 있는 중국 대사관에 문의했더니 당연히 그런 서류는 만들어 줄 수 없다는 답변이 날아왔다. 그래서 변호사를 찾아갔더니 "다른 사람들은 다 그런 서류를 만들어 오는데 왜 당신만 못해 오느냐?"며 핀잔을 준다. 그러면서 다른 한국 사람이 가지고 왔다는 서류를 보여 주었다. 그렇지만 그건 정상적인 서류라고 볼 수 없었다. 계약금 받으려고 소송을 냈다가 계약금보다 더 큰 비용이 날아갔다. 중국 변호사를 상대로 계약금 반환 소송을 해야 할 처지다.

샘플이라 그래

공장에 물건을 주문하기 전에 항상 샘플을 먼저 만든다. 샘플을 만드는 이유는 우리가 요구하는 제품을 공장에서 제대로 만들어 낼 수 있는지를 확인하기 위함이다. 만약 바이어의 요구대로 샘플을 만들어 내지 못한다면 제품 생산도 불가능하기 때문이다. 그래서 샘플은 바이어에게도 제공하지만 공장에서도 보관하는 것이 기본이다. 그래야 공장에서 제품을 생산할 때 그 샘플을 기준으로 삼을 수 있다. 또한 검수할 때 주문한 제품이 제대로 만들어졌는지를 확인하는 증거가 된다. 완성한 제품이 샘플과 다를 경우에는 주문한 사람이 이에 대해 이의를 제기할 수 있다. 그래서 샘플은 무역을 하는 데 있어 대단히 중요하다. 샘플은 공급자와 주문한 사람 간의 약속이기 때문이다.

그렇지만 중국에서는 샘플의 개념이 우리와는 많이 다르다. 중국에서는 제품이 샘플과 다르게 나오는 경우가 많다. 다른 나라에서 이런 상황이 발생한다면 큰 소동이 일어나겠지만 중국에서 이런 일이 다반사이다 보니 그저 그런가 보다 한다. 중국인들은 샘플과 완제품이 다를 수 있다고 생각한다. 완제품이 샘플과 다를 경우 중국 사장이 상투적으로 "당연히 샘플은 샘플사가 만들었으니 좋을 수밖에 없다"고 변명한다. 그리고 샘플은 참고용일 뿐이라고 한다. 즉 이런 식으로 만들겠다는 것이지 모든 것이 100% 똑같을 수 없다고 발뺌한다. 샘플에 대해 가장 민감한 이들은 일본 상인들이다. 일본 상인들은 완제품이 샘플보다 더 좋은 것까지 바라지 않는다. 샘플처럼만 만들어 달라고 요구한다. 문제는 앞서 설명한 대로 중국에서 만들어지는 제품은 샘플과 다를 경우가 많다는 점이다. 이에 대해 시비가 걸리면 공장 사장이 하는 말이 "샘플이라 그래."다.

품질에 문제가 생기면 중국 사장들은 "너희가 주는 가격은 빤한데 너무 높은 품질을 요구한다."고 불평한다. 그렇다면 아예 샘플을 만들지 말았어야 한다. 아니면 그 가격에 맞는 제품의 수준에 해당하는 샘플을 만들어야 했다. 그래야 시빗거리가 없어진다. 주문을 받을 때에는 아무런 이의를 제기하지도 않고 또 샘플은 그럴듯하게 만들어 놓고 문제가 되니 딴소리를 한다. 주문한 것보다 수준이 떨어지는 제품을 받게 되는 바이어는 난감할 수밖에 없다. 제품을 샘플과 다르게 만들어 놓고 큰소리치는 중국 사장들은 적반하장이다. 그들은 이렇게 외친다.

"우리 물건은 다 그래, 그래서 싸잖아."

영국 신사 마이클 램버트

내가 30년 가까이 무역을 하면서 많은 사람을 만났다. 그중에서 가장 인상적인 인물을 꼽으라면 단연 영국의 마이클 램버트라고 할 수 있다. 전형적인 앵글로색슨족인 그와 인연을 맺게 된 것은 베트남에서 공장을 운영하는 올림피아 김 사장을 통해서다. 마이클은 우리와 거래하기 전까지는 모든 제품을 홍콩 무역 회사를 통해 수입했다. 그런데 이우에 와 보니 자신이 수입하던 제품의 대부분이 이곳에서 공급되었다는 사실을 알게 되었다. 그걸 비싼 돈을 들여 홍콩 무역 회사를 통해 수입했으니 통탄할 노릇이 아닐 수 없었다. 얼마 지나지 않아 마이클이 이우 시장을 온통 유니언잭으로 도배를 하다시피 했다. 당시 마이클에게 이우 시장은 무주공산이나 다름이 없었다. 어떤 제품이든 영국의 상징인 유니언잭만 붙이면 팔 수 있을 정도였다. 그리고 그가 개발한 모든 상품이 불티나게 팔려 나갔다.

마이클은 상도의를 철저하게 지키는 인물이다. 다른 경쟁자가 취급한 제품은 아예 관심을 두지 않았다. 설사 그 제품이 잘 팔리고 있는 대박 상품이라도 절대 그 영역에 접근조차 하지 않으려 했다. 그에게서 영국 신사의 품격이 풍겨 나왔다.

그와의 첫 만남은 대단히 강렬했다. 키가 190㎝나 되는 장신이었기 때문이다. 게다가 처음에는 그의 강한 영국식 발음에 익숙하지 않아 조금 애를 먹었다. 이우에 도착한 날부터 시장을 돌아보고 나서 그는 대단히 흡족해했다. 그에게 가장 매력적인 것은 기대 이상으로 싼 가격이었다. 영국에서는 상상할 수 없는 가격의 제품들이 시장에 널려 있었다. 저녁을 함께 먹으면서 어떤 조건으로 일을 시작할지 협의했다. 가장 민감한 부분이 수수료 문제였다. 이우에서의 무역은 다른 지역과는 큰 차이가 있다. 대부분의 이우 무역업체들은 우리가 말하는 진정한 의미의 무역업을 한다고 보기 어렵다. 이들은 시장에 있는 물건을 사서 보내는 일을 주업으로 하니 무역이라기보다는 장사꾼에 가깝다고 할 수 있다. 이런 배경 때문에 이우의 무역 회사들은 제품 가격에 자신들의 이익금을 붙이는 것이 아니라 주로 수수료를 받는 조건으로 일한다. 베트남 김 사장이 마이클을 소개해 주면서 수수료는 5%로 했으면 좋겠다고 조언해주었다. 사실 수수료 5%는 주문 금액이 크지 않으면 별로 재미가 없다. 그렇지만 나로서는 소개한 분의 의사를 존중할 수밖에 없는 처지였다. 이런 조건에 대해 마이클은 대단히 만족해했다. 이우 시장에서 어떤 제품이든 사거나 개발할 수 있고 또한 가격까지 매력적이었기 때문이다.

마이클이 떠나는 날 아침을 호텔에서 같이 먹었다. 그러면서 그는 내게 새로운 제안을 내놓았다. "미스터 양, 내가 어젯밤에 곰곰이 생각해 봤는데 수수료 5%로는 도저히 비용이 안 나올 것 같다. 당분간은 수수료를 10%로 하고 내가 월 20만 불 이상 사가게 될 때 다시 협의해 보자."고 했다. 그의 파격적인 제안에 내가 놀라지 않을 수 없었다. 지금껏 수많은 업체와 거래해 보았지만 바이어가 나서서 수수료를 올려주겠다고 한 이는 한 번도 없었기 때문이다. 이런 제안을 한 것은 마이클이 처음이다. 마이클의 생각은 거래함에 있어 서로에게 이익이 되어야 불편하지 않다는 것이다. 진정한 장사꾼이 아닐 수 없다. 그가 거인처럼 느껴지는 이유다.

상도의는 없다

마이클은 이우 진출 초창기에 돈을 많이 벌었다. 그에게 이우는 보물창고나 다름없었다. 만드는 물건마다 대박을 냈다. 당시에는 영국인이 직접 이우로 오는 경우는 없었다. 마이클이 직접 이우에 와서 새로운 제품을 만드니 당연히 경쟁력이 있었다. 또한 홍콩을 통해서 사는 것보다 가격이 훨씬 저렴했다. 그런데 호사다마라고 할까 새로운 경쟁자가 하나둘씩 나타나기 시작했다. 영국인이 아니고 중국인들이었다. 마이클이 개발한 제품을 중국인들이 카피해서 영국 시장에 팔았다. 당연히 마이클이 상대할 수 없을 정도로 싼 가격이었다. 마이클을 비롯한 영국인들은 정상적인 거래를 하는 것은 철칙으로 여긴다. 그렇지만 영국에 진출한 중국인들은 인보이스 금액을 줄이고 세금도 피해가니 비용 면에서 마이클이 불리할 수밖에 없다. 알다시피 영국 런던의 물가는 세계에서 몇 손가락 안에 들 정도로 비싸다.

마이클에게 아들이 둘이 있는데 큰아들인 올리버 램터트가 사는 아파트는 임대료가 월 3천 불이고 작은아들인 앨 램버트는 2천 불이나 된다. 게다가 사무실과 창고 임대료까지 포함하면 매달 천문학적인 금액을 비용으로 지출한다.

이에 반해 중국인들은 한 집에 10여 명이 모여 살면서 일요일도 쉬지 않고 일한다. 자나 깨나 일해야 하니 돈을 쓸 시간이 없다. 또한 지출이 적으니 싼 가격도 별로 문제가 되지 않는다. 이런 식으로 중국인들이 가격으로 밀어붙이면 이겨낼 재간이 없다.

영국인들은 다른 경쟁자가 취급하는 제품에는 손을 대지 않는다. 장사에도 나름대로의 상도의가 있기 때문이다. 그렇지만 중국인들에게는 이런 것은 사치스러운 일에 지나지 않는다. 돈만 된다면 어떠한 수단과 방법을 가리지 않는다.

중국 상인들 때문에 골머리를 앓던 마이클에게서 메일이 왔다. "중국인들의 불법적인 상행위로 곤란을 겪고 있다. 그래서 주문을 많이 못 하니 미안하다. 그렇지만 불법을 저지르는 중국인들이 곧 잡혀가면 그때는 정상화될 것으로 믿는다."는 내용의 메일이었다. 그렇지만 난 그렇게 이해하는 마이클이 너무 순진하다고 생각했다. 설사 몇 명의 중국인들이 잡혀간다 해도 그 뒤에는 또 다른 수백, 수천의 중국인들이 대기하고 있기 때문이다.

마이클은 중국 상인들에게 새로운 제품을 개발해 주는 역할만 했다. 마이클의 새로운 제품이 나오면 중국인들은 이를 기다렸다는 듯이 카피했다. 그걸 막을 방법이 없었다. 설사 특허를 걸었다 해도 중국인들은 인해전술로 이를 피해 나갔다. 한 명이 걸렸다 싶으면 다른 사람이 나타나는 식이다. 그래서 요즘 마이클 램버트의 주름살이 늘어가고 있다.

믿어 달라니까

영국의 마이클도 중국에 와서 어처구니없는 일을 여러 번 겪었다. 그 중에서도 자신의 금형으로 만든 머그컵을 공장에서 다른 사람한테 팔아먹은 사건이 가장 황당한 사건이었다.

본래 플라스틱 제품을 만들기 위해서는 금형을 제작한다. 금형을 제작할 때 금형비를 바이어가 부담하면 그 금형은 바이어의 소유다. 이를 확인하기 위해 계약서까지 만들고 서명 날인까지 한다. 마이클이 머그컵을 이우에서 만들어서 영국에서 잘 팔고 있었다. 아이디어가 들어가 있는 제품이고 디자인도 괜찮아서 인기가 좋았다. 그런데 어느 날 마이클한테서 연락이 왔다. 자신이 만든 제품이 체코를 비롯한 유럽의 여러 나라에서 팔리고 있다는 내용이었다. 금형은 마이클의 소유이니 그런 일은 일어날 수가 없었다. 급하게 이우에 있는 머그컵 공장을 방문해서 자초지종을 물어 보았다. 그렇지만 공장 사장은 절대 그런 일이 없다고 오리발을 내밀었다. 그렇지만 유럽 여러 나라에서 팔리는 제품에 마이클의 회사인 캐피탈 기프트라는 로고가 새겨져 있었다. 다른 회사가 캐피탈 기프트란 로고를 넣고 금형을 만들었을 리는 만무하다. 돈을 내고 누군가 금형을 만들었다면 당연히 그들의 로고를 넣었을 것이다. 그러니 그들이 자신들의 금형에다 캐피탈 기프트란 로고를 넣었다는 것은 상식적으로 맞지 않는 일이다. 그럼에도 불구하고 공장 사장은 자신들은 그런 제품을 만든 적이 없다고 강력하게 항변했다. 워낙 세게 나가니 마이클이 잘못 알고 있는 게 아닌가 하는 생각까지 들었다.

그렇지만 우린 확실한 증거를 가지고 있었다. 내가 체코에서 팔리는 제품에 마이클의 회사 로고가 새겨진 사진을 보여주었다. 그래도 공장 사장은 자기가 만든 것이 아니라고 우겼다. 누구도 부인할 수 없는 명백한 증거가 있는데도 이를 극구 부인하는 공장 사장은 완전히 얼굴에 철판을 깐 것이 분명했다. 공장 사장은 계속 자신을 믿어달라고 했다.

아무리 구슬리고 다그쳐도 공장 사장은 절대 그런 일이 없다고 항변했다. 내가 "가격도 우리보다 싸게 공급했다며?" 하고 질책하니 엉겁결에 "그렇지는 않고 같은 가격에 팔았다."고 고백이 아닌 자백을 하고 말았다. 당황하는 바람에 순간적으로 튀어나온 말이었다.

마이클은 자신이 만든 제품이 다른 경로를 통해 유럽 전역에 풀렸으니 이와 관련된 사업은 완전히 망가진 셈이다. 그것도 여기저기로 싼 가격에 풀렸으니 제품의 생명력은 길지 않았다. 내가 얼굴을 들 수가 없었다. 물론 공장 사장이 장난친 것이긴 하지만 금형을 관리할 책임은 내게 있었기 때문이다. 그날로 금형을 회수하였지만 이미 상황은 엉망진창이 되고 말았다. 공장 사장을 가끔 시장에서 만난다. 그렇지만 그는 지금도 미안해하는 기색이 없다.

늘어나는 원단

외국인이 중국에서 사업한다는 것은 거의 모험이나 다름없다. 지금이야 중국인들도 어느 정도 국제적인 상거래에 관해 인식을 하지만 초창기에는 벽에다 대고 이야기하는 것이나 마찬가지였다. 칙칙한 주황색을 빨간색이라고 우기면 우린 달리 할 말이 없었다.

중국 사업 경력이 20년이나 되는 내가 아직도 광저우 원단 시장에서 해결하지 못하는 문제가 있다. 무늬가 옷의 중앙에 와야 하는 원단은 인쇄의 위치가 정확해야 한다. 그런데 원단을 재단해서 옷을 만들어 보면 그림의 위치가 중구난방인 경우를 많이 경험한다. 그래서 원단 시장에 이를 요구했더니 그런 식으로는 할 수 없다고 버틴다. 게다가 그런 식으로 하면 우리와는 거래를 못 하겠다고 으름장까지 놓는다. 이후부터의 거래는 모두 설사 불량이 나와도 반납이 안 된다는 방식으로 거래를 하겠다고 하니 어처구니가 없다. 우리의 상식으로는 원단에 그림을 일정하게 맞추는 것이 그리 어려운 일이 아니다. 그런데도 중국 공장에서는 이를 제대로 하려는 노력을 하지 않는다. 그렇게 하지 않아도 잘 팔렸기 때문이다. 원단 공급처를 다른 공장으로 바꾸고 싶은데 바이어가 원하는 그 그림은 한 공장에서밖에 만들지 않는다.

지금은 이우에 와서 가방 공장을 하시는 지인이 청도에서 겪은 일은 황당하다 못해 부아가 치민다. 이분이 한국에서 가방 주문이 와서 이에 필요한 원단을 구입했다. 그런데 원단을 자르다 보니 주문한 양만큼의 길이가 나오지 않았다. 그래서 이를 항의하기 위해 원단 공급자에게 갔다. "내가 100m를 주문했는데 재보니 실제로는 90m밖에 나오지 않는다."고 따졌더니 원단 상점 주인은 "절대 그럴 리가 없다."고 한다. 그래서 원단을 들고 다시 찾아가서 확인을 시켜줄 수밖에. 결국 도로 가지고 온 원단을 펴놓고 길이를 재는데 사장이 원단을 쭉 잡아당긴다. 원단을 힘을 주어 강제로 잡아당기니 늘어날 수밖에 없다. 그리곤 "봐라, 100m잖아." 하며 나무라듯이 이야기한다. 원단을 팔 때에는 당연히 펼쳐져 있을 때의 길이로 계산해서 가격을 산정한다. 그런데 돈을 받고 원단을 줄 때에는 잡아당겨서 길이를 줄이니 완전히 칼만 안 들었지 강도나 다름없다. 내가 중국에 오기 전에는 중국 상인들은 신용이 있고 정직하다고 배웠다. 그렇지만 실제로 접해본 중국의 상인들은 내가 기대했던 신용과는 거리가 멀었다.

속는 사람 속이는 사람

눈 뜨고 코 베어 가는 광저우

광저우는 중국 남부에서 가장 큰 도시다. 인구가 우리의 서울보다도 많은 1,400만 명이 나 된다. 나는 광저우를 별로 좋아하지 않는다. 좋지 않은 경험을 너무 많이 당했기 때문이다.

광저우 택시 기사들은 눈치가 무척 빠르다. 외국인이다 싶으면 바가지요금을 씌우는 것이 기본이다. 때론 택시 요금을 더 받기 위해 엉뚱한 코스를 빙빙 돌기도 한다. 광저우역에서 베트남 바이어와 공항을 가기 위해 택시를 탔는데 엉뚱하게도 텐허 방향으로 차를 몰았다. 내가 "왜 다른 곳으로 가느냐?"고 따졌더니 "공항으로 가는 길이 맞다."고 우겼다. 결국 내가 지도를 보여주며 "우리가 이곳에 있지 않느냐?"고 했더니 어쩔 줄을 몰라 하며 진땀을 흘렸다. 공항에 도착하니 100위안이면 충분할 택시 요금이 300위안이 넘게 나왔다. 내가 공안을 부르겠다고 하니 200위안만 내라고 사정했다.

가끔 거스름돈을 주지 않는 기사도 만난다. 텐허에서 택시를 타고 웬징루까지 왔는데 36위안이 나왔다. 내가 40위안을 지불했는데 잔돈을 줄 생각을 하지 않는다. 기사의 얼굴을 쳐다보니 얼굴을 돌리고는 딴 척을 피운다. 거스름돈을 왜 안 주느냐고 물었더니 잔돈이 없다고 말꼬리를 흐린다. 그래서 앞에 있는 편의점에 가서 바꿔 오겠다고 하니 우물쭈물하며 주머니 이곳저곳을 뒤진다. 그리고는 어쩔 수 없다는 표정을 지으며 잔돈을 챙겨준다. 그래서 요즘은 위챗으로 택시 요금을 지불한다. 위챗을 사용하니 너무 편하다.

광저우 옷 시장이나 짝퉁 시장에 가면 달러를 바꾸어 주는 환전상들이 많다. 이들은 은행보다 더 높은 환율로 환전해 준다며 손님을 끈다. 실제로 이곳에서는 은행보다 높은 환율로 돈을 바꾸어 준다. 환전할 때 돈을 받은 손님은 금액이 맞는지 세어보는 것이 기본이다. 그런데 환전상은 손님이 돈을 다 센 것을 확인한 후 다시 돈을 돌려 달라고 한다. 자신들이 환전해 준 돈을 보증해 주기 위해 형광펜으로 표시를 해주기 위해서라고 한다. 그러면서 돈을 빼돌린다. 귀신같은 솜씨다. 보통의 손님들은 이미 돈을 한번 세어봤고 자신의 눈앞에서 표시하는 것을 봤기 때문에 별 의심 없이 돈을 주머니에 집어넣는다. 그렇지만 호텔에 돌아가서 다시 돈을 세어보면 서너 장이 빠진 것을 알게 된다. 그때 돈을 다시 세어봐야 했었는데 하는 후회를 하지만 이미 때는 늦은 것이다. 나만 당한 것이 아니라 우리 바이어들도 여러 명이 같은 일을 겪었다.

지난번에 아르헨티나 바이어들과 환전을 하러 가서 그냥 돌아와야 했다. 우리가 돈에다 형광펜을 표시할 필요가 없다고 하니 그러면 환전을 안 해주겠다고 한다. 칼만 안 들었지 날강도나 다름없다.

웹사이트를 믿은 죄

가끔 한국의 지인들로부터 중국에서 발생한 사고를 해결해 달라는 연락을 받는다. 내용인즉 인터넷으로 물건을 구입하려고 돈을 보냈는데 물건도 오지 않고 연락도 되지 않는다는 것이다. 그런데 이런 일이 자주 발생한다. 그렇지만 이런 경우는 우리도 달리 해결할 방법이 없다. 물론 사는 사람이 조심해야 하지만 상대방이 속이려고 마음을 먹고 있다면 이를 예방할 방도가 없다. 우리와 같이 중국에서 일하고 있는 사람들이 필요한 이유가 여기에 있다. 직접 공장에 가서 확인하고 제품이 완성되면 검수를 해서 정상적인 것만 선적하는 과정을 밟아야 문제가 적다. 이런 절차를 거쳐도 문제가 생기는 것이 중국과의 무역이다.

우리는 수를 헤아릴 수 없을 정도로 많은 제품을 취급한다. 일부 제품은 시장에서 구매하기도 하지만 대부분은 공장을 직접 방문해서 확인한다. 앞서 이야기한 대로 생산 설비도 전혀 없는 업자가 인터넷에는 그럴듯한 공장 사진을 올리는 일이 비일비재하기 때문이다. 물론 허접한 공장을 큰 공장으로 둔갑시키는 것은 애교로 봐줄 수 있다. 요즘은 포토샵 기술이 비약적으로 발전해서 이런 일이 식은 죽 먹기나 다름없다.

그동안 공장을 방문하면서 황당한 일을 많이 겪었다. 웹사이트에는 공장의 설비가 화려했지만 실제 가서 보니 달랑 포장 기계 하나만 있는 경우도 있었다. 그중에서도 한국 바이어와 심천의 한 무역 회사를 방문했던 일은 지금 생각해도 얼굴이 화끈거린다.

중국 진출 초기에 한국의 한 바이어로부터 특별한 모양의 가방을 구해 달라는 요청을 받았다. 인터넷을 통해 찾아본 결과 심천의 한 공장에서 이를 만든다는 것을 알았다. 공급처의 사장은 여자였다. 우리가 방문하고 싶다는 이야기를 했더니 안 와도 된다고 극구 말렸다. 우리에게 샘플을 보내줄 테니 그걸 보고 주문하라는 식이었다. 그래도 꼭 공장을 확인하고 싶다고 우겨서 겨우 승낙을 받았다.

비행기를 타고 심천 공항에 내려서 택시를 타고 공장으로 향했다. 그런데 알려준 주소지 주변은 온통 아파트 단지뿐이었다. 공장이라고는 눈을 씻고 찾아봐도 보이지 않는 곳이었다. 그리고 택시 기사가 내려준 곳은 대형 아파트 단지였다. 여사장이 알려준 곳을 물어물어 찾아서 당도하니 한 아파트의 현관이었다. 노크를 하자 속옷 차림의 여사장이 나타났다. 아파트 안에는 작은 진열장이 하나 있었는데 그 안에 몇 개의 샘플만 달랑 놓여 있었다. 한국에서 온 바이어까지 대동하고 먼 길을 왔는데 이런 상황에 닥치니 할 말이 없었다. 만약 쥐구멍이라도 있다면 들어가고 싶은 심정이었다.

중국인을 등쳐먹는 중동 상인들

이우에는 전 세계에서 온 외국 상인들이 모여 산다. 물론 단일 국가로는 한국인들이 가장 많다. 그렇지만 지역별로는 중동에서 온 외국인들이 가장 많다. 중동은 물이 부족한 사막이 대부분이라 제조업이 조성되기 어려운 조건이다. 그렇지만 이들은 그 유명한 아라비안나이트의 후예가 아니던가. 고대로부터 낙타를 타고 사막을 건너 유럽까지 진출해서 물건을 사고팔았던 민족들이다. 그런 아라비아 상인들은 이제 석유를 팔아 톡톡한 재미를 보고 있다. 또한 이들은 중국 제품을 중동은 물론 유럽에까지 팔고 있다. 이들의 장삿술은 중국인들 못지 않다. 중국인들이 가장 귀찮아하는 존재가 중동 상인들이다. 이들에게 가장 중요한 것은 가격이다. 그래서 가격 흥정에 무척 능하다. 가격을 깎아주지 않으면 종일 귀찮게 해서 기어코 결과를 얻어 낸다. 일부 중동의 큰 상인들은 이우 시장에서도 엄청난 물량을 구매하는 것으로 유명하다. 이런 상인들은 이우 시장에서 조금만 신뢰를 얻으면 모든 상인이 거래하려고 달려든다. 그래서 이를 이용하는 악덕 중동 상인들이 가끔 나타난다.

일부 중동 상인들은 중국 여자들과 결혼한다. 중동 상인의 국가에 부인이 있다고 해도 이슬람 율법에 따라 부인을 네 명까지 둘 수 있으니 법적으로도 문제가 없다. 중국 상인들은 중동 상인의 부인이 중국 여자이니 더욱 안심하고 거래한다. 게다가 둘 사이에 난 아이까지 있으면 완벽하다. 중동인들은 이우 상인들과 차츰 거래를 늘려가며 신용을 쌓는다. 그리고 중국 부인을 내세워 물건을 왕창 구매한 후 대금은 일주일 후에 주겠다고 한다. 물건을 선적하고 나서 B/L을 받고 나면 중동 사나이는 잠수를 탄다. 중국 부인은 사라진 남편을 찾으려고 하지만 아예 행방도 알 수 없는 상황에 직면한다. 물건을 준 상인들은 중국 부인에게 돈을 달라고 아우성치지만 이를 해결할 수 있는 방법은 없다. 모든 것은 중국 여인이 뒤집어쓰게 되는 셈인데 이런 일이 이우에서 주기적으로 발생한다. 중국인들의 상술이 뛰어나다고 하지만 사기를 치려고 하는 이에게는 이런 것도 통하지 않는다.

속는 사람이 바보지

장사는 신용이다. 우리나라에서 개성상인을 으뜸으로 쳤던 이유는 이들의 말에는 신용이라는 단어가 보증 수표처럼 따라다녔기 때문이다. 예로부터 중국인들은 장사를 잘하는 것으로 정평이 나 있었다. 장사를 잘한다는 것은 흥정도 잘하기도 하지만 그보다는 약속을 잘 지킨다는 의미를 내포하고 있다. 이런 신용을 바탕으로 낙타를 타고 실크로드를 지나 서역까지 진출해서 그들과 교역할 수 있었다. 그런데 실제로 중국에 와서 오랫동안 생활하다 보니 중국인들이 모두 그렇지는 않다는 것을 알 수 있었다.

이우에서 무역 일을 하는 김 사장은 항상 같은 상점에서 3년 넘게 과일을 사다 먹었다. 퇴근길에 매일 들르다시피 했으니 단골손님을 넘어 거의 한 가족처럼 친하게 지냈다. 그런데 얼마 전에 과일 가게에서 김 사장한테 주는 가격이 다른 사람에 비해 훨씬 비싸다는 것을 알았다. 김 사장은 오랜 기간 단골처럼 과일을 사 왔는데 다른 사람보다 비싸게 판다는 것을 이해할 수 없었다. 만약 다른 손님에게도 같은 가격에 팔았다면 어느 정도 수긍하겠지만 가족처럼 친하게 지낸 이에게 바가지를 씌웠으니 화가 날 수밖에 없었다. 그래서 "어떻게 나한테 이럴 수가 있느냐?"고 따졌다. 그런데 그에게 돌아온 답이 더욱 충격적이었다. 그 가게 주인은 "내가 잘못한 게 뭐가 있냐, 속은 사람이 잘못이지."라고 아무렇지도 않게 대꾸했다.

기업체에서는 한 번 거래하게 되면 특별한 경우가 아니면 거래처를 바꾸지 않는 것이 상식이다. 오래 거래를 하다 보면 서로의 사정을 잘 파악하기 때문에 실수가 현저하게 줄어드는 장점이 있다. 그래서 납기나 품질을 제대로 지키지 못해 큰 사고가 났다면 모르겠지만 아주 사소한 실수는 대부분 그냥 넘어가는 것이 일반적이다. 이러한 한국의 기업 문화에 익숙한 나 역시 중국에서도 이런 식으로 거래했다. 그런데 5년 넘게 거래한 박스 업체에서 내게 바가지를 씌운 것을 우연하게 알게 되었다.

미국 체인 스토어로 나가는 제품은 수량이 많다. 미국에 4천 개가 넘는 매장에 나가는 제품의 전시용 박스를 만들게 되었는데 그 숫자가 3만 개가 넘었다. 우리로서는 그동안 거래하던 박스 공장에 주문하는 것이 당연했다. 그런데 우리 사무실을 자주 찾던 지인이 내게 다른 박스 공장에도 가격을 알아보라고 조언을 해주었다. 워낙 많은 수량이니 그럴 만도 했다. 그런데 다른 공장에서 제시한 가격이 기존에 거래하던 공장의 가격의 1/3밖에 되지 않았다. 이 가격을 받아 보고는 처음엔 내 귀를 의심하지 않을 수 없었다. 오랫동안 믿고 거래해온 공장인데 내게 그렇게 비싼 가격을 제시할 리는 없을 것이라는 생각을 했다. 그래서 제3의 공장에도 가격을 알아보았지만 마찬가지였다. 그동안 박스 공장에서는 우리에게 두세 배나 비싼 가격에 물건을 공급하고 있었던 것이다. 공장 사장을 불러 따졌지만 그는 미안해하기보다는 재수가 없어서 걸렸다는 식의 반응을 보였다. 마치 "믿는 사람이 바보지"라는 것처럼.

창문이 없는 호텔

무역 일을 하다 보면 중국 전역에 있는 공장들을 방문하게 된다. 저장성이나 상하이처럼 가까운 곳에 위치한 지역은 당일로 다녀오지만 그렇지 않은 경우에는 며칠 동안 밖에서 잠을 자야 한다. 아무래도 출장을 다닐 때에는 대부분 숙박비가 저렴한 호텔에서 잠을 잔다. 중국 진출 초창기에는 일반 호텔은 청결하지도 않고 냄새가 역해서 잠을 자는 것이 고역이었다. 그래서 가끔 울며 겨자 먹기로 비싼 요금을 지불하고 4성급 이상의 고급 호텔에서 자기도 했다. 요즘엔 숙박비가 저렴하면서도 깨끗한 비즈니스호텔이 많아졌다. 그렇지만 환경이 다 좋은 것은 아니다. 일부 호텔은 넓은 도로변에 위치했지만 방음이 제대로 되지 않은 경우도 있다. 이런 호텔은 자동차가 지날 때마다 진동이 느껴져 이러다가 건물이 무너지지 않을까 하는 걱정이 든다. 또한 밤새도록 지나가는 자동차의 소음 때문에 잠을 설치는 경우도 있다. 이러면 다음 날 출장 일정이 힘겨워진다. 가끔 창문이 하나도 없는 방을 배정받을 때도 있다. 창문이 없으면 밀폐된 공간에 갇혀있다는 느낌이 들어 답답해진다. 그런데 재미있는 것은 이런 방의 벽면에 커튼이 설치되어 있다는 것이다. 커튼을 걷어내면 창문이 없고 하얀 벽이 나타난다. 창문이 있을 것으로 기대하고 커튼을 열었는데 벽이 드러나면 조금 황당하다. 이런 것을 감안해서 벽에다 멋진 바깥 풍경을 그려 놓은 호텔도 있다. 커튼을 열면 푸른 바다가 눈앞에 펼쳐진다. 눈 가리고 아웅 하는 식이다.

중국의 부동산 거품도 만만치 않다. 만약 부동산 가격이 폭락하게 되면 중국의 은행들이 줄도산할 상황이다. 대부분의 건물은 은행의 대출을 받아 지어졌다. 그렇지만 팔리지 않은 부동산이 천지에 널려 있다. 내륙의 큰 도시에는 비어있는 고층 건물과 고급 아파트가 많다. 일부 인터넷 호텔 업자들은 이런 건물들을 빌려 호텔로 사용하고 있다. 광저우나 충칭, 광시성 난닝을 갔을 때 이런 호텔을 이용했다. 호텔 안에 일반 가정집처럼 세탁기와 냉장고, 주방 시설 등이 완벽하게 비치되어 있어 무척 편리했다. 더불어 가격도 일반 호텔보다 저렴해서 경제적이기도 했다. 덕분에 중국의 고급 아파트를 직접 체험해볼 기회도 가졌다. 그런데 재미있는 것은 화장실의 모든 물은 바닥에 뚫려있는 변기로 내려간다는 점이었다. 샤워를 한 물도 변기를 통해 빠져나가니 이를 어떻게 이해해야 할지 모르겠다.

돌고 돌아 제자리

땅이 넓은 중국은 서부와 동부가 완전히 다른 모습을 보여준다. 해안가를 끼고 있는 동부는 푸르면서 생동감 있는 모습을 보여준다. 이에 반해 서부는 황량한 사막과 험악한 산악 지형이 가로막고 있다. 란저우라멘으로 유명한 란저우는 깐수성의 성도이자 서부로 통하는 교통의 요지다. 이곳에서 신장의 우루무치와 티베트의 라사로 가는 교통편이 연결된다. 돈황과 칭하이의 시닝을 갈 때 란저우를 거점으로 이동했다. 란저우에서 돈황까지는 일반 열차로 열한 시간이 걸린다. 돈황은 실크로드의 거점으로 동서양의 문화가 녹아있는 특별한 곳이다.

돈황에서 오는 날 란저우에는 비가 내렸다. 기차가 연착되어 밤 열두 시가 다 되어서야 란저우역에 내렸다. 호텔까지 가는 택시를 타려고 했는데 비 때문에 대기하고 있는 사람들이 인산인해를 이루고 있었다. 언제 내 차례가 돌아올지 모르는 난감한 상황이었다. 그때 삐끼가 나타났다. 내가 호텔 주소를 보여주고 얼마에 갈 수 있느냐고 물으니 50위안을 달라고 한다. 긴 여행의 피로 탓에 요금은 그리 큰 문제라 생각하지 않았다. 빨리 호텔에 가서 샤워한 후 쉬고 싶다는 생각밖에 없었다. 바로 나라시 기사를 따라 그의 승용차에 올라탔다. 차는 한참 동안 시내를 돌아다녔다. 거의 30여 분을 이리저리 돌아다니다 나를 호텔에 내려주었다. 이 정도 거리라면 50위안이 그리 비싼 요금이 아니라는 생각이 들었다. 덕분에 편하게 왔다고 고맙게 여겼다. 그리고 호텔에서 도착해서 아주 편하게 잠을 잤다.

다음 날 오전에 일어나서 체크아웃을 하고 이우로 가는 고속철을 타기 위해 호텔을 나섰다. 이우로 가는 고속열차가 한 시 반에 출발하니 역에서 점심을 먹을 계획이었다. 마침 호텔 앞으로 지나는 택시가 있어 이를 세웠다. 내가 역으로 가겠다고 하니 기사가 "정말이냐?"고 묻는다. 그리고 내게 그냥 걸어서 가라고 했다. 역이 어디에 있느냐고 했더니 앞에서 우회전하면 바로 보인다고 한다. "그럴 리가 없는데?"라는 말이 절로 튀어나왔다. 분명 어젯밤에는 호텔까지 오는데 30분이 넘게 걸렸다. 그런데 목적지가 바로 옆에 있다니 그 말이 믿어지지가 않았다. 그래서 택시 기사의 말을 믿고 걸어가 보기로 했다. 호텔에서 나와 바로 우회전하고 나니 왼쪽 옆으로 역이 나타났다. 그렇다면 어제 나라시 기사는 50위안을 받기 위해 이리저리 나를 데리고 다닌 셈이다. 차라리 가격을 깎아주고 바로 데려다 주었으면 좋았을 텐데…. 그래서 요즘엔 역이나 버스 터미널에 내리면 휴대폰으로 목적지의 위치부터 확인하는 습관이 생겼다.

2000년 초에 동관에 있는 열쇠고리 공장을 찾으러 갔던 적이 있었다. 동관역에서 내려 택시를 타려고 했는데 먼저 요금 흥정부터 해야 했다. 기사는 내가 보여준 주소지를 보더니 20위안을 달라고 했다. 미터기를 사용하자고 했지만 택시 기사는 동관에서는 이런 식으로 간다고 우겼다. 그리고 택시 요금을 미리 달라고 한다. 어쩔 수 없이 택시를 탔는데 앞으로 200m 정도 가더니 우회전을 하고 다시 100여 m를 가더니 다 왔다고 한다. 걷는다고 해도 채 10분이 안 걸리는 거리다. 게다가 요금으로 20위안을 지불했으니 바가지를 톡톡하게 쓴 것이나 다름없었다. 그것도 선불로 지급했으니 돌려 달라고 할 수도 없는 처지였다. 당시 동관의 택시 기본요금이 10위안이었다. 중국에서 휴대폰으로 택시를 부르는 띠디추싱이 잘 되는 이유도 여기에 있다.

사고파는 위조지폐

중국인들은 의심이 많다. 식당에서 돈을 받을 때에는 돈을 전등불에 비춰보고 또 손톱으로 긁어서 위조 여부를 확인한 후 다시 전등에 비추어 본다. 그만큼 중국에는 유통되는 위조지폐가 많다는 뜻이다. 2000년 초에 광저우에서 택시를 타고 요금으로 100위안을 지불했더니 기사가 이 돈은 가짜라며 다른 돈을 달라고 요구했다. 그래서 지갑에서 다른 100위안을 꺼내서 주었는데 이 역시 위폐라며 바꾸어 달라고 한다. 여기에서 끝난 것이 아니라 연거푸 세 번이나 같은 일이 반복되었다. 내가 가지고 온 돈은 은행에서 직접 출금했기 때문에 위조지폐일 리가 없었다. 중국은 은행에서도 위조지폐를 내어 주는가 하는 의심을 하지 않을 수 없었다. 나중에 안 사실이지만 광저우의 일부 택시 기사들은 위조지폐를 보관하고 있다가 어수룩한 외국인이 타면 이를 바꿔치기한다고 한다. 이들이 위조지폐를 구하는 방법은 여러 경로가 있는데 심지어 인터넷으로도 구매가 가능하다고 한다.

얼마 전에 인터넷으로 100위안의 위조지폐를 팔던 대학생이 구속된 뉴스가 있었다. 그는 다른 사람으로부터 100위안의 위조지폐를 24위 안에 사서 40위안에 팔다가 경찰에 잡혔다. 그렇지만 그는 자신의 잘 못을 인정하지 않았다. 40위안에 사서 100위안으로 사용하면 그만큼 이익이 발생하는 것이 아니냐는 것이 그의 주장이었다. 경제에서 말하 는 최소의 비용으로 최대의 이익을 창출했다는 것이 그의 생각이니 새 로운 경제학자가 탄생했다고 할 수 있다. 위조지폐를 일부러 구하는 사람들은 이를 택시 탈 때 이용하기도 한다. 가로등이 없는 어두운 곳 에서는 육안으로 위조지폐의 여부를 식별하기가 어려운 점이 있다. 요 행히 택시 기사가 받아들이면 거스름돈까지 챙길 수 있으니 횡재를 하 는 셈이고 재수가 없어 위조지폐라고 돌려주면 본전인 셈이다.

매년 보충해야 하는 에어컨 가스

이우의 여름은 무지하게 덥다. 여름에 최고 섭씨 40도가 넘는 무더위 가 기승을 부린다. 여기에다 습도까지 높아 사람의 진을 빼놓는다. 습도 가 높은 날에 빨래를 하면 일주일이 지나도 옷이 마르지 않는다. 게다가 옷에서 고약한 냄새까지 난다. 환경이 이러하니 이우나 중국 남부에서는 에어컨이 없는 여름을 상상하기 어렵다. 요즘 새로 짓는 건물에는 에어컨 을 부착할 수 있는 시설이 기본적으로 설치되어 있지만 예전에 지어진 주 택이나 아파트에는 이런 것이 없다. 사무실이나 숙소를 이전할 때에는 에 어컨을 수리하는 기사를 불러 별도의 비용을 내고 철거와 설치를 해야만 한다. 무더위가 가장 기승을 부리는 7, 8월에는 에어컨 설치를 전문으로 하는 기사들을 부르는 것이 하늘에서 별을 따는 것만큼이나 어렵다.

에어컨을 다시 설치하려면 에어컨 가스를 다시 주입해야 한다. 이우에서는 에어컨 가스 주입비를 포함해서 재설치를 하는 비용으로 250위안 정도를 지불한다. 보통 에어컨 가스는 한 번 주입하면 철거할 때까지 다시 채우는 경우는 거의 없다. 그런데 이우에서는 에어컨을 재설치했을 경우 매년 가스를 다시 채워야 한다. 참으로 희한한 에어컨이다. 에어컨을 재설치한 후 일 년이 채 되지 않아 찬 바람이 나오지 않는 문제가 생긴다. 기사를 불러서 확인하면 에어컨 가스가 부족하다고 한다. 분명히 재설치할 때에 가스가 100% 충전되었다는 설명을 들었는데 일 년도 되지 않아 가스가 다 날아간 것이다. 그런데 이런 경우를 한 번만 당해본 것이 아니라 매번 이사할 때마다 겪다 보니 이젠 이력이 났다. 아마도 에어컨 가스를 일 년만 쓰도록 하는 것이 아닌가 하는 의심을 갖게 된다. 기술이 부족한 것인지 아니면 일부러 그러는 것인지 알 수가 없다. 그것도 아니면 일 년이 되기 전에 가스가 다 빠져나가게 하는 이들만의 특별한 기술이 있는 것은 아닌지 궁금하다.

돈 주면 물건도 보내줄게

내 동창 중에 의류를 전문으로 하던 친구가 있다. 한국 의류업계에서 오랫동안 자신의 영역을 넓혀 나름대로 이름이 난 친구였다. 그리고 중국도 나보다 훨씬 먼저 진출했으니 중국통이라고 할 수 있다. 게다가 중국어도 유창하게 해서 전국을 돌아다니면서 모든 일을 혼자 처리할 수 있는 능력까지 지녔다. 그렇지만 원숭이도 나무에서 떨어질 수 있는 곳이 중국이다. 이 친구가 한국의 의류업체에서 3만 장의 블라우스를 주문받았다. 이를 이우 인근에 있는 동양의 한 공장에 주문을 주었다. 그런 줄 알고 있다가 검수 나가보니 그 공장에서 항저우 인근에 있는 공장에 하청을 주었다는 것을 알았다. 그런데 항저우 공장에 갔더니 황당하게 그 공장에서는 후난성에 소재한 작은 마을의 소규모의 공장에 재하청을 주었다는 소식을 들었다. 열두 시간 동안 일반 열차를 타고 후난성에 도착한 후 그곳에서 다시 버스를 타고 네 시간을 이동해서 공장에 도착할 수 있었다. 요즘엔 고속철이 발달해서 반나절이면 닿을 수 있는 곳이지만 당시에는 이렇게 다닐 수밖에 없었다.

공장에 도착한 후 검수해보니 대부분의 제품은 완성이 되었고 일부는 아직도 작업 중이었다. 이미 완성된 제품을 검수해보니 별문제가 없었다. 완성된 제품에 대해서는 대금을 지불하고 이우로 보내달라고 요청했다. 전체적으로 살펴보니 앞으로도 큰 문제가 없어 보였다. 나머지는 작업이 끝나면 연락을 줄 테니 빈관(우리의 여관)에 가서 쉬라며 공장 사장이 등을 떠밀었다. 어쩔 수 없이 빈관에서 쉬고 있는데 전화가 왔다. 그다음 날 오전에 물건이 완성되니 이를 싣고 갈 트럭을 준비하라는 연락이었다.

하룻밤을 자고 일찌감치 호텔 앞에 화물차를 대기하고 기다리는데 공장으로부터 연락이 오질 않았다. 아침부터 시작된 기다림은 해가 서산으로 저물어 갈 때까지도 끝나지 않았다. 친구는 물건이 오지 않는다고 화를 내는 트럭 기사까지 달래야 했다. 트럭 기사는 저녁 일찍 떠나야 다음 날에 이우에 닿을 수 있으니 그럴 수밖에 없었다. 한참 전화통을 들고 다툼한 끝에 공장 사장이 물건을 가지고 나타났다. 이미 해는 기울어서 주위가 어두워졌다. 오전부터 저녁 늦게까지 기다렸으니 심신이 지칠 대로 지쳤다. 총 200박스가 넘는 물건을 혼자 검수하려니 엄두가 나질 않았다. 그렇지만 이미 한번 공장에서 검수한 터라 그다지 어렵다는 생각은 들지 않았다. 그리고 자신은 이미 의류업계에서 20년 이상의 경력을 쌓은 베테랑이 아니던가. 평소에 하던 식으로 능숙하게 박스를 열어 확인해 보니 문제가 없는 듯 보였다. 그래서 모두 트럭에 옮겨 싣고 대금을 지불했다. 그 트럭을 타고 꼬박 하루를 달려 이우에 도착했다. 젊은이들에게도 힘든 일이지만 나이 60이 넘은 그에게는 고된 일정이었다.

　이우에 와서 재포장을 하려고 박스를 뜯어보니 윗부분에는 브라우스가 있었지만 밑에는 모두 천 쪼가리가 들어있었다. "아차" 하는 생각이 들어 다른 박스를 뜯어보니 마찬가지였다. 속았다는 생각에 화가 났지만 이미 대금을 지급했으니 어쩔 도리가 없었다. 그때야 "이미 이우로 보낸 400박스는?" 하는 생각이 언뜻 떠올랐다. 그곳에서 이미 보낸 옷이 아직까지 이우에 도착하지 않았기 때문이다. 후난성 화물 회사에 전화했다. 그런데 전혀 예상치 못한 의외의 답이 돌아왔다. "아 그거, 공장 사장이 문제가 있다고 해서 도로 가져갔다."는 것이었다. 화물 회사에서 발행한 송장이 있었지만 아무 의미가 없었다. 공장 사장한테 전화했다. 그랬더니 "아 그 물건을 내가 보내줄 테니 돈을 보내 달라."고 한다. 미치고 펄쩍 뛸 일이지만 이미 엎질러진 물이다. 설사 돈을 또 준다고 해서 물건을 받는다는 보장도 없었다. 고민 끝에 물건을 포기하기로 했다. 그리고 이 친구는 결국 중국에서의 사업을 포기하고 한국으로 돌아갔다.

불량과의 전쟁은 영원한 숙제

권총 좀 구해주세요

세상 사는 일이 다 그렇지만 무역을 하다 보면 별의별 사건을 다 겪는다. 납기일을 못 맞춰 발을 동동 구르다가 최종적으로 비행기로 선적을 하는 경우도 있고, 대금이 제때 들어오지 않아 결제해야 할 공장과 마찰을 빚을 때도 있다. 그렇지만 가장 낭패인 경우는 이미 만들어 놓은 물건에 하자가 생겼을 때이다. 다시 만들기도 그렇고 그냥 보낼 수도 없으니 진퇴양난이다. 선적하지 않으면 바이어는 주문한 물건이 안 온다고 난리일 테고, 그냥 보내면 불량품이라 팔 수도 없을 터이니 더 큰 손해를 볼 것이 자명하다. 그래서 불량을 만들지 않는 게 최선이지만 현실은 그렇지 못하다.

화곡동 도매 시장에 가보면 중국에서 온 제품들을 바닥에 깔아놓고 재포장 작업을 하는 것을 흔히 볼 수 있다. 문제가 있는 제품들을 골라내고 다시 포장 작업을 하는 것이다. 물건이 잘못 만들어지면 공장에서 다시 만드는 것이 제일 현명한 방법이다. 그러나 중국 공장 사장들은 엉뚱한 물건을 만들어 놓고도 발뺌을 하기 일쑤다. 지금은 많이 나아졌지만 중국 진출 초기에는 불량품 때문에 공장 사장과 싸움을 하는 게 일과였다. 다시 만들어 주기는커녕 물건을 요구한 대로 만들어 주었는데 가격을 깎으려고 생떼를 쓴다고 오히려 역정을 낸다. 또 분위기가 심상치 않다 싶으면 물건을 주기도 전에 돈부터 달라고 한다.

가끔 주위의 한국 사람들끼리 모여 식사도 같이하고 푸념도 늘어 놓는다. 이때만큼은 한국인들끼리 일에 대한 부담도 없이 서로 허심탄회하게 이야기를 나눌 수 있다. 이런 대화를 통해 서로 간의 정보도 교환하고 스트레스도 푼다.

하루는 젊은 한국 부부와 식사를 같이 하게 되었는데 내게 "사장님, 권총 한 자루만 좀 구해주세요."라고 부탁했다. 물론 진담이 아닌 농담이지만 그 말속에는 중국에서의 사업이 얼마나 어려운가 하는 의미심장한 뜻이 담겨 있다. 이 친구는 중국에서의 생활이 너무 힘들어서 사무실을 정리하고 한국으로 돌아갈 계획이라고 했다. 그런데 "한국으로 돌아가기 전에 몇 명 좀 손을 보고 가야겠다. 그렇지 않으면 천추의 한이 될 것 같다."라는 말을 했다. 이 말을 듣고 우린 박장대소했지만 그런 말을 하기까지 얼마나 속을 많이 태웠을까 하는 생각부터 들었다.

시간이 안 맞는 시계

이 젊은 부부가 시계 공장에 3만 개나 되는 손목시계를 주문했다. 샘플은 잘 나왔기에 별걱정도 하지 않았다. 시계는 제대로 된 무브먼트만 사용하면 문제가 될 것 없는 제품이다. 그런데 납기일에 맞춰 시계를 받았는데, 웬걸, 시간을 맞추려고 해도 맞출 수가 없었다. 본래 시계는 분침을 움직여야 시간을 맞출 수 있는 구조로 되어 있다. 그런데 공장에서 거꾸로 조립해서 시침을 돌려야 시곗바늘이 돌아가게끔 만들어 놓았다. 분침이 돌아가지 않으니 아무리 해도 시간을 맞출 수가 없다. 하루에 한 번도 시간이 안 맞는 시계가 탄생한 셈이다. 납기일은 이미 다 되었지만 바이어의 양해를 구하고 공장에다 다시 조립해 달라고 일렀다.

일주일 후에 다시 조립해온 시계를 확인해 보니 이제는 분침이 돌아가서 제대로 시간을 맞출 수 있었다. 이젠 선적을 할 수 있겠다고 생각하니 마음이 가벼워졌다. 그런데 시계를 포장 박스에 담으려고 하다 보니 유리에 지문 자욱이 선명하게 나 있는 것을 발견했다. 하나만 그런 것이 아니고 모든 시계에 지문이 선명하게 새겨져 있었다. 닦으면 없어지려니 했는데 아무리 닦아도 지워지지 않았다. 작업자들이 재작업을 하면서 장갑을 끼지 않은 손으로 만진 것이 원인이었다. 손을 깨끗하게 닦은 상태로 작업했다면 별문제가 없었지만 중국에서 그런 것을 기대하는 것은 무리다. 지문이 지워지지 않았던 것은 유리 바깥쪽이 아니라 안쪽에 묻어 있었기 때문이었다. 상황이 이러하니 뚜껑을 열기 전에는 달리 이를 지울 방법이 없었다. 이미 납기를 한 번 늦추어 놓았는데 다시 작업하려니 시간이 촉박했다. 또 몇 번을 여닫기를 반복하니 시계가 온전할 리가 없었다. 젊은 부부는 고민을 거듭하다가 최종적으로 납품하는 것을 포기했다. 손해도 많이 입었지만, 그보다는 신용이 망가졌으니 체면이 말이 아니었을 것이 분명하다. 한마디로 남들에게 하소연도 할 수 없는 처지였다.

불량품을 만들고도 벤츠를 타고 다닌다

아직도 중국에서 일하면서 가장 어려운 점을 꼽으라면 불량품 문제라고 할 수 있다. 불량이 발생하면 주문한 업체는 물론 우리도 비상이 걸린다. 시간이 허락하면 다시 만들기도 하지만 이런 경우는 무척 드물다. 물론 우리도 처음부터 불량품이 나오지 않도록 나름대로 부단한 노력을 하고 있다. 제품이 만들어질 때 검수하는 것은 물론이다. 또한 이우에 상주하는 한국 업체들은 창고에서 검수하고 재포장한 후 물건을 내보낸다. 이런 노력에도 불구하고 불량품을 완전하게 막아내지 못한다. 내가 20년 넘게 중국 무역을 하고 있지만 불량품 문제만은 아직도 완전하게 해결하지 못하고 있다.

그래도 요즘 중국의 공장은 젊은 사장들이 많다. 이들은 구세대와는 달리 신식 교육을 받았고 국제적인 상거래 관행에도 익숙하다. 그래서 예전과 같이 불량품이 발생해도 모른 척하지는 않는다.

중국의 작은 공장들의 급여 체계는 우리와는 기본적으로 다르다. 이들은 생산한 만큼의 대가를 받는다. 엄밀히 말하면 월급제가 아니라 도급제라 할 수 있다. 자신이 만들어낸 숫자에 대해서만 돈을 받을 수 있으니 열심히 할 수밖에 없다. 철저한 자본주의 논리가 작용하는 중국의 공장이다. 공장 사장은 일이 없을 경우에는 급여를 지불하지 않는다. 때문에 중국 공장은 고정 비용 지출의 부담이 적다. 그렇지만 직공들은 일이 없으면 공장을 떠난다. 공장 사장은 이들이 떠나지 않도록 적당히 오더만 따오면 된다. 직공들은 가능한 돈을 많이 받기 위해 최대한 많은 수량의 물건을 만들려고 노력한다. 조건이 이러하니 품질보다는 오로지 많은 숫자를 뽑아내는 데에만 혈안이 될 수밖에 없다.

또 불량이 발생하면 그만큼 받는 금액이 줄어드니 이걸 빼내지 않고
슬쩍 양산품으로 밀어 넣기도 한다.

한 번은 천으로 된 가방을 만드는 공장에 검수를 나간 적이 있다. 검
수하면서 불량이 나오면 우리가 한쪽으로 치워 놓았는데 이를 공원들
이 몰래 정상 제품에 집어넣기 일쑤였다. 그래서 이런 것을 방지하기
위해 불량품이 나오면 아예 다시 사용할 수 없도록 찢어 버렸다. 다른
나라에서는 이런 상황이 발생하면 조심해서 물건을 만드는 것이 보통
이다. 그렇지만 이 공장의 직공들은 자리를 털고 일어나 밖으로 나가
버렸다. 내가 공장 사장한테 말했더니 자신은 어쩔 수 없다고 나한테
도리어 역정을 냈다. 왜 그렇게 엄격하게 검사해서 멀쩡한 직공을 쫓
아냈느냐는 것이었다. 중국의 공장 사장과 직공은 엄밀하게 말하면 고
용 관계가 아니라 협업 관계라 할 수 있다. 그러니 공장 직공들은 그런
행동을 할 수 있었던 것이다. 내가 그동안 중국에서 일하면서 가장 괘
씸하다고 생각되는 놈은 불량품을 만들어 놓고도 벤츠를 타고 다니는
공장 사장들이다

불량과의 전쟁

무역을 하다 보면 불량은 피할 수 없는 숙명과도 같은 존재다. 아
무리 신경을 쓰고 검수한다고 해도 불량이 발생하는 것은 피할 수 없
다. 거래처로부터 주문을 받게 되면 기쁘기는 하지만 한편으로는 불량
이 발생하면 어떻게 하나 하는 걱정부터 하게 된다. 중국에 처음 들어

와서 불량 때문에 정말 고생을 많이 했다. 일이 많아서 항상 바쁘기는 한데 수시로 발생하는 불량 때문에 돈을 벌기는커녕 한국에서 돈을 가져다가 이를 메워야 했다. 물론 그때와 비교하면 지금의 상황은 예전에 비해 정말 많이 좋아졌다. 그럼에도 불구하고 아직도 해결하지 못하는 것이 불량 문제다. 특히 중국이 가진 특수한 생산 환경에서는 더더욱 그럴 수밖에 없다.

또한 중국인들의 사고방식도 우리와는 큰 차이가 있다. 오랜 기간 공산주의 배급 체제 속에서 생활했던 중국인들은 제품의 품질에 그다지 신경을 쓰지 않았다. 농담조로 하는 말이 멀리서 봐서도 큰 문제가 없으면 괜찮다는 식이다. 앞에서 언급한 바와 같이 배급제가 실시되던 시기에는 돈을 내고 물건을 사서 쓰는 것이 아니었기 때문에 디자인이 좋을 필요도, 또 색상이나 마무리가 깔끔할 이유도 없었다. 그런 사고방식으로 제품을 만들다 보니 혼이 들어간 제품을 기대하는 것은 무리일 수밖에 없었다.

그렇다 하더라도 바이어와 약속한 제품은 제대로 만들어 주어야 하는데 항상 그런 것이 아니다. 공장에서는 제품에 문제가 생기면 샘플과 조금 차이가 나는 것은 바이어 측에서 이해해 주어야 한다고 요구까지 한다. 그렇지 않으면 물건을 줄 수 없다고 버티기도 한다. 완전 배째라는 식이다.

1990년대 말까지는 대한민국과 타이완, 홍콩을 '아시아의 용'이라 불렀다. 세계의 제조 기반이 대부분 이곳에 몰려 있었다. 이때까지만 해도 적어도 국제 상거래의 규범이 적용되었다. 그렇지만 중국이 제조의 모든 것을 끌어들인 이후에는 모든 것이 중국식으로 달라졌다. 중국 공장에서 안 준다고 하면 받을 수 없는 처지가 되었다. 물건을 잘못 만들어 놓고도 중국 공장이 큰소리치게 된 것은 다 이런 배경에서 시작되었다. 그러니 불량을 만들어 놓고도 전혀 미안해하거나 책임지려 하지 않는다.

중고 자전거가 던지기에는 안성맞춤

중국에서 일하다 보면 모든 것을 때려치우고 한국으로 돌아가야겠다는 생각을 하루에도 몇 번씩 하곤 한다. 중국인들의 일 처리 방식이 우리와는 너무 다르기 때문이다. 약속이라는 것을 그다지 중요하게 생각하지도 않고, 설사 문제가 생겨도 이를 해결할 의지를 보이지 않기 때문이다. 우리는 물건을 선적할 때까지 항상 품질과 납기 때문에 긴장한다. 제품이 제때 나오지 않으면 선적 때문에 걱정하고 불량이 나오면 또 어떻게 대처해야 할지 고민한다. 그렇지만 문제가 생겨도 중국의 공장에서는 남의 일처럼 별다른 반응을 보이지 않는다. 그래서 가끔은 과연 이 사람들이 사업을 하려는 의지가 있는 것인가 하는 의심이 들 때가 많다.

닝보에서 금형을 제작하던 고 사장님은 누구보다 다혈질이다. 그런 성격으로 느긋한 중국인들을 상대하려니 항상 문제가 발생하곤 했다. 금형을 의뢰하면 납기일이 지체되는 것은 언제나 있는 일이었다. 화가 나서 한바탕 소란을 피워도 눈썹 하나 까딱하지 않는 공장 사람들과 입씨름을 하려니 속만 타들어 갔다. 가끔 술을 사주면서 달래도 봤지만 그래도 달라지는 것이 없었다. 이런 식으로 살다가는 사주팔자대로 살 수 있을 것 같지 않다는 생각까지 들었다.

고 사장님이 금형 공장을 갔다가 너무 화가 나서 폭발했다. 금형 공장에서 약속을 이미 세 번이나 어겼는데 또 납품 일자를 미루었기 때문이었다. 금형이 완성되어야 한국에서 만들어 달라고 하는 제품도 생산을 시작할 수 있다. 그런데 매번 약속을 어기니 그게 언제일지 기약할 수가 없었다. 또 한국 고객한테 매번 미안하다고 하는 것도 거의 한계점에 도달한 셈이었다.

공장 사장의 무성의한 대답에 너무 화가 나서 타고 갔던 자전거를 공장 안에서 냅다 집어 던졌다. 던진 것은 산 지 얼마 되지 않는 고급 자전거였다. 얼마나 세게 던졌는지 튼튼하게 보이던 자전거가 박살이 났다. 그걸 보고 공장 사람들이 움찔했다. 그리곤 행동들이 조금 빨라지기 시작했다. 확실히 효과가 있었던 것이다. 자전거를 집어 던진 지 일주일 만에 금형이 완성되었다.

한 번 효과를 봤으니 그다음부터 문제가 생기면 역시 자전거를 집어 던졌다. 그렇지만 비용 지출이 너무 컸다. 새 자전거를 장만하려면 우리 돈으로 10만 원 이상의 비용이 들었다. 그래서 그다음부터는 헌 자전거를 사서 시위용으로 사용했다. 헌 자전거의 효과는 더욱 빛을 발했다. 고물 자전거는 새 자전거에 비해 훨씬 잘 부서졌기 때문이다.

눈물 앞에는 장사가 없다

중국 진출 초창기에는 불량과의 전쟁이 일상이었다. 매일 하루의 일과가 상점이나 공장 사장과의 싸움이 전부였다. 그래서 금방 중국 상인들과의 싸움에는 이력이 났다.

하루는 아침 일찍 머그컵 상점 여주인한테서 전화가 왔다. 할 이야기가 있으니 우리 창고에서 만나자고 한다. 전화를 받고 나서 마음을 독하게 먹어야 한다고 다짐했다. 심증이 가는 일이 있었기 때문이다. 어제 미국으로 나가는 머그컵을 납품받았는데, 불량이 83박스가 나왔다는 보고를 이미 받았다. 총 250박스 중에서 83박스가 불량이라니 수량이 만만치 않았다. 어떻게 싸워야 할지를 머릿속으로 그려 보면서 창고로 향했다. 그런데 머그컵 상점 여주인이 날 보자마자 울음부터 터뜨렸다. 난 무슨 일이 있어도 독하게 싸워서 절대 양보하지 않으리라 마음먹고 왔다. 그런데 왈칵 울음을 토해내는 여주인을 보니 내심 당황하지 않을 수 없었다. 내가 어쩔 줄 몰라 하면서 "왜 우느냐?"고 했더니 여주인 왈 "사장님, 그렇게 불량을 많이 빼내면 난 어떻게 삽니까? 손해가 이만저만이 아니에요, 제발 선처해주세요." 하며 계속 울어댔다. 지나는 사람들이 무슨 일인가 쳐다보면서 하나둘 몰려들었고, 난 싸우려고 왔는데 사태가 점점 이상한 방향으로 가니 난감해질 수밖에 없었다. 이런 상황을 처음 대해 보니 나도 고민이 되었다. 그래서 잠시 생각한 후 "그러면 이렇게 합시다. 당신이 생각하기에 불량이라고 생각되는 것은 이쪽으로, 우리가 받아 주었으면 하는 것은 이쪽으로 분리해 주세요."라고 새로운 제안을 했다. 여주인이 오전 내내 자신들이 생각하기에도 불량이라고 생각되는 제품을 골라냈다. 총 28박스였다. 나머지 55박스 정도는 우리가 받아 주었으면 하는 것들이었다. 그래서 불량이라고 판단되는 것은 여주인이 도로 가지고 가고 55박스는 우리가 받아 주는 것으로 했다. 그렇다고 이걸 미국으로 보낼 수는 없었다. 우리가 불량이라고 생각하면 당연히 미국에서도 불량이기 때문이다. 다행인 것은 전체 금액이 크지 않아 우리가 이를 받아들일 수 있었다는 점이다. 우리가 대금을 지급하고 머그컵은 우리 거래처에 직원용으로 나누어 주었다. 만약 머그컵 여사장이 불량이 아니라고 우겼으면 내가 받아 주지 않았을 것이다. 여자가 울면 이를 이길 장사가 없다.

인해 전술의 위력

미국에 4천 개의 매장을 보유한 월그린과 거래할 기회가 있었다. 긴 막대기 형태의 플라스틱에 형광 물질이 안에 들어있는 제품이었다. 플라스틱 막대기를 꺾으면 "탁 소리를 내며 형광 빛을 발산하는 것으로 야간 낚시할 때 찌에 매달아 놓는 것과 같은 원리의 제품이다. 수량이 80만 개였기 때문에 웬만한 공장에서는 감당하기 어려울 정도로 큰 주문이었다. 다행히 이우에 괜찮은 공장이 있어서 그곳에 생산을 맡겼다. 초기에는 우리가 계획한 대로 아무 문제 없이 착착 진행되었다. 미국의 체인 스토어와 거래하는 것은 흔치 않은 일이기에 신경을 바짝 쓰지 않을 수 없었다. 이런 곳과 거래를 하다가 클레임이라도 맞게 되면 사업에서 치명타를 입을 수 있다.

생산 일정에 맞춰 제품이 생산되었고 칼라박스도 문제없이 만들어졌다. 모든 것이 순조롭게 진행되어 대단히 만족스러웠다. 이전에 내가 미국 월마트와 거래를 해본 적이 있어서 이런 일에는 어느 정도 자신이 있던 차였다. 그런데 우리가 준비해야 할 것은 완벽하게 진행이 되었는데, 일은 엉뚱한 곳에서 터졌다.

제품을 열 개씩 종이통에다 담는데 이게 들어오지 않는 것이었다. 총 12만 개가 필요한데 공장에 들어온 것은 고작 7천 개였다. 공장에서 우리와 같이 큰 오더를 받아본 경험이 없어서 이걸 간과한 것이다. 그런데 그걸 탓할 겨를이 없었다. 그래서 이것도 공장에 맡길 것이 아니라 우리가 스스로 종이통 공장을 찾아 나섰다. 닝보와 이우 인근의 공장을 방문해서 우리가 직접 계약하고 공장에 공급해 주었다. 납기 때문에 가격을 비싸게 계산해 줄 수밖에 없었지만 돈이 문제가 아니었다.

그런데 통만 들어와서는 문제가 해결되는 게 아니었다. 통에는 인쇄가 되지 않기 때문에 인쇄가 된 종이를 풀을 이용해서 최대한 흔적 없이 붙여야만 했다. 그런데 풀을 인쇄지에 칠한 후 조심스럽게 통에 붙여야 하는데 시간이 만만치 않게 소요되었다. 제한된 시간 때문에 가능하면 많은 인원을 이용해야 했다. 다른 곳보다 두 배 많은 일당을 준다고 했더니 삽시간에 인원이 몰려들었다. 첫날에 50명이던 인원을 다음 날에는 120명까지 늘렸다. 돈이 원천이었다. 인원 문제는 해결이 되었지만 통에 제대로 풀칠을 한 인쇄지를 한정된 시간 내에 붙이되 불량이 없어야 하는 것이 관건이었다. 그래서 일당제에서 완성품 숫자대로 계산해주는 방식으로 바꾸었다. 품질 검사를 해서 이상이 없는 제품의 수량에 대해서만 돈을 지급한다고 하니 합격률이 급격히 올랐다. 나로서는 해결책을 찾았지만 처음 시작할 때에 예상하지 못했던 비용이 곱절에서 또 배로 늘어나니 속이 쓰렸다. 그래도 일이 제대로 진행되는 것만으로도 다행스럽게 생각해야 했다.

붙지 않는 풀

갈수록 태산이라는 말이 있다. 중국에서 하는 일에 딱 어울리는 표현이다. 전혀 예상치 못한 엉뚱한 일이 또 터졌다. 종이에 풀칠을 해도 통에 붙지 않는 것이었다. 붙지 않는 풀이라니 상상할 수가 없었다. 풀에 이상이 있는 것이 확실했다. 풀을 판 상점으로 달려갔다. 상점 주인은 처음에는 풀에 하자가 있을 수 없다고 버텼다. 우리가 주인이 보는 앞에서 그 가게에서 산 풀로 시범을 보였다. 당연히 종이가 붙지 않았다. 주인장은 할 말이 없는지 연신 헛기침만 하더니 자기의 책임이 아니라고 꽁무니를 뺐다. 그래서 다른 풀로 바꾸어 달라고 요구했지만 상점 주인은 딴전만 피운다. 그리고 공장에다 상황을 설명했으니 내일 다시 오라고 한다. 그렇지만 우리에겐 시간이 없었다. 평소보다 네 배나 많은 비용을 쥐가면서 작업을 하는데 풀이 없으면 모든 게 다 허사로 돌아가는 셈이다. 말싸움이 30분 넘게 계속되었지만 해결책이 나오지 않았다.

그래서 내가 우리 작업장에다 전화해서 "풀이 없어서 모두 일을 못하고 있으니 차라리 이곳으로 보내라."고 했다. 그 소리를 들은 상점 주인은 해볼 테면 해보라는 식으로 코웃음을 쳤다. 30여 분이 흐른 후에 화물 트럭을 타고 100명이 넘는 작업자들이 매장으로 몰려왔다. 이들은 불량 풀 때문에 일을 하지 못하니 돈이 날아갈 지경이라 마음이 무척 급했다. 그것도 다른 작업장보다 네 배나 많은 수입을 올릴 수 있었으니 그럴 만도 했다. 이를 해결하지 못하면 하루를 공치는 셈이다. 그러니 만사를 제쳐놓고 매장으로 몰려와 아우성쳤다. 그 광경을 지켜본 상점 주인의 얼굴이 사색이 되었다. 만약 이들이 난동이라도 부린다면 본전을 찾기 어렵다는 생각이 들었을 것이다. 조금 전까지만 해도 오만 방자하던 사장의 태도가 180도 바뀌면서 "모두 바꾸어 줄 테니 걱정 하지 말라."고 사정했다. 한국 전쟁 때 중공군이 쓰던 인해전술을 내가 중국에서 사용했던 것이었다. 이런 우여곡절 끝에 납기일을 넘기지 않 고 무사히 선적할 수 있었다. 그때를 생각하면 아쉬움도 많이 남고 속 도 쓰리다. 한편으로는 괘씸한 풀 장사 아저씨를 혼내준 생각에 웃음 이 절로 나온다.

중국은 계속 발전한다

중국 최고의 갑부는 봉이 종산산

중국은 14억이 넘는 인구가 사는 큰 시장이다. 이 사람들에게 옷을 하나씩만 팔아도 최소 14억 벌을 팔 수 있다는 이야기다. 이렇게 큰 시장이니 제대로 물건 하나만 만들어서 팔아도 대박을 낼 수 있는 기회가 생긴다. 실제 중국 최고의 갑부는 '농부산천(農夫山泉)'이란 생수를 팔아 돈을 번 중국판 봉이 김선달, 종산산(鍾睒睒)이다.

종산산은 우리 돈으로 65조 원의 자산을 소유하고 있다. 그의 뒤를 따르는 이가 중국 IT 산업을 선도하는 텐센트의 마화텅과 알리바바의 마윈이다. 한 병에 고작 2위안(340원) 하는 생수를 팔아 중국 최고의 부자로 등극했으니 중국 시장의 규모가 얼마나 큰지 쉽게 이해할 수 있다. 중국에서 하루에 팔리는 농부산천의 숫자는 약 4천만 병 내외다. 일 년에 팔리는 양이 자그마치 150억 병이 넘는다. 한여름에도 뜨거운 물이나 차를 마시던 중국에서 생수를 이렇게 많이 마시다니 조금은 믿기지 않는다. 중국인들조차 30여 년 전에는 물을 사서 마신다는 것을 상상조차 하지 못했다.

중국의 IT 산업의 발전이 역시 눈부시다. 알리바바는 이미 국제적인 상거래 사이트로 자리 잡았고, 위챗은 가입자의 숫자가 10억 명이 훨씬 넘는다. 드론은 중국의 기업들이 전 세계 시장을 선도하고 있다. 또한 중국의 스마트폰 업체는 화웨이를 비롯해서 샤오미, 비보 등이 전 세계 시장에서 점유율을 높여가고 있다. 그런데도 불구하고 단순한 생산품인 물 하나로 재벌이 될 수 있다는 것은 그만큼 중국이 폭발적인 구매력을 지니고 있다는 것을 입증한다.

재미있는 것은 2000년 초에 역시 '와하하(娃哈哈)'란 광천수를 팔던 종칭허(宗慶後)가 중국 최고의 부자에 등극하기도 했었다는 점이다. 당시 와하하는 하루에 500만 병 정도가 팔려 나갔다. 와하하는 천연 생수가 아니고 여러 단계의 여과 과정을 거쳐 만들어진 물이다. 그래서 물맛이 밋밋하게 느껴진다. 이에 반해 농부산천은 항저우 인근의 첸다후(千島湖)에서 물을 공급 받는다. 물맛이 와하하에 비해 좋을 수밖에 없다. 농부산천의 대표인 종산산은 한때 와하하에서 영업하던 인물이다. 생수 시장이 커지는 것을 피부로 느낀 그는 와하하와는 다른 물맛으로 도전장을 내밀어 성공 신화를 썼다. 한국의 봉이 김선달 역시 물을 팔아 돈을 벌어들였지만 종산산과 비교하면 새 발의 피라 할 수 있다.

천하의 원저우 상인

중국인들은 옛날부터 낙타를 타고 실크로드를 건너 아라비아까지 가서 장사하던 이들이다. 이런 환경에서 살던 사람들이니 사농공상을 따지던 우리와는 비교할 수 없을 정도로 장사에는 수완이 좋다고 할 수 있다. 예전에는 진나라 상인들을, 근대에 들어와서는 광동 상인을 중국을 대표하는 상인이라고 했지만, 요즘엔 원저우 상인들을 최고로 치고 있다. 원저우 사람들은 중국은 물론 전 세계에 퍼져 장사하고 있다. 이를 실감할 수 있는 것은 "태양이 뜨는 곳에는 반드시 원저우 사람들이 있다."는 말이다.

이우에는 세계 최대의 도매 시장이 자리하고 있다. 이우 도매 시장이 형성되는 데 원저우 사람들의 힘이 크게 작용했다. 지금도 이우 도매 시장의 절반 가까운 상인들이 원저우 출신들이다. 원저우 사람들은 중국의 아파트 가격을 좌지우지할 정도로 대단한 자금력을 보유하고 있다. 이들은 베이징이나 상하이의 대단위 아파트 단지를 통째로 사들여 가격을 결정한다. 이들의 자금 동원력과 단결력은 원저우로 연결된 철도에서도 발견할 수 있다. 기차는 중국의 가장 중요한 교통수단으로 전국이 철도로 연결이 된다. 중국의 철도는 이미 백 년이 넘는 역사를 지니고 있다. 그렇지만 원저우에 철도가 건설된 것은 1996년이다.

원저우는 인구 900만이 넘는 큰 도시다. 그럼에도 불구하고 이렇게 철도가 늦게 건설된 이유는 원저우가 내륙과는 철저하게 차단되어 있는 지형 때문이었다. 원저우는 해안가에 위치해 있지만 내륙으로 통하는 길은 험악한 산악으로 막혀 있다. 이곳을 철도로 연결하려면 산을 뚫고 수많은 교량을 건설해야 하는 등 난공사가 필요하다. 중국 정부에서 높은 건설비 때문에 철도 공사를 주저할 수밖에 없었다. 이에 원저우 사람들이 직접 나섰다. 자신들이 십시일반으로 돈을 걷어 원저우까지 철도를 연결했다. 이들의 단결력과 자금 동원력을 보여 주는 생생한 사례다. 얼마 전까지 원저우 사람들의 취미는 '자가용 비행기를 사는 것'이라는 농담을 했다.

척박한 환경이 낳은 천하의 상인

원저우는 저장성 동남부 해안에 자리한 도시다. 내륙으로는 산으로 둘러싸여 접근이 용이하지 않다. 우리나라의 속초나 동해와 비슷한 처지의 입지 조건이라고 할 수 있다. 좁은 지역에 인구는 많고 토지는 제한적이라 농사를 지을 땅이 충분하지 않았다. 게다가 매년 불어오는 태풍으로 인한 피해 때문에 아주 척박한 환경 속에서 살았다. 그렇지만 원저우 사람들은 이런 처지를 비관하지 않고 전국을 돌아다니며 장사해서 돈을 벌었다. 이들은 하찮은 것이라도 많이 팔면 돈이 된다는 철학을 가지고 있다. 우리가 생각하기에 '저걸 팔아서 돈이 될까?' 하는 것도 돈이 된다면 거침없이 도전한다. 보통의 중국인들에게서는 볼 수 없는 면모다. 부모들도 자식이 열세 살이 되면 밖으로 나가서 돈을 벌라고 할 정도였다.

중국에는 표준어인 만다린 외에 지역별로 다른 언어가 있다. 그중에서도 원저우어는 중국에서 가장 어렵다고 알려져 있다. 만다린이 네 개의 성조를 가지고 있는데 반해 원저우어는 여섯 개의 성조를 구사해야 한다고 한다.

이런 특수한 언어 구조 때문에 세계 2차 대전 당시 일본과의 전투에서 원저우 통신병들의 활약이 뛰어났다고 전해진다. 고도의 전문 훈련을 받은 일본군 통신 감청병조차 원저우 말은 알아들을 수가 없었기 때문이다.

중국에서도 언어는 자신의 출신을 나타내는 도구이다. 언어를 통해 원저우인들이 더욱 연대를 끈끈하게 이어 나가고 있다. 또한 자신들의 바이어를 다른 원저우 공장이나 상점에 소개하는 방식은 또 다른 자산이다. 타지에서 원저우인들이 협동을 통해 살아남는 방법의 하나다.

이들은 우리와 같은 '계'를 이용한다. 이를 통해 돈이 없는 사람도 사업에 필요한 자금을 조달할 수 있다. 다른 지역에서 볼 수 없는 이들만의 독특한 제도이다.

중국의 발전은 계속된다

군에서 흔히 하는 말이 '그래도 국방부 시계는 돌아간다.'이다. 시간만 지나면 모든 것이 해결된다는 뜻이다. 매번 불량품을 만들어내는 중국 공장이 망할 것 같지만 괘씸하게도 그렇지 않다. 우리의 기대와는 정반대로 오히려 잘 돌아간다. 앞서 말했지만 한국의 품질 요구 수준은 세계 최고라고 해도 과언이 아니다. 우리가 불량품으로 분류하는 제품을 사용하는 나라가 의외로 많다. 이우 시장에서 나오는 허접한 물건들도 중동이나 아프리카, 남미에서는 없어서 못 판다. 우리는 100% 완벽한 제품을 요구하지만 이들 나라들에서는 우리가 요구하는 수준의 50%, 아니 그 미만이라도 파는 데 지장이 없다. 그래서 이들 나라로 나가는 제품들은 거의 검수가 필요 없다. 제품의 질보다는 수량이 맞는가 하는 게 가장 중요한 포인트이다.

아프리카에서는 우리가 생각하기에 버려야 될 것 같은 허접한 원단을 사 간다. 그것도 압축 포장기를 이용해서 최대한 부피를 줄여서 가져간다. 우리에겐 쓰레기나 다름없지만 현지에서는 없어서는 안 될 귀중한 자원이다.

요즘 중국이 욱일상승하는 데 비해 경제적 동물이라 불리었던 일본이 많이 망가져 가는 분위기다. 일본의 국민성도 그렇지만 모든 제품은 100% 완벽하게 만들려고 하는 노력이 뛰어나다. 그러다 보니 시간과 노력, 돈이 많이 들어간다. 그런데 실제로 그 정도의 노력과 시간을 소비해서 만든 제품을 쓸 수 있는 인구는 한정적이다. 지구상에는 우리 기준으로 100%라는 제품보다는 그보다 못한 70%, 또는 50% 수준의 제품을 쓸 수 있는 사람들이 우리가 생각하는 것보다 훨씬 많다. 중국 공장들은 설사 불량품을 만들어낸다 해도 계속 공장을 가동한다. 그런 제품을 쓰는 인구가 무한정으로 존재하기 때문이다.

제4장

—

중국
속의
한국인

강인한 한국인

세계 속의 한국인

한국인이 없는 나라가 지구상에 있을까? 아마도 사람이 살 수 있는 곳이라면 반드시 한국인이 살고 있을 것이다. 그 정도로 한국인들의 생활력은 강하고 질기다. 한국인들의 생존 능력은 탁월하다. 한국인은 부지런하고 성실하며 현지 실정에 잘 적응한다.

중남미의 옷과 액세서리 시장의 상권을 한국인들이 잡고 있다. 1960~1970년대 남미로 이민을 떠난 것은 대한민국이 먹고 살기 어려웠기 때문이다. 좁은 땅에 인구는 계속 늘어나고 이 때문에 항상 식량까지 부족한 상황이었다. 식솔을 줄여 조금이나마 먹고사는 문제를 해결하려고 했던 것이 당시 우리나라 이민 정책이다.

대한민국이 어려울 때 많은 한국인이 이민을 떠났다. 사실 그때만해도 대한민국은 아무런 희망이 없는 나라였다. 언어가 다르고 문화가다른 먼 이국땅에서 한국인들은 특유의 부지런함과 성실함을 바탕으로 현지에서 성공을 이루어 냈다. 남미로 주로 이민 간 것은 현지에서 농업에 종사해서 식량을 확보하는 차원이었다. 이를 위해 아르헨티나에는 이들을 위한 땅까지 정부에서 매입했다. 아직도 아르헨티나 산티아고 델 에스테로에는 대한민국 정부 소유의 토지가 남아 있다. 서울

면적의 1/3이나 되는 꽤나 큰 규모다. 그런데 농사를 지으러 떠난 이들은 농사에는 관심이 없었고 모두 장사에 뛰어들었다.

당시 아르헨티나의 옷 시장을 장악하고 있던 이들이 유태인이었다. 한국인들은 유태인과의 경쟁에서 그들을 이겨내고 의류 시장을 석권했다. 본래 사농공상 문화에 익숙한 한국인들은 사실 근대에 이르기까지 장사에는 문외한에 가까웠다. 그렇지만 늦게 배운 장사 실력으로 시장을 압도해 나갔으니 대단한 능력이 아닐 수 없다.

남미에서 가장 많은 교민이 사는 브라질 역시 한국인들이 의류와 액세서리 시장을 장악하고 있다. 브라질 역시 농업 이민으로 떠났지만 장사를 해서 탄탄한 입지를 확보했다. 여기에서 재미난 일본인들의 기질을 발견할 수 있다.

브라질에는 일본인들이 꽤 많다. 이들은 이미 100여 년 전에 브라질에 농업 이민을 와서 정착했다. 일본인들은 대대로 농사를 지으며 브라질에서 살고 있다. 일본인들은 융통성이 떨어진다. 농사를 지으러 왔으니 당연히 농사를 업으로 생각한다. 그렇지만 한국인들은 같은 목적으로 왔지만 농사보다는 장사하는 것이 생존하는 데 더 유용하다고 생각했다. 그리고 그 전선에 과감하게 뛰어들어 정열을 불태웠다. 한국인들이 어느 민족보다 생존 능력이 뛰어난 이유다.

이우의 한국인

중국에는 미국 다음으로 많은 한국인이 들어와 살고 있다. 중국은 이민을 받지 않으니 언젠가는 떠날 인생들이다. 한국인들은 경제적인 이유나 학업을 위해 중국에서 생활하고 있다. 이우에는 약 2천여 명의 한국인들이 생활하고 있다. 한때 9천 명이라는 말도 있었지만 세계 경기의 영향 때문에 많은 이들이 철수했다. 이우에 있는 한국인들은 대부분 무역업에 종사하고 있다. 한국인이 많이 살다 보니 한국 식당, 한국 슈퍼마켓 등 편의시설도 함께 모여 있다.

한국인들은 이우의 여러 지역으로 골고루 분산되어 살고 있다. 그중에서 가장 많이 사는 곳은 첸청(前城)이다. 첸청에는 한국인 풍물거리도 형성되어 있다. 처음 한국인들이 들어온 것은 중국과의 수교가 끝난 직후라고 들었다. 한국인들이 이우에 처음 들어와서 자리를 잡은 곳은 베이춘(貝村)이다. 당시에는 소상품 시장이 현재의 의류 시장인 황옌루(篁园路)에 위치하고 있었다. 베이춘은 당시의 소상품 시장과의 접근성이 용이했다. 2003년부터 소상품 시장이 푸티엔(福田)으로 옮겨 가면서 한국인들도 자연스럽게 첸청과 동주화원(東洲花園)으로 분산되었다.

한국인들은 중국에서 생산되는 제품을 한국과 미국, 유럽 등 세계 전역으로 수출한다. 일부는 한국 상품을 중국에 내다 팔기도 한다. 10여 년 전까지만 해도 액세서리 공장을 하던 분들도 많았다. 이우가 가진 강점을 살려 큰 액세서리 공장을 운영했지만 이젠 그런 분은 찾아보기가 어렵다. 한국인들은 이우 시장을 크게 발전시키는 데에 대단한 기여를 했다. 이우의 중국 상인들도 그 점을 인정한다.

이우에는 세계 140여 개국에서 온 외국인들이 거주하는 무역 도시다. 한국은 미국 다음으로 큰 이우의 무역 상대국이다. 그만큼 대한민국의 위상은 높다. 무엇보다 한국인들 덕분에 이우 상품의 품질 수준이 높아졌다. 다른 지역에서 온 상인들은 이우에 나와 있는 제품을 그대로 수출한다. 그렇지만 한국인들은 이런 제품에다 디자인과 포장의 질을 향상시켜 더욱 좋은 제품을 만들도록 도왔다. 이는 이우 시장의 매출과도 연계가 되어 꾸준히 이우가 발전을 도모하는 계기가 되었다.

이우의 한국인들은 대부분 중소 규모로 무역을 영위하고 있다. 그렇지만 일부 한국 무역 회사는 이우에서도 몇 손가락 안에 들어갈 정도로 큰 매출을 기록 중이다. 한국인 중에서 연 수출을 7천만 불을 한 분이 계시다. 지금은 은퇴해서 한국에서 생활하지만 가나무역의 김 사장은 한때 이우에서 제일 잘나가는 무역인이었다. 그밖에도 연 3천만 이상을 수출하는 기업도 있다. 보통의 중국 무역 회사도 감히 넘보지 못하는 규모다. 이런 한국인들로 인해 이우의 경제가 튼실하게 성장하고 있다고 해도 과언이 아니다.

이우에는 없는 일본인

앞서 설한 대로 이우는 세계 각국에서 온 외국인들이 무역하는 국제 도시다. 중동은 물론 멀리 아프리카, 남미 각국에서 온 이들은 자신들만의 영역을 형성하고 모여 살고 있다. 그렇지만 이우에서는 일본인을 찾아볼 수가 없다. 전에 나이 지긋한 일본인이 한 명 있었는데 요즘은 보이지 않는다. 오랫동안 보이지 않는 것으로 보아 아마도 일본으로 귀국한 것으로 추측될 뿐이다.

이우에 일본인이 없는 것은 일본인들의 사고방식으로는 중국인을 상대하기 어렵기 때문이다. 원칙에 충실한 일본인들은 약속을 지키지 않고 항상 문제를 일으키는 중국인들의 사고를 이해하지 못한다.

일본은 미국, 중국에 이어 세계 3위의 경제 대국이다. 당연히 이우에서 나가는 제품이 많을 수밖에 없다. 그런데 일본으로 나가는 제품의 대부분을 한국인들이 취급하고 있다. 일본인들은 기본적으로 중국 공장을 믿지 못한다. 그렇다고 직접 이들과 상대해서 이길 수가 없다. 중국인들은 세계에서 가장 깐깐한 일본 시장을 이해하지 못한다. 이들을 상대로 장사를 하는 사람들이 바로 한국인이다. 한국인들은 세계에서 가장 품질 요구 수준이 높은 일본인들의 마음도 헤아리고 중국 공장의 상황도 제대로 꿰뚫어 보는 혜안을 지니고 있다. 즉 일본인들의 품질 수준도 맞추고 중국 공장을 관리할 능력이 한국인에게는 있다는 이야기다. 한국인이 가진 탁월한 능력이다.

2002년에 이우에 처음 들어와서 시장 조사를 열심히 다니는 젊은 일본인을 본 적이 있다. 그는 일본 100엔 숍에 납품한다고 했다. 장사가 잘되어서 매일 서너 컨테이너를 일본으로 선적한다고 자랑스러워했다. 그런데 어느 날부터 이 친구가 보이지 않았다. 전화해도 연결이 되지 않았다. 그러던 어느 날 이우의 한 식당에서 그 회사에서 일하던 직원을 우연히 만나게 되었다. 그 친구가 얼마 전에 일본인 사장이 자살했다는 충격적인 소식을 전해 주었다. 처음에는 가격이 싸서 수입이 짭짤했는데 불량이 워낙 많아 거래처에서 전량을 반품하겠다는 통보를 받았다는 것이다. 불량이 난 제품이 컨테이너로 200개가 넘었으니 어마어마한 물량이 아닐 수 없었다. 이를 해결할 수 없어 고민하던 젊은 일본인 사장은 스스로 생을 마감했다.

경이로운 다이소

우리는 상품을 조사하기 위해 중국 전역을 돌아다닌다. 품질과 납기를 보장받기 위해 규모가 큰 공장은 물론이지만 가격 때문에 허름한 공장을 찾아 헤매기도 한다. 그런데 이런 공장들에서 찾을 수 있는 공통점이 있다. 크건 작건 대부분 다이소와 거래하고 있다는 점이다. 두메산골에 있는 허름한 공장에서도 다이소에 나가는 상품을 발견할 수 있다. 다이소는 일본 100엔 숍의 대명사로 불린다. 한 번에 주문하는 수량이 100만 개라고 하면 사람들은 대부분 믿지 않는다. 그렇지만 그 수량이 미국 월마트나 일본 다이소에서 주문한 것이라고 하면 고개를 끄덕인다. 그럴 정도로 다이소는 일본에서 100엔 숍에 관한 전설을 이어가고 있는 기업이다.

다이소는 한국에도 1,400개가 넘는 매장이 있다. 다이소에는 우리가 찾는 모든 것이 '다있소'라는 애칭이 있을 정도로 집에 물건이 떨어지면 다이소부터 찾는 것이 우리의 일상이 되었다.

20여 년 전에 일본 다이에이 백화점의 100엔 매장에서 판매할 제품을 공급해 달라는 요청을 받았다. 일본의 오랜 경제 불황으로 백화점의 매출도 곤두박질치고 있던 시절이다. 이를 만회할 요량으로 백화점 내에 별도의 공간을 마련해서 100엔 제품을 전문적으로 팔 계획이었다. 우선 상품을 찾으려면 100엔으로 팔리는 제품들이 어떤 것인지부터 알아봐야 했다. 그래서 상품 조사를 위해 일본 도쿄에 있는 다이소 매장을 여러 곳 방문했다. 이때 내가 감탄할 수밖에 없었던 것은 우리가 만들어도 100엔은 들어갈 법한 제품을 100엔에 팔고 있었다는 것이다. 소비자는 비록 100엔이라는 적은 돈을 내고 물건을 사지만 그 가치는 300엔 이상이라고 여기고 있다. 다이소를 방문하는 소비자들은 다이소의 제품은 언제나 가격과 품질에 만족한다는 믿음이 있다. 그런데 다이소 제품을 공급하는 업체는 바로 한국 기업인 '한일 맨 파워'다. 일본 다이소가 자신들이 팔 제품을 한국 기업에 맡기는 이유는 이 분야에서의 능력이 일본인보다 훨씬 낫다고 판단하고 있기 때문이다.

모든 것에 열정적인 한국인

한국인들이 모여 사는 곳에는 반드시 동호회가 있다. 한국인들은 두 사람만 만나면 단체를 만든다고 할 정도로 모임을 잘 구성한다. 그리고 잘 찢어지는 것이 특징이다. 이우에도 골프, 탁구, 축구는 물론 바둑, 등산 등 다양한 동호회가 있다. 나도 한때 골프 동호회에 가입해서 정기적으로 모임에 참가했다.

한국인들의 골프 사랑은 좀 특별하다. 이우에는 골프장이 없다. 2015년 이우 인근의 동양시에 골프장이 문을 열었다. 동양 헝디엔(橫店) 골프장은 이우에서 자동차로 약 한 시간이 걸린다. 동양에 골프장이 생기기 이전에는 주로 하이닝(海寧) 골프장을 이용했다. 고속도로

가 뚫리기 전에는 이우에서 하이닝까지 꼬박 세 시간 반이 걸렸다. 왕복 일곱 시간이 걸리는 거리다. 하이닝은 총 36홀로 구성되어 있다. 우린 하이닝에 들르면 항상 36홀을 도는 것을 기본으로 했다. 이렇게 36홀 라운딩을 하려면 이우에서 새벽 별을 보고 출발해서 밤하늘의 별을 보며 돌아오게 된다. 일곱 시간 이상의 운전과 라운딩 시간, 그리고 점심을 먹는 시간까지 합산하면 대략 열여섯 시간이 넘는다. 이런 시간을 맞추려면 대략 새벽 세 시 반에 일어나서 출발해야만 가능한 일이다. 한국인들에게 이런 열정이 있기 때문에 대한민국 골프가 강할 수밖에 없다.

저장성의 여름은 덥다. 낮 최고기온이 섭씨 40도를 넘는 날도 많다. 보통 한국에서는 섭씨 30도가 넘으면 외출을 삼가고 외부 작업을 하지 말 것을 권한다. 중국에서는 섭씨 40도가 넘을 경우 공장을 가동하지 않는다. 그만큼 중국의 여름은 한국보다 덥다. 게다가 습도까지 높아 더욱 덥게 느껴진다.

한국에서는 섭씨 30도가 넘으면 건강을 위해 골프를 치지 않는 것이 일반적이다. 그런데 중국에 사는 한국인들은 섭씨 35도 넘는 날에도 골프를 친다. 이렇게 더운 날에는 소금을 한 움큼 먹고 필드에 나선다. 골프를 치는 것이 아니라 마치 전투를 하러 나가는 군인 같다는 생각이 든다.

그날은 낮 기온이 섭씨 38도까지 올라간 날이었다. 모두 소금을 먹고 필드에 나섰지만 너무 더워서 한 명이 필드에서 쓰러지는 일이 발생했다. 급하게 앰뷸런스까지 출동해서 쓰러진 분을 병원으로 후송할 수

있었다. 다행히 그분이 병원으로 이동하는 중에 깨어나서 우린 안도의
한숨을 내쉴 수 있었다.

여름에는 하늘에서 내리쬐는 뜨거운 햇볕과 땅바닥에서 올라오는
지열 때문에 숨이 턱턱 막힌다. 그런 폭염을 뚫고 골프를 즐기는 한국
인들은 별난 존재라 할 수 있다. 이런 열정이 있기에 조그만 나라 대한
민국이 선진국으로 올라서지 않았을까 싶다.

과학적인 한글

나는 중국어를 할 줄 알지만 그렇다고 아주 유창하게 구사하는 정도
의 실력은 아니다. 정식으로 중국어를 배운 것이 아니라서 항상 부족
함을 느낀다. 요즘엔 중국에서도 혼자 출장을 많이 다닌다. 몇 년 전
에 상대방의 말을 잘못 알아들어서 큰 손해를 본 적이 있다. 그래서
확실치 않으면 한문으로 쓰라고 해서 재차 확인하기도 한다. 이럴 때는
학창 시절에 배운 한문이 많은 도움이 된다. 물론 중국은 간자체를 쓰
고 있어서 우리가 배웠던 정자체와는 많이 다르다. 지금도 타이완과 홍
콩은 정자체를 쓰고 있다.

앞에서 설명했지만 한문은 표의문자다. 그래서 글자가 셀 수 없을 정
도로 많고 쓰기도 복잡하다. 그러하니 한문은 컴퓨터와 휴대폰을 쓰는
디지털 시대와는 어울리지 않는 문자다. 워낙 많은 글자가 상존하다 보
니 컴퓨터나 휴대폰을 이용하려면 이에 해당하는 글자를 찾아와야만
한다. 영어 발음으로 표기된 여러 글자 중에서 이를 옮겨와 자판에 올
려야 하니 여간 불편한 일이 아니다. 그런 점은 일본어도 마찬가지다.

이에 반해 한글은 소리 나는 대로 쓸 수 있으니 속도를 중시하는 현대화 시대에 가장 적합한 과학적인 글자라 할 수 있다. 그래서 세종대왕님께서 먼 미래를 바라보고 만드신 것이 아닐까 하는 생각이 들 정도다. 무엇보다 세종대왕께서 한글을 창제한 것은 어리석은 백성들이 글을 몰라 제 뜻을 펴지 못하는 것은 안타깝게 여기셨기 때문이다.

세종대왕의 업적은 글로 다 옮길 수가 없을 정도로 위대하다. 북방 개척은 물론 대마도를 정복하여 국방의 기반을 튼튼히 하셨다. 또한 혼천의와 물시계, 해시계, 측우기 등 우리 생활에 필요한 기구들을 개발하여 눈부신 과학의 발전까지 이룩하였다. 더불어 법전을 정비하고 농서와 지리서 등 각종 편찬 사업을 펼쳐 조선 시대에서 가장 훌륭한 업적을 남기신 왕으로 기록되고 있다.

훌륭한 업적 중에서도 가장 빛나는 것은 훈민정음이라고 할 수 있다. 그것은 대왕께서 가지셨던 백성들에 대한 무한한 사랑이 한글에 담겨 있기 때문이다. 조선 시대에 백성들이 글을 안다는 것은 선비들에게 용납되지 않았다. 일반 백성들이 글을 알게 되면 자신들의 입지가 줄어들고 권위가 사라진다는 것을 잘 알고 있었기 때문이다. 그래서 일부 선비들은 세종대왕의 한글 창제를 못마땅하게 여겼다고 한다. 그렇기에 이런 신하들의 극렬한 반대에도 불구하고 한글을 만들어내신 세종대왕님이 더욱 존경스러울 수밖에 없다.

한글을 처음 대하는 중국인들은 한글의 우수성에 혀를 내두른다. 스물네 자의 글자로 모든 것을 표현하고 컴퓨터나 휴대폰에도 자유자재로 쓸 수 있다는 것에 감탄을 금치 못한다. 이런 한글을 우리는 더욱 사랑하고 소중하게 여겨야겠다.

한국과 중국 승객들의 미묘한 차이

스티브 잡스가 세상을 떠난 지 이미 10년이 다 되어 간다. 그가 지금도 살아 있었다면 더 많은 새로운 창조물이 태어나지 않았을까 하는 안타까움이 있다. 물론 그는 세상에 없던 것을 만들어낸 것은 아니다. 이미 우리 주위에 있던 멋진 조각들을 완성해서 우리가 꼭 필요로 하는 작품을 만들어냈다. 그런 면에서 스티브 잡스는 개발자라기보다는 탁월한 장사꾼이라 할 수 있다. 개인용 PC를 만들어냈을 때 개발자인 스티브 워즈니악은 누구나 저렴하게 사서 쓸 수 있도록 하자는 제안을 했다. 그렇지만 스티브 잡스는 개인용 PC가 돈이 되는 제품이라는 것을 알았다. 그래서 제값을 받고 팔아야 한다는 주장을 했다. 실제 그의 예언이 맞아떨어져 오늘날의 애플 신화가 탄생했다.

우리의 출근길은 세계 어느 나라 도시나 비슷하다. 지하철 승객들은 모두 휴대폰에 눈이 쏠려있다. 스티브 잡스가 만들어낸 모습이다. 중국도 별반 다르지 않다. 그런데 중국 지하철의 승객들은 지하철이 정차한 다음에 내리기 위해 움직인다. 이런 모습은 우리나라 승객들과 비교해 보면 전혀 다른 양상이라는 것을 알 수 있다.

우리는 지하철이 정차하기 전에 문 쪽으로 이동한다. 빠른 하차와 승차를 위해서다. 버스도 마찬가지다. 예전에 버스 차장이 있을 때에는 혼잡한 입구에 있지 말고 안쪽으로 들어가라는 말을 많이 들었다. 또한 하차할 때에는 문 가까이까지 와서 재빠르게 내려야 했다. 그렇지 않으면 야단을 맞았다. 우린 이런 분위기가 몸에 배어있기 때문에 버스나 지하철을 이용할 때는 항상 승차나 하차를 준비한다.

택시를 이용할 때에도 비슷한 양상을 보인다. 우린 택시가 목적지에다가오면 지갑을 꺼낸다. 신속하게 요금을 지급할 준비가 되어 있다는 뜻이다. 그렇지만 중국인들은 택시가 완전히 정차한 후에 비로소 지갑을 집어 든다. 이것은 미묘한 차이지만 일상생활 속에서 큰 차이를 보인다. 우리가 중국인들이 느리고 답답하다고 여겨지는 것은 이런 차이 때문이다. 한국인들은 빨리빨리 문화에 길들어 있다. 물론 문제가 있긴 하지만 대한민국이 빠른 시간 내에 압축 성장을 이룬 원동력이기도 하다.

한국인들은 일을 빨리 진행하면서 불량을 만들어내지 않는 것을 원칙으로 하고 있다. 이에 반해 중국인들은 느리게 진행하면서도 불량을 만들어내는 것이 문제다.

중국인들의 오해

어떻게 대통령도 감옥에 가나

현재 우리나라와 중국의 관계는 살얼음을 걷고 있는 것처럼 아슬아슬하게 느껴진다. 미중 무역이 정점으로 치달으며 양쪽의 눈치를 살펴야 하는 우리의 처지가 가엾다. 그런데 우리와 중국의 관계가 항상 나빴던 것은 아니다. 오히려 양국의 관계가 어느 나라보다 좋았던 시기도 있었다.

가장 좋은 관계를 유지하던 것은 아이러니하게도 박근혜 정부 시절이었다. 박근혜 대통령은 2015년 베이징에서 열린 70주년 전승절 기념행사에 초청되어 열병식에 참석했다. 천안문 광장이 내려다보이는 성루의 한 가운데에 시진핑 주석이 섰고, 그 옆으로 러시아의 푸틴 대통령과 우리의 박근혜 대통령이 자리했다. 이에 반해 중국과 가장 가깝다는 북한의 최룡해 노동당 비서는 구석으로 밀려났다. 서방 세계에서는 박근혜 대통령의 중국 전승절 참석에 대해 걱정스러운 눈으로 관망했다. 공산당이 주도하는 기념식에 민주주의 국가의 지도자가 참석하는 것은 그리 모양새가 좋지 않았기 때문이다. 어쨌든 이를 기점으로 우리와 중국의 관계는 더욱 끈끈해지고 한반도의 통일은 대한민국이 주도해서 이루어야 한다는 이야기까지 나왔다. 이런 덕분에 중국에서 박근혜 대통령의 인기가 꽤나 높았다. 특히 박근혜 대통령의 자서전이 인기리에 중국판으로 출간되기도 했다.

중국인들은 박근혜 대통령이 재판을 받고 감옥에 들어가 있다는 것을 이해하지 못한다. 그동안 많은 중국인으로부터 왜 일국의 대통령이 재판을 받느냐는 질문을 받았다. 중국에서는 국가 최고 지도자가 부정부패나 돈 문제로 처벌을 받은 경우는 없다. 또한 국가 지도자의 실정으로 국가에 어떤 피해가 발생한다고 해도 책임을 물을 수 없다고 생각한다. 그렇기 때문에 설령 대통령이 부정부패로 처벌을 받는 것은 중국인들의 사고로는 도저히 이해할 수 없다. 특히 여자들은 박근혜 대통령이 감옥에 있다는 사실에 대해 몹시 안타까워한다. 중국에서는 아직까지 여성이 국가 최고 지도자가 된 경우는 없다. 그래선지 중국 여자들은 대한민국의 대통령이 여자라는 사실을 부러워했다.

그렇지만 사드 문제는 오랫동안 쌓아온 한중 간의 신뢰를 한 번에 무너뜨렸다. 롯데가 중국에서 철수하고 현대자동차를 비롯한 한국제품의 판매가 급감했다. 중국을 뜨겁게 일구었던 한류의 열기가 신기루처럼 한순간에 사라졌다.

지금도 안타깝게 생각하는 것은 우리나라의 어설픈 외교 정책 때문에 일본과 중국에서 뜨거웠던 한류의 열기가 식었다는 점이다. 그동안 한류는 정부가 아닌 순수하게 개인들과 기업들의 노력에 의해 만들어진 것이다. 그것을 정부가 훼손하고 방해한 꼴이 되었으니 어처구니가 없다.

한국인은 모두 성형을 한다고?

중국인들은 한국에는 미인들만 살고 있다고 믿고 있다. 그럴 수도 있다는 생각이다. 내가 어렸을 때는 일본에 미인이 많다고 생각했으니까. 당시에는 워낙 살림살이가 어려워서 우리의 몰골이 말이 아니었다. 그런 실정에서 미인을 찾기란 진흙에서 보석을 찾는 격이었다. 그런데 요즘엔 우리 주위에서 키가 크고 매력적인 얼굴을 한 미인을 찾는 것이 그리 어렵지 않다. 모두 우리의 생활이 윤택해지면서 생겨난 현상이다.

내게 실제의 나이보다 훨씬 젊어 보인다고 말하는 중국인들을 많이 만난다. 내 또래의 중국인들은 대부분 나보다 대여섯 살은 더 많아 보인다. 우리의 식생활과 삶의 질이 높아지면서 자연스레 얼굴에도 변화가 생겼다. 중국도 소득 수준이 높아지면서 미인들이 많아지고 있다. 그렇지만 중국인들은 아직도 한국인들의 미모가 뛰어나다고 말한다.

그런 반면 중국인 중에는 한국에 미인이 많은 것은 성형 덕분이라고 말하는 이들도 있다. 또한 한국인 중에는 성형하지 않은 사람이 없다고 생각한다. 물론 한국의 성형 기술이 뛰어난 것은 사실이다. 하지만 중국인들이 믿고 있는 것처럼 모든 한국인이 성형해서 얼굴을 바꾸는 것은 아니다. 그들이 그렇게 믿는 것은 한국에는 잘생긴 사람이 많다는 것을 입증하는 것이기도 하다.

중국인들이 오해하는 것 중 하나가 한국인들은 술을 매일 마신다는 것이다. 물론 내가 알고 있는 술고래 중에서 하루도 거르지 않고 술을 마시는 분들이 있다. 이런 오해는 드라마에서 술을 마시는 장면이 너무 많이 노출되기 때문이다. 한국 드라마를 보면 주인공이 혼자 술을 마시는 장면이 흔하게 나온다. 이런 영향 때문인지 한국인들이 매일 술을 마시는 것처럼 비추어진다. 그래서 공장을 방문할 때마다 내게 술대접을 하려는 사장들이 많다. 물론 우리와 거래하고 싶다는 생각에서 술을 마시려는 의도가 있기도 하다. 아무튼 한국인은 술이 세다고 소문이 나서 술 상무까지 동원해서 상대하는 경우가 많다.

한국에서 당황하게 되는 것들

중국인들이 서울에 와서 당황하는 것은 길거리에 쓰레기통이 없다는 것이다. 쓰레기를 버리려고 해도 버릴 곳이 없으니 난감할 수밖에 없다. 중국에는 거리마다 일정 간격을 두고 쓰레기통이 설치되어 있다. 그리고 청소부들이 아침 일찍부터 저녁 늦게까지 길거리를 청소한다. 중국의 청소부들이 바쁜 것은 사람들이 쓰레기를 쓰레기통에 버리지 않고 길거리에 아무렇게나 버리기 때문이다.

중국인들이 서울에 와서 놀라는 것이 있는데 우리의 공중화장실에는 휴지가 있다는 것이다. 중국의 공중화장실에는 대부분 휴지가 없다. 휴지를 걸어 놓으면 금방 없어지기 때문이다. 우리나라에서도 예전에는 이런 모습을 볼 수 있었다. 그래서 나는 중국을 여행할 때 항상 휴지를 준비해서 다닌다. 급한 일이 있어 화장실을 갔을 때 휴지가 없으면 낭패를 보기 십상이기 때문이다. 이런 점 때문에 일부 중국의 공중화장실에는 입구에 아예 휴지 자동판매기를 설치해 놓은 곳도 있다.

중국인들이 한국의 맥도날드나 KFC를 이용하게 되면 실수하게 되는 것이 있다. 맥도날드와 같은 패스트푸드점은 셀프서비스가 기본이다. 그래서 음식을 가지고 오는 것은 물론 식사 후에 쓰레기를 버려야 하는 것도 손님의 몫이다. 그런데 한국을 방문한 중국인들 중에는 맥도날드나 KFC에서 음식을 먹고 난 후 그냥 가는 경우가 있다. 중국에서는 먹고 남은 음식 쓰레기는 종업원이 치우기 때문이다. 중국에 맥도날드나 KFC가 들어올 때 완전 셀프서비스가 아닌 조건으로 했다는 이야기를 들었다. 셀프서비스이지만 가능하면 많은 인원을 고용하기 위함이라고 한다. 중국을 방문한 한국인들은 맥도날드나 KFC에 가서도 한국에서처럼 행동한다. 즉 음식을 먹고 나서 쓰레기를 직접 쓰레기통에 가져다가 버린다. 이런 행동을 하는 사람들은 대부분 외국인이라고 할 수 있다.

한국인들도 중국어를 쓰나

나는 중국에서 생활하는 동안 많은 지역을 다녀보았다. 앞서 설명한 대로 티베트와 신장, 흑룡강만 빼놓고 모든 중국의 성과 자치구, 특별시를 모두 경험해 보았다. 우리가 알고 있는 중국은 대부분 베이징과 상하이 등 큰 도시들이다. 그렇지만 중국의 변방으로 가면 우리가 보았던 중국의 모습과는 완전히 다른 세상이 나타난다. 하루를 꼬박 달려도 변하지 않는 내몽골의 초원은 경이롭기만 하고 바다인지 호수인지 구분하기 어려운 청해호는 중국이 얼마나 넓은 땅인지를 실감 나게 한다.

닝샤 회족 자치구는 대부분 사막이다. 이곳을 황허가 가로지르며 한껏 풍요로움을 맛보게 한다. 사막 한가운데에서 도도히 흘러가는 황허의 모습을 보노라면 가슴으로 전율이 느껴진다.

운남과 귀주성에서는 수많은 소수 민족을 만났다. 중국인들의 혼이 담겨 있다는 후커우 폭포와 시안의 병마용, 베이징의 만리장성 등을 보면 중국은 우리와는 정말 다른 나라라는 것을 실감할 수 있었다. 변방에서 만난 중국인들은 내가 한국인이라는 사실에 모두 놀라고 반가워했다.

나를 맞이한 그들의 첫 번째 반응은 "한국인도 중국말을 하네." 하고 반가워하는 것이었다. 그러면서 한국에서도 모두 중국말을 하느냐고 물어본다. 중국인들이 한국에 대해서 잘 알고 있다고 생각하지만 실제는 그렇지 않다. 특히 변방에 사는 중국인들은 한국 사람들도 중국어를 쓰고 있지 않을까 하는 생각을 가지고 있다. 두 번째는 "한국인들도 우리와 비슷하게 생겼네."라는 말을 한다. 물론 많은 중국인이 한국 드라마를 보고 한국 실정에 대하여 잘 아는 것이 사실이다. 그렇지만 변방에 사는 중국인들은 실제로 한국 사람을 본 적이 거의 없다. 그래서 나를 처음 본 중국인들은 한국 사람의 모습이 그들과 비슷하다는 사실에 무척 반가워한다. 이들은 내가 중국말을 하고 비슷하게 생겼다는 것에 대해 친근감을 느끼는 듯하다.

지난번에 칭하이의 시닝에서 택시를 탔는데 내가 한국인이라는 사실을 알고는 무척 반가워하며 이것저것을 물어왔다. 그리고는 만약 한국 돈이 있으면 달라고 했다. 그래서 주머니를 뒤져보니 천 원짜리가 몇 장 있었다. 그래서 천 원을 선물로 주었는데 택시 기사는 이걸로 택시비를 대신하겠다며 우리 돈으로 3천 원이 넘는 택시비를 받지 않았다. 천 원짜리 한 장을 받아들고 어린아이처럼 얼마나 좋아하던지 내가 절로 흐뭇해졌다. 아마 친구들에게 처음 본 한국인으로부터 멋진 선물을 받았다고 자랑할지 모르겠다.

한국인들의 오해

중국인들이 가장 많이 먹는 한국 음식

중국인들이 한국을 방문하는 가장 큰 이유는 쇼핑 때문이다. 물론 한국의 참 매력을 맛보기 위해 구석구석 방문하는 이들도 있다. 그렇지만 대부분의 관광객은 쇼핑에 대한 비중이 절대적으로 높다. 중국인들이 한국에 오면 자연스레 한국 음식도 많이 먹게 된다. 중국의 음식 문화가 우리와는 많이 달라서 한국 음식을 어려워하는 이들도 있지만 대부분은 담백한 맛의 매력에 푹 빠진다. 이들은 드라마에서 본 한국 음식을 먹으려고 일부러 그런 식당을 찾아다니기도 한다.

중국인들이 좋아하는 한국 음식은 돌솥비빔밥, 삼계탕, 불고기 등 다양하다. 김치를 좋아하는 중국인들도 많다. 평소에 드라마 속에서 봤던 그런 음식을 먹으면서 한국 음식의 맛을 즐긴다. 한국 음식을 먹어 본 이들의 평가는 대부분 만족스러운 편이다. 그렇지만 한국 음식은 기름기가 적어 금방 배가 꺼진다는 점은 불만이라고 한다.

의외로 중국인들이 가장 많이 먹는 한국 음식은 부대찌개다. 중국 음식에는 우리의 찌개와 같은 음식이 없다. 한국의 음식 문화는 좀 특이하다. 설렁탕이나 국밥처럼 밥을 탕에 넣어서 먹는 음식 문화를 가진 민족은 한국인뿐이다. 그런데 부대찌개는 잘 알다시피 미군 부대에서 나오는 소시지를 우리의 김치와 함께 끓여서 먹는 특별한 음식이다. 한국을 방문해서 이를 먹어본 중국인들도 부대찌개가 어디에서 나왔는지 잘 알고 있다. 그리고 이를 맛본 중국인들은 맛이 괜찮다고 엄지를 추켜세운다. 미국의 햄과 소시지가 한국 김치와 만나 만들어진 음식을 중국인들이 즐겨 먹으니 참으로 묘한 기분이 든다.

중국인들에게 웬만한 한국 음식은 이미 다 소개가 되었다. 중국의 대도시에는 한국 식당이 많다. 중국 남부의 도시 광저우도 마찬가지다. 특히 한국의 닭고기를 파는 곳이 많은데 한 한국 식당에서는 닭고기와 함께 부대찌개를 함께 판다. 그런데 손님들의 80% 이상은 부대찌개를 기본 메뉴로 하고 닭고기는 부가적으로 먹는다. 본래 닭고기를 전문으로 하는 곳인데 부대찌개가 주류 메뉴가 되고 있으니 주객이 전도된 셈이다. 부대찌개는 중국의 음식 문화에서는 경험할 수 없는 특별한 음식이라 먹는 재미도 있다고 한다.

아직도 한국에서 공장을 합니까

우리나라는 식민지를 겪은 나라 중에서 세계 2차 대전 이후 선진국에 진입한 유일한 나라다. 5천 만이 넘는 인구를 가진 나라 중에서 일인당 국민소득이 3만 불이 넘는 나라가 세계에서 일곱 개 나라밖에 없다. 그런 일곱 개국에 속한 대한민국이다. 또한 민주 혁명을 통해 민주주의를 제대로 정착시킨 나라이다. 우린 이를 자랑스럽게 여겨야 하는데 헬조선이라고 하며 스스로를 폄하하는 경향이 있다. 우리가 선진국에 도달하는 과정은 험난했다. 그렇지만 모든 역경을 이겨내고 지금의 자랑스러운 대한민국을 만들어 낸 것은 모두 우리 선배들의 노력 덕분이라 생각한다. 또한 이는 1960년대 초부터 시작된 경제 개발 계획에 따라 착실하게 실천해온 결과물이기도 하다.

당시의 제조업이 우리 경제 개발의 밑바탕이 되었음은 부인할 수 없다. 그러나 민주주의가 정착되는 과정에서 노동조합의 영향력이 커지고 노사 분규가 전국에서 노도와 같이 일어나는 현상이 일어나기도 했다. 특히 1988년 서울 올림픽을 성공적으로 개최한 이후 국민의 기본권에 대한 욕구가 분출하면서 노사 분규가 절정에 이르렀다. 이전까지만 해도 정부와 기업이 결탁하여 노동자들의 기본권을 무시하며 경제적인 수탈을 해온 것이 사실이다. 그동안 억눌려 있던 노동자의 절규는 정부로서도 강제적으로 제압하기 어려운 실정이었다. 이 때문에 소규모 공장에서도 노동조합이 결성되고 노동자들의 권익을 요구하는 물결이 전국적으로 몰아쳤다. 그렇지만 이에 따른 역작용도 많이 발생했다. 급격한 임금 인상은 제조업체들의 경쟁력을 약화시켰다. 제조업의 노사 분규와 급격한 임금 인상은 너도나도 중국으로의 이전을 부추겼다.

당시 우리나라와 중국과의 임금 격차는 20배 이상이 났다. 한국에서 한 명을 고용하는 비용이면 중국에서 스무 명 이상을 채울 수 있었다. 또한 중국 정부에서 매력적인 조건의 유인책을 제시하며 적극적으로 한국 기업들을 끌어들였다. 공장 부지를 반값에 제공하고 5년간 법인세 면제 등 기업으로서는 거부하기 힘든 조건들이었다. 더구나 중국에서는 정부의 통제하에 노동 분규라는 것은 생각조차 할 수 없었으니 이를 마다할 한국 기업이 없었다. 공장을 하는 사람들은 만나는 이들마다 "아직도 한국에서 사업을 하세요?"라고 물을 정도였다. 노사 분규에 시달리던 공무원들조차 외국으로 나가라고 권유했다. 고용이라는 것이 중요하다는 것을 어느 때보다 절실하게 느끼는 현시점에서 보면 당시의 선택이 얼마나 근시안적이었는가를 알 수 있다.

어느새 사라진 "선진 한국을 배우자"

한국의 기업들이 중국 경제에 끼친 영향은 무척 크다. 초창기에 진출한 한국 기업들은 언어와 문화의 차이 때문에 대단한 어려움을 겪었다. 그렇지만 싼 인건비와 중국 정부의 적극적인 지원으로 이런 어려움을 이겨낼 수 있었다. 중국에서는 노사 분규라는 것은 상상조차 할 수 없었기 때문에 한국 기업들은 오로지 생산성 향상에 초점을 맞출 수 있었다.

중국에 진출한 기업들에게는 현지의 조건이 환상적이었다. 1992년 한중 수교 이후 소위 따이공이라 불리는 보따리상의 활약이 눈부셨다. 이들은 우리나라에서 화장품이나 전자 제품, 스타킹 등을 운반하고 중국에서 깨나 고춧가루 등 농산물을 들여왔다. 당시에는 중국에 스타킹이라는 물건이 없었다. 그래서 스타킹을 선물하면 안 되는 일이 없다는 이야기까지 했다.

따이공들이 하는 일은 무척 단순했다. 화장품 보따리를 들고 인천에서 저녁에 출발하는 페리를 타면 다음 날 아침에 산동성 웨이하이(威海, 위해)에 도착한다. 이곳에서 화장품을 구매상에게 넘기고 나면 한국으로 가지고 갈 농산물을 준비한 업자가 기다리고 있는 식이었다.

당시에는 어둠이 다가오기 시작하면 웨이하이의 부둣가에 이들을 위한 거대한 포장마차가 만들어졌다. 보따리상들은 동료들과 이곳에서 술 한 잔을 기울이며 서로의 정보를 공유했다. 이들이 술을 마시는 동안 공안들이 포장마차를 둘러싸고 밤새 경비를 섰다. 그리고 부두 한편에 붉은 바탕에 하얀 글씨로 쓰인 현수막이 걸려 있었다. 현수막에는 "선진 한국을 배워서 기술 입국을 만들자."라는 구호가 적혀 있었다. 한동안 대한민국을 배우자는 것이 중국 정부와 기업들의 공통된 인식이었다. 그렇지만 요즘엔 한국식으로 따라하겠다는 이야기는 쏙 들어갔다. 아니 더 이상 한국에서 배울 것이 없다는 식이다. 우리나라에서도 1980년대에는 일본을 배우자는 구호가 넘쳐났다. '일본 따라잡기'란 책도 무수히 많이 출간되었다. 그러나 지금 이런 말을 하면 이상한 사람으로 쳐다볼 것이 분명하다. 일본 기업들에는 혁신이 없다. 물론 요즘 우리나라의 대기업에서도 감지되는 점이다. 혁신이 없는 곳에서는 배울 것이 없다.

기술은 저절로 빠져나간다

중국은 한때 세계에서 가장 찬란한 문화와 부를 구가하던 나라였다. 중국은 세계 4대 문명의 하나인 황하 문명의 발상지이자 세계 4대 발명품이라 말하는 종이, 화약, 나침반, 인쇄술을 만들어낸 나라다. 이들은 만리장성을 쌓고 외부의 세계와 단절하려 몸부림을 쳤다. 우리 선조들은 중국의 앞선 문명을 받아들이려고 부단히 노력했다. 고려 시대 문익점 선생님께서 중국의 목화씨를 붓 뚜껑에 담아 오면서 비로소 한반도의 의류 문제를 해결할 수 있었다. 지금으로 말하면 산업 스파이 노릇을 한 셈이다. 목화씨를 훔쳐 오기 전까지는 우리나라에서는 변변한 옷조차 구할 수 없었다는 이야기다.

조선 시대까지 귀하신 사대부들은 중국의 비단과 도자기를 구하는 것을 대단히 귀한 것으로 여겼다. 이에 반해 우리가 중국에 팔았던 것은 고려 인삼밖에 없었다. 중국인들도 인삼 하면 고려 인삼을 최고로 쳤다. 최인호 씨의 소설 『상도』를 보면 주인공 '임상옥'이 고려 인삼을 제값을 받고 팔기 위해 중국 상인들과 힘겨루기하는 모습은 무척 인상적이다. 그는 권모술수에 능한 중국 상인과의 치열한 경쟁을 극복함으로써 조선 최고의 거상으로 올라설 수 있었다.

변화하지 않으면 금방 뒤떨어지는 세상이다. 중국이 잠시 공산화로 인해 뒷걸음치는 동안 대한민국은 세계가 경악할 만한 경제 성장으로 선진국의 반열에 우뚝 올라섰다. 이제 중국이 대한민국의 기술을 호시탐탐 노리는 상황이다. 그동안 우리의 독무대였던 반도체, LCD, 연료전지, 조선 등에서 중국 업체들이 가장 강력한 경쟁 상대로 부상하고 있다. 중국은 그동안 대한민국이 잘해 왔던 분야를 집중적으로 공략하는 전략을 사용하고 있다. 이를 위해 때론 기술을 훔쳐 가는 방법도 마다하지 않았다. 기술을 몰래 빼내 가는 것은 법적으로도 문제가 되고 국제적인 분쟁의 소지가 있다.

중국 업체들은 기술을 훔쳐 가는 것에서 이젠 기술자를 모셔가는 방법으로 전략을 바꾸고 있다. 필요한 경우 기술을 사기도 하지만 이젠 합법적으로 그 기술을 알고 있는 인재를 고용하는 식이다.

저장성 닝보의 항저우완취에는 지리자동차 생산 기지가 있다. 지리자동차는 중국의 3대 자동차 메이커 중 하나이고, 유명한 볼보자동차를 인수한 곳이다. 이처럼 외국 기업을 인수하면 간단하게 기술을 전수받을 수 있다.

이곳에는 생산 공장 외에 연구소와 기술 학교까지 조성해 놓았다. 조금만 옆으로 가면 대형 아파트 단지가 형성되어 있는데 이곳에 한국 식당과 스크린 골프장, 당구장 등 위락 시설이 모여 있다. 그만큼 한국인들이 많이 살고 있다는 이야기다. 항저우완취에는 우리나라의 자동차 부품 회사들도 있어 한국 기술자들이 많다. 그렇지만 지리자동차에 근무하는 한국인 근로자들도 숫자를 헤아리기 어려울 정도로 많다. 보통 2년에서 3년 근무하는 조건이지만 한국에서 받던 급여의 세 배 이상을 제시하고 데려온다. 이런 기술자들을 채용하면 저절로 한국 기업들의 고급 기술들을 얻을 수 있게 된다. 꼭 산업 스파이만을 통해서 기술이 유출되는 것은 아니다.

위험한 보물 창고

중국에서 우리나라로 귀국할 때에는 주로 항저우 공항에서 인천으로 연결되는 비행기 편을 이용한다. 때론 상하이에서 인천이나 김포로 오는 항공편을 타기도 한다. 이렇게 매번 비행기 편이 다를 수 있는 것은 가능하면 저렴한 항공권을 사려고 노력하기 때문이다. 이우에서 항저우 공항까지는 공항버스가 다니기 때문에 당연히 항저우에서 인천으로 오는 비행기가 편리하다. 그렇지만 인천에서 항저우로 연결되는 항공편은 독점이다 보니 항공료가 비싼 편이다. 그래서 거리가 멀기는 하지만 어쩔 수 없이 상하이까지 이동해서 비행기를 타는 이유도 비행기

삯을 아끼기 위함이다.

귀국 편 비행기를 타면 매번 아는 분을 만나게 된다. 몇 년 전에 항저우 공항에서 인천으로 오는 아시아나 항공기에서 LA에서 장사하신다는 연세가 지긋한 재미 교포를 만났다. 이우를 들렀다 오는 길인데 보물 창고를 찾았다고 기뻐하셨다. 왜 여태까지 이우를 몰랐는지 안타깝다는 말까지 하셨다.

이우에 가 보니 세상에서 팔리는 모든 제품이 있다고 했다. 게다가 가격이 자신이 생각했던 것보다 저렴해서 이우 상품으로 돈을 벌지 못하면 바보라고까지 했다. 항저우에서 인천까지 오는 동안 이우 시장에 대한 설명을 장황하게 늘어놓았다. 마치 자신이 이우에서 아주 오랫동안 생활한 것처럼 여겨질 정도였다. 보물 창고를 찾았으니 이제 떼돈을 버는 것은 시간문제라고 말했다. 그렇지만 나는 이런 분들을 이미 여러 명 만나 보았다. 그래서 걱정부터 되는 것이 사실이다. 그래서 만약 필요한 일이 있으면 연락하라고 내 명함을 건넸다. 아니나 다를까 몇 개월 후에 그분에게서 연락이 왔다. 처음에는 싼 맛에 몇 컨테이너를 사 가지고 갔지만 품질에 문제가 생겨 미국 창고에 그대로 쌓여 있다고 하소연했다.

이우의 상품은 싼 것이 사실이다. 주로 광동 지역에서 개발된 제품을 싼 가격에 만들어서 파는 것이 이우 시장의 특징이다. 싸게 만들다 보니 원래의 제품보다 무언가 부족한 것이 사실이다. 이런 점을 간과하면 실패하는 것이 당연하다.

이우에서 무역 일을 하는 한국인들은 대부분 창고를 가지고 있다. 한국 상인들은 공장이나 상점에서 공급하는 물건을 그냥 보내지 않는다. 대부분 검수를 하고 재포장해서 구매자에게 보낸다. 그렇지 않으면 결코 불량 문제를 해결할 수 없다. 한국인들이 중국 상인과 다른 점은 이런 면에서 구별된다. 이우 상품을 보물 창고에 있는 귀한 물건이라고 생각하면 큰 오해다. 중국의 보물에는 불량품이 많으니 이를 구분해낼 역량이 필요하다.

조선족이라고 다 같은 조선족이 아니다

중국에는 한족 외에 55개 소수 민족이 함께 살고 있다. 그렇지만 55개 소수 민족을 다 합친다고 해도 중국 전체 인구의 10%도 되지 않는다. 소수 민족 중에서 가장 많은 인구를 지닌 것은 장족으로 2천만 명이 넘는다. 우리와 같은 핏줄인 조선족은 약 200만으로 소수 민족 중에서 그리 많은 편은 아니다. 조선족의 대부분은 헤이룽장성(黑龍江省. 흑룡강성)과 지린성(吉林省. 길림성), 랴오닝성(辽宁省. 요녕성)에 모여 살았다. 그렇지만 1992년 한중 수교 이후 한국 기업들이 중국에 진출하면서 대도시로 나오는 기회가 찾아 왔다. 만약 대한민국이 북한처럼 형편없는 수준의 나라였다면 중국 내의 조선족들은 아직도 흑룡강이나 길림성에서 농사나 짓고 있는 삶을 영위하고 있었을 것이다.

우리나라의 기업들이 칭다오나 베이징 등에 자리를 잡으면서 대거 조선족의 이동이 시작되었다. 중국에서 기업을 영위하려면 언어 문제가 가장 큰 걸림돌이다. 그런 문제를 중국 내의 조선족들이 해결해 주었으니 한국 기업들에게는 큰 힘이 된 것이 틀림없다. 한중 수교 이후 제일 먼저 한국의 대기업들이 중국으로 진출했다. 이들을 만난 조선족들은 대한민국의 위상에 놀라지 않을 수 없었다. 당시의 대한민국의 경제력은 중국과 비교할 수 없을 정도로 높은 수준이었다. 조선족들은 비록 중국에 살지만 한국인들과 같은 민족이라는 것에 자긍심을 가질 수 있었다. 그렇지만 이후에 조선족 사회로 파고 들어간 한국인들은 한국에서 문제가 되었던 다단계 업체와 사기꾼들이었다. 한국인의 말이라면 무조건 믿고 따랐던 조선족들은 다단계 사기꾼들의 농간에 패가망신한 경우가 많았다. 이후에 한국인들이라고 모두 믿을 만한 사람들이 아니라는 것은 인식하게 되었다.

조선족이 중국에서 살게 된 것에는 여러 가지 이유가 있다. 독립운동을 하다가 일제의 압박을 피해 중국으로 피신한 분들도 있고 만주 개발을 위해 이주하신 분들도 있다. 그렇기 때문에 조선족이라고 해서 흑룡강의 조선족과 길림성의 조선족이 같은 것은 아니다. 본래 길림성의 조선족은 북한 출신이 대부분이다. 청나라 말기에는 국경의 개념이 별로 없었다. 북한 지역에서는 아침에 강을 건너가서 농사를 짓다가 저녁에 집으로 넘어와서 잠을 자는 식으로 사는 분들이 꽤 많았다고 한다.

1930년대 만주 일대를 일본이 장악했다. 그리고 이 지역을 개발하기 위해 조선 땅에서 한국인들을 대거 차출했다. 만주 개발을 적극적으로 추진하던 흑룡강에는 대부분 남한 출신들이 이주해서 터전을 잡았다. 특히 경상도 출신이 많다. 척박하던 만주 땅은 우리 선조들에 의해 개발되면서 비옥한 땅으로 변했다.

같은 조선족이지만 흑룡강과 길림성 출신들은 따로 논다. 결혼도 같은 지역 조선족들끼리 하는 것이 일반적이다. 흑룡강 출신들은 길림성

조선족들이 약삭빠르다고 흉을 본다. 이와 마찬가지로 길림성 조선족들도 흑룡강 조선족을 그런 식으로 대한다.

현재 흑룡강이나 길림성에는 조선족이 거의 살고 있지 않다. 이들의 대부분은 베이징이나 칭다오 등 대도시로 진출했고, 또 많은 조선족이 한국에서 생활하고 있다. 그래서 조선족들이 결혼하려면 두 군데에서 하는 것이 보통이다. 친척들이 한국과 중국에서 나누어져서 생활하고 있으니 양쪽을 오가며 결혼식을 하게 된다. 길림성의 농촌 마을에는 대부분 노인과 아이들만이 집을 지키고 있는 실정이다.

비슷하지만 다른 조선족 말

집사람은 내가 조선족들과 아무런 문제 없이 소통하는 것을 보고 신기해한다. 자신은 조선족들이 하는 말을 전혀 알아듣지 못하겠다고 한다. 실제 한국 사람을 처음 만나는 조선족과 조선족을 처음 만나는 한국인이 대화하면 60% 정도밖에는 이해하지 못한다. 뜻이 다른 말도 있지만 억양이 특이해서 알아듣기 어려울 수밖에 없다. 하긴 나도 처음 조선족을 만났을 때 그들의 말을 완전하게 이해하지 못했다. 언어 속에는 단순히 말을 전하는 것도 있지만 문화가 함께 배어있다. 그렇기 때문에 그들의 문화를 알면 말도 쉽게 이해할 수 있다.

처음 영국 바이어인 마이클 램버트를 만났을 때 영국 특유의 강한 악센트 때문에 알아듣는 데 어려움을 겪었다. 그렇지만 몇 년을 만나다 보니 이제는 그의 악센트가 그리 낯설지 않다.

처음 조선족을 만났을 때 당황했던 것은 우리와는 다른 표현을 쓴다는 것 때문이었다. 무엇을 좀 알아보라고 했더니 "긴장됩니다."라는 대답을 했다. 처음에는 이게 무슨 긴장되는 일인가 싶었는데 나중에 알고 보니 '좀 어렵다'는 뜻이었다. 또 우리와 다르게 표현하는 것 중에서는 '일 없습네다'라는 것도 있다. 이것은 북한에서 똑같이 쓰는 말로 '괜찮다'는 뜻이다. 그리고 재미있는 표현 중에서는 "선생님은 골이 좋습네다."라는 것이 있다. 우리처럼 '머리가 좋다'라는 것을 '골이 좋다'라고 표현한다. 그리고 보니 머리가 좋다는 말보다는 골이 좋다는 말이 더 정확한 것이 사실이다.

점잖은 조선족 사장님과 식사할 경우가 있었는데 이우에 오시기 전에는 무엇을 하셨냐고 물어봤더니 그분의 대답이 걸작이었다. 길림성에서 교사를 하셨다고 하셨는데, 그걸 "선생질하다 왔습네다."라는 표현을 했다. 우린 도둑질과 같은 나쁜 짓을 할 때만 '질'이라는 것을 쓰는데 조선족들은 좋은 직업에도 '질'을 붙인다. 이렇듯 중국과 교류하면서 조선족들의 언어가 조금 다르다는 것을 알 수 있었는데, 북한과 통일이 되면 이런 언어의 차이를 느끼게 될 것이 분명하다.

호락호락하지 않은 중국 생활

박 사장이 불법 체류자였어?

중국에 들어와 있는 한국인들의 숫자는 80만 명에 육박한다. 미국 다음으로 많은 한국인이 살고 있다. 유학이나 사업 등 다양한 이유 때문에 중국에 들어왔지만 다 그런 것은 아니다. 얼마 전에 이우에서 식당을 하던 박 사장이 한국으로 강제 출국을 당했다. 이우에서 10년간 식당을 운영하고 조선족 여자와 결혼해서 아이까지 둔 분이라 당연히 정상적인 생활을 하고 있는 것으로 알았다. 그런데 그동안 여권의 유효 기간이 끝났음에도 연장하지 않고 불법 체류자 신세로 살아왔다는 것이다. 주위를 둘러보면 비슷한 처지의 한국인들이 제법 있다는 것을 알 수 있다. 특히 몇 년 동안 한 번도 한국에 들어가지 않고 명절 때에도 이우에 머무는 분들은 대부분 그런 상황이라고 할 수 있다.

작년에는 이우에서 큰 사업을 한다며 교회에 헌금을 수천만 원이나 했던 윤 사장이 소리소문없이 사라졌다. 그는 중국에서 비트코인 사업을 하며 천문학적인 돈을 벌었다는 소문이 나 있었다. 그런데 중국에서 비트코인 사업이 불법으로 결정되면서 이를 판매하던 이들이 모두 경찰에 잡혀 들어갔다. 윤 사장도 한동안 경찰의 감시망을 피해 이곳저곳을 옮겨 다녔다. 그런 와중에도 가끔 우리와 저녁도 같이 먹고 술도 한잔 기울이며 자신이 처한 상황에 대해 한탄하기도 했다. 그는 한국에서 이와 비슷한 유사 금융 문제로 중국으로 도피를 한 처지였다. 비자가 만료되기도 했지만 무엇보다 여권의 유효 기간이 지나서 오도 가도 못 하는 불법 체류자 신세였다. 그렇지만 그가 오래도록 불법 체류자 신세를 유지할 수 있었던 것은 이우의 한족 친구가 그를 뒤에서 보살펴주고 있었기에 가능했다. 그 배경에는 역시 돈이 있었다. 중국 친구는 경찰의 동향을 파악해서 그에게 정보를 제공해 주는 대가로 돈을 요구했다. 그런데 시간이 지나면서 중국 친구가 돈을 요구하는 수준이 점점 높아졌다. 그는 직감적으로 자신이 위험에 처해 있다는 것을 인식하게 되었다. 명절 때에는 당연히 우리처럼 떡값을 요구했지만, 평상시에도 공안들의 특별 점검이 있는데 이를 무마하려면 돈이 필요하다며 손을 벌리는 것이 일상사가 되었다. 그 빈도가 점점 짧아졌고 금액은 계속 상승했다. 윤 사장은 독 안에 든 쥐와 같은 처지였다.

그러던 차에 그가 어느 날 홀연히 사라졌다. 그가 곤경에 처해 있다는 사실이 그 사업을 함께하던 중국 동료로부터 연락이 되었던 모양이다. 이들은 한국 식당을 통해 윤 사장이 이우에 있다는 사실을 파악했고, 암호와 같은 쪽지를 통해 만날 수 있었다. 그리고 그들이 보낸 조력자와 함께 이우를 탈출하였다는 이야기가 전설처럼 들려온다. 마치 영화 007 작전을 방불케 하는 장면이 눈앞에서 그려진다. 물론 그가 어디로 갔는지 알 수 없다. 다만 아직도 연락이 없는 것으로 봐서 건강하게 잘 지내고 있으리란 추측만 할 뿐이다.

미스 리가 탈북자였어?

중국에서 한국인들이 거주하는 곳에는 반드시 조선족들이 있다. 조선족들은 대부분 한국인 회사에서 일하거나 한국과 관련된 일을 한다. 조선족의 언어는 북한 말과는 다르지만 우리들은 구분하기 어렵다. 그렇기 때문에 북한에서 온 사람들이 조선족들과 섞여 살아도 구분하기 어려운 것이 사실이다.

북한에서 온 사람들을 탈북민이라고 부른다. 먹고살기 어려워서 중국으로 넘어온 사람들도 있고 정치적인 탄압을 피해서 온 사람들도 있다. 탈북민들은 중국 공안에 걸리면 북한으로 강제 압송되는 절차를 걸친다. 이들이 북으로 끌려가는 모습을 본 중국인들은 옛날 말로만 듣던 노예들의 참상을 재현하는 것 같다고 이구동성으로 말한다. 도망가지 못하도록 탈북자들을 낚싯바늘로 코를 꿰어 끌고 가는 모습을 보고 믿어지지 않는다고 했다. 이뿐만 아니라 이들의 쇄골에 갈고리를 걸어서 굴비 꿰듯이 끌려 가더라고. 차마 볼 수 없는 광경이라고 했다. 탈북민들은 목숨을 걸고 북한을 탈출한다. 또한 걸려서 북송이 되기라도 하면 엄청난 고통을 당한다고 들었다.

그렇기 때문에 중국으로 탈출했다 하더라도 공안의 단속에 걸리지 않는 것이 관건이다. 이럴 때는 중국인들 속에서 사는 것보다는 한국인이나 조선족 무리에 끼어 있는 것이 안전하다.

이우에서 가방 공장을 하는 선배의 사무실에 근무했던 미스 리(실명을 밝힐 수 없어 미스 리라고 한다.)는 아주 당찬 아가씨였다. 일이 많으면 일요일에도 공장에 나와서 일하고 공원들이 불량을 만들어내면 눈물이 날 정도로 야단을 쳤던 여장부 같은 여자였다. 미스 리가 어느 날 선배한테 급한 일이 있다며 5천 위안을 가불해 달라고 했다. 평소에 미스 리를 아끼던 선배는 이유도 묻지 않고 그 돈을 빌려주었다. 그리고는 미스 리가 사라졌다. 어느 날 그녀가 출근하지 않아서 전화해 보았지만 휴대폰은 먹통이었다. 선배는 유능한 직원이 없어졌다는 것에 실망했고, 무엇보다 아무 말도 없이 사라진 것에 대해 배신감 같은 것을 느꼈다. 직원이라기보다 한 가족처럼 여겼던 사람이 있었기에 더욱 그런 감정이 컸다.

그로부터 두 달 후에 선배한테 미스 리로부터 국제 전화가 왔다. 그녀는 대한민국으로 탈출했고 하나원에서 교육을 받고 있다는 소식이었다. 이우에 있는 동안 선배가 도와준 것에 대해 고마움을 표시했다. 또한 빌려간 돈을 곧 보내준다는 약속도 잊지 않았다. 선배는 미스 리가 탈북민이라는 것을 전혀 알아차리지 못했다. 그녀가 쓰던 중국어가 워낙 유창해서 북한에서 왔다고는 생각조차 못 했던 것이다. 그나마 미스 리처럼 안전하게 대한민국으로 탈출해서 정착하게 되면 다행이다. 안타깝게도 아직까지 많은 탈북민들이 중국에 숨어 지내고 있다.

탈북민 중 일부는 농촌으로 팔려가기도 하고 인신매매 조직에게 걸려들어 비참한 삶을 살고 있다. 탈북민들의 인권에도 우리가 신경을 써야 하는 이유다.

오는 사람 떠나는 사람

이우에는 오늘도 많은 한국인이 들어오고 또 나간다. 시장 조사를 하러 오시는 분들도 있지만 사업을 위해 아예 정착하러 오는 분들도 있다. 그렇지만 중국 생활이 그리 호락호락한 것은 아니다. 언어와 문화가 다르고 더구나 사고방식까지 전혀 다른 나라에서 이를 극복하며 살아간다는 것은 때론 모험까지도 필요로 한다.

내 주위에 이우에서 10년 넘게 사업을 하시는 한국 분들이 꽤 많다. 그런데 방금 오셨는가 싶은데 우리 주위에서 사라져 버리는 분들이 더 많다. 대부분이 그렇다고 봐야 한다. 중국을 너무 쉽게 생각하고 오시기 때문이다. 적어도 2년 이상을 무사히 넘기면 중국에서 사업할 수 있는 여건이 만들어진다고들 말한다. 중국 상인들에 대한 이해도 생기고 언어도 어느 정도 구사할 수 있기 때문이다.

난 처음에 중국에 올 때 중국어를 전혀 하지 못했다. 물론 영어를 좀 하는 것으로 이를 극복하려고 했지만 한계가 있었다. 적어도 중국에 들어와서 일하려면 중국어는 기본적으로 구사할 수 있어야 한다. 그렇지 않으면 실패할 확률이 높다.

중국에서 사업을 제대로 영위하고 있는 분들을 살펴보면 중국인과 결혼한 한국인들이 제일 잘 나간다. 내가 오랫동안 중국에서 일해보니 외국인이 도저히 넘을 수 없는 벽이 있다. 나만 느끼는 것이 아니라 외국인이라면 공통적으로 절감하는 사항이다. 그다음으로 가족이 함께 와서 일하는 분들이다. 아무래도 낯설고 언어가 다른 나라에서 홀로 일을 한다는 것이 결코 쉬운 일이 아니다. 그래서 때로는 일보다는 도박에 빠져 벌어놓은 재산을 탕진하거나 외국 바이어가 보내온 돈에 손을 대었다가 도망가는 예도 보았다. 외국에 나와서 이런 일을 당한다면 얼마나 서글픈 일인가. 외국에서 생활하는 것은 현지에서 대한민국을 대표하는 것이나 마찬가지다.

얼마 전에 이우에서 가장 나이가 많던 안 사장님이 한국으로 돌아가셨다. 연세가 나보다 스무 살이 많으니 우리 나이로 84세나 된다. 아직도 산에 오를 정도로 건강하지만 얼마 전부터 몸에 이상이 생겨 응급실을 세 번이나 다녀와야 했다. 그렇지만 이우의 병원에서 여러 가지 검사를 했지만 원인을 찾지 못했다. 덜컥 겁이 났던 안 사장님이 중국 사업을 정리하고 한국으로의 귀국을 결정하셨다. 그런데 한국의 병원에서 검사한 결과 비타민 D가 부족해서 그런 현상이 벌어졌다는 진단을 받았다. 주사 한 대를 맞고 나니 감쪽같이 예전의 몸 상태로 돌아왔다. 중국 사업을 정리한 것을 후회했지만 이미 때는 늦었다. 한국에 정착하니 다시 이우에 들어오고 싶은 생각이 들지 않더란다.

9시에는 집에 가야 해

중국에 거주하는 한국인 중에 많은 사람이 중국인들과 결혼해서 생활하고 있다. 그런데 공통적인 것은 무슨 일이 있어도 밤 9시에는 집에 돌아가야 한다는 것이다. 심지어 대한민국 해병대 출신도 저녁을 먹다가 9시가 되면 집에 가야 한다며 식당을 나선다는 점이다. 그래도 대한민국의 해병대라면 귀신도 무서워한다는 세계 최강의 군인들이 아니던가. 그런데 집에 꼭 들어가야만 하는 이유가 늦게 가면 중국인 마누라가 문을 안 열어 준다는 것이다. 우리나라에서는 상상할 수 없지만 중국에서는 이런 일이 빈번하게 일어난다. 옛날의 중국이 아니다.

중국은 남아선호 사상 때문에 여자들은 제대로 사람대접을 받지 못했다고 들었다. 그렇지만 공산 정권이 들어선 이후 평등주의가 널리 퍼지면서 여성들도 남자들과 동등한 대우를 받는 것으로 인식되었다. 그렇다 하더라도 중국의 공산당 지도자들의 면면을 보면 여성들은 아직도 주류에 속하지 못한다는 생각이 든다.

중국 사회에서 여성들의 입김이 강하게 작용하는 것은 경제권을 쥐고 있기 때문이다. 특히 저장성 일대에서는 대부분 여자가 돈 관리를 한다. 부부가 사업장을 꾸리는 경우가 대세인데 남자는 공장을 관리하고 여자는 자금을 맡는 것이 일반적이다. 돈을 여자가 관리하다 보니 자연스럽게 남자들은 마누라의 눈치를 보게 된다. 게다가 남자가 외국인인 경우에는 중국인에 비해 은행 거래나 거래처를 관리하는 것이 불편해서 여자 명의로 사업자를 내게 된다. 이럴 경우 모든 것을 여자가 휘어잡게 되어 자동적으로 사업장의 실세가 된다. 이렇게 되면 천하의 한국인이라도 중국 마누라의 말을 고분고분 듣지 않을 수 없게 된다. 이혼하면 그동안 쌓아온 모든 것이 수포로 돌아가기 때문이다.

환전을 주업으로 하던 S 사장은 꽤 많은 돈을 벌었다. 길림성 장춘(長春)에 아파트를 여러 채 보유할 정도로 유유자적한 생활을 했다. 그런데 호사다마라고 어느 겨울 중국인 부인이 교통사고로 사망했다. 모든 재산이 부인 명의로 되어 있으니 그는 처가의 처분만 기다리는 신세가 되었다. 그렇지만 평소에 사이가 좋지 않았던 처남이 안면몰수하는 바람에 한 푼도 건지지 못하고 말았다. 중국에서 20여 년 동안 고생하며 벌어온 돈이 모두 날아가는 순간이었다.

천신만고 끝의 탈출

이우에 사는 한국인들은 대부분 무역업을 하지만 그 외에도 다양한 업종으로 생업을 꾸리고 있는 분들이 있다. 한국 식당을 운영하는 분도 있고, 일부는 당구장이나 스크린 골프장을 주업으로 하는 분도 있다.

내가 이우에서 오랫동안 알고 지내던 장 사장을 우연찮게 동대문의 커피집에서 만났다. 친구와 약속이 있어 카페를 방문했는데 그 친구가 그곳에서 차를 마시고 있었다. 죄를 짓고 살지 못한다는 것을 실감하는 순간이었다. 너무나 반가워서 그동안 어떻게 지냈느냐고 근황부터 물었다. 그 친구 역시 반가워하기는 마찬가지였다. 한동안 이우에서 환전 일을 하다가 어느 날 갑자기 사라져서 그간의 정황이 궁금하던 차였다. 그는 중국에서의 사업을 끝내고 이제는 한국에서 직장 생활을 하고 있다고 했다. 그러면서 그동안의 상황을 설명하는데 금방 그의 눈에 눈물이 그렁그렁했다.

정부의 허가 없이 외국과 돈거래를 하는 것은 불법 행위다. 외국으로 돈을 보낼 때는 이에 맞는 증빙 서류를 갖추어야 하고 송금은 은행을 통해서만 가능하다. 그렇지만 때로는 업무적인 일 외에 사적으로 보내는 돈도 있다. 또한 많은 남미 국가에서는 정상적으로 은행에서 달러를 보내는 경우가 그리 많지 않다. 특히 항상 외환 위기를 겪는 아르헨티나는 다른 나라에서 신용장조차 받아주지 않는다. 상황이 이러하다 보니 거래처에서는 사금융 업체를 통해 돈을 보낸다. 아르헨티나에서 보내는 돈이 어느 날은 미국 휴스턴에서, 어느 날은 영국 런던에서 들어오는 식이다. 아무튼 외국에서 돈을 보내려고 하는 사람과 받으려고 하는 사람이 있으니 이런 환전 업무도 사업의 하나라고 할 수 있다.

　장 사장이 길림성에 거주한다는 한 한국인으로부터 전화를 받았다. 우리 돈 2억 원을 한국으로 보내 달라는 부탁이었다. 항상 하던 일이니 별 의심 없이 중국 돈을 송금받은 후 한국에 있는 직원에게 전달했다. 그런데 한참 후에 길림성의 한 조선족 남자에게서 전화가 왔다. 자신이 보낸 돈이 한국에 있는 수령자에게 제대로 전달되지 않았다는 내용이었다. 이는 자신들을 속인 것이 분명하니 이에 대해 책임지라는 이야기였다. 장 사장으로서는 조금 황당한 이야기였다. 그리고 그다음 날 길림성의 조선족이 이우로 그를 찾아왔다. 자초지종을 들어보니 전달 과정에서 예기치 않는 사고가 발생했다.

　이우를 찾아온 조선족은 길림성에 사는 한국인에게 송금을 부탁했던 사람이었다. 그리고 그 돈의 최종 수령자는 남대문 시장에 있는 다른 조선족 여자였다. 여기까지는 별문제가 없었다. 한국의 장 사장 직원은 요청한 대로 한국인이 지정한 남자에게 전달해주는 것으로 임무를 마감했다. 그러니 장 사장으로서는 책임을 다한 셈이다. 장 사장 직원에게 돈을 전달받은 한국인은 남대문의 조선족 여자에게 넘겨주는 것으로 이 일은 마무리되는 것이었다. 그런데 마지막 순간에 반전이 있었다. 조선족 여자가 받은 한국 돈은 바깥에 있는 몇 장의 돈만 정상적인 5만 원 권이었고 안에 든 것은 모두 종이였다. 그러니까 눈뜨고 사기를 당한 셈이다. 정말 영화에서나 나올 법한 장면이다. 길림성의 한국인 남자가 사기를 친 것이었다.

　이우에 온 조선족이 장 사장을 중국 공안에 고발했다. 졸지에 장 사장은 중국 공안의 조사를 받는 신세가 되었다. 그렇지만 사고가 발생한 곳이 서울인 데다 이를 입증할 만한 자료가 없으니 중국 공안으로서도 어찌할 방법이 없었다. 그래서 이우 공안은 무혐의로 장 사장을 석방시켰다. 그렇지만 조선족의 보복이 두려운 장 사장은 계속 경찰서에 있겠다고 버텼다. 밖으로 나가면 그들에게 끌려갈 것이 분명했기 때문이었다. 그렇지만 이우 공안도 계속 그를 붙들어 둘 수 없는 처지이니 그에게 나갈 것을 종용했다.

아니나 다를까 장 사장이 밖으로 나오자마자 조선족이 동원한 불량배들에게 납치되었다. 장 사장은 그들에게 끌려가 아파트에 감금되었고 계속 돈을 내놓으라는 압박을 받았다. 그렇다고 자신도 모르는 돈을 내어줄 수는 없는 일이었다. 이들은 장 사장을 때리거나 린치를 가하지는 않았지만 심리적인 압박은 엄청나게 컸다. 조직 폭력배들은 3인이 1조가 되어 밤낮으로 그를 감시했다. 아파트 안에 갇혔으니 도망갈 방법이 없었다.

아파트에 갇힌 지 보름이 되니 조폭들의 감시가 소홀해졌다. 또 오랜 시간을 함께 지내다 보니 농담을 주고받을 정도로 가까워졌다. 이 틈을 타 친구에게 연락했다. 내일 오전 10시 정각에 무슨 아파트 몇 동 몇 호에 차를 대면 바로 타겠다는 약속을 했다. 그리고 그날 그 시간에 차가 오는 소리를 듣고는 맨발로 뛰어서 바로 차에 올라탔다. 조폭들에게 비상이 걸린 것은 당연하다. 항저우 공항으로 차를 몰았지만 그들이 이미 그곳에서 기다리고 있었다. 상하이 공항도 비슷할 것이란 생각을 했다. 그래서 차를 몰아 복건성 샤먼으로 차를 몰았다. 밤새도록 달려 도착한 샤먼에서 타이완 금문도로 가는 배를 탔다. 일단 중국만 벗어나면 위험에서 탈출할 수 있는 것이었다. 금문도로 가는 배에 앉아서 맥주를 한잔하려니 절로 눈물이 줄줄 흘러내리더란다. 그는 한국에 와서 남대문 경찰서에서 조사를 받고 이에 상응하는 법적 처벌을 받았다.

중국에서 연 환갑 잔치

우리 사회가 초고령화 시대로 진입했다. 지금과 같은 속도로 과학과 의학이 발전하면 머지않아 우리의 기대 수명이 120살까지 늘어날 것이라고 한다. 그래서 요즘은 65세까지를 청년이라고 부른다. 이것도 시간이 지나면 더 늘어날 전망이다. 이런 경향 때문에 경로당에 가면 칠십이 넘은 분도 막내나 다름없다고 한다.

낮에 지하철을 타면 젊은 사람보다 나이 지긋한 노인들이 더 많다는 것을 알 수 있다. 65세 이상의 노인들에게는 지하철을 무료로 탑승할 수 있는 혜택이 있으니 이를 이용하는 노인들이 많다. 열심히 살다 보니 이제 나도 노인이라는 말을 들을 날이 머지않았다.

나는 3년 전에 환갑을 중국에서 맞이했다. 요즘에는 환갑이라고 해도 그리 별다른 감흥이 없다. 칠순을 아무런 행사 없이 조용하게 보내는 분들도 많다. 내가 어릴 적에는 환갑 잔치를 성대하게 열었다. 당시에는 60세까지는 사는 사람이 별로 없었기 때문이었다. 그래서 환갑만 넘으면 장수하는 것으로 인식했다. 이젠 환갑을 대단한 것으로 여기지 않으니 세상이 달라져도 많이 달라졌다. 나 역시 환갑이라고는 해도 한국에 있는 가족들에게 전화로 축하 인사를 받았을 뿐이다. 환갑이라는 것이 축하를 받을 일인지 의문이 든다. 60세가 넘으니 나이를 먹는다는 것이 그리 즐거운 일이 아니기 때문이다. 오히려 나이를 먹는다는 것이 서글퍼지는 나이다.

그런데 중국 직원들이 나를 위해 환갑 잔치를 열어 주었다. 그것도 15년 전에 함께 근무했던 직원들이 나를 위해 먼 길을 마다하지 않고 와 주었다. 예전에 우리 사무실에 근무하던 직원이 내가 환갑이라는 것을 알렸고, 이구동성으로 함께 자리를 마련하자는 이야기가 오고 갔다. 일부는 나보다 큰 사업을 일구는 친구들도 있다. 대부분 저장성에서 일하고 있지만 한 친구는 복건성에서 사업하고 있다. 저장성 이우까지 오는 데 꼬박 하루가 걸리는 먼 거리다. 그걸 개의치 않고 내 생일을 축하해 주려고 일부러 먼 곳에서 왔다. 이 친구들이 큰 중국 식당을 빌려서 만찬을 베풀어 주었다. 그리고 노래방까지 이동해서 그동안 나누지 못했던 회포를 풀었다. 고마운 친구들이다. 내가 20년간 중국에서 사업하면서 비록 돈을 벌지는 못했지만 실패는 하지 않았다고 자부하고 있다. 그래선지 미국에서 오신 교포 한 분이 그런 말을 하셨다.

"양 사장은 이미 성공한 거나 마찬가지야. 대부분의 한국 사람들이 중국 생활에 지쳐서 중도에 그만두고 떠나가는데 양 사장은 직원들이 회갑 잔치까지 베풀어 주었으니 말이야."

우린 아직도 중국을 잘 모른다

중국의 공산화가 남긴 것

전 세계가 경기 불황으로 시달리고 있다. 세계 최고의 구매력을 지닌 미국도 마찬가지다. 설상가상으로 코로나 바이러스까지 덮쳐 최악의 상황을 맞이하고 있다. 특히 자영업자들의 어려움이 크다. 뉴욕이나 LA에도 무섭게 빈 상가가 늘어나고 있다는 소식이다. 그렇지만 이런 빈 상가가 나오기가 무섭게 중국인들이 계약하고 들어온다. 중국 상인들의 기세가 만만치 않다. 물론 중남미도 예외가 아니다. 브라질과 아르헨티나에도 중국 상인들이 물밀듯이 몰려와 시장을 장악하고 있다. 이처럼 중국인들이 현지에서 빠르게 자리를 잡을 수 있는 것은 공급되는 물건의 대부분이 중국산이기 때문이다. 모든 물건이 중국에서 만들어지다 보니 중국인들에게 절대적으로 유리한 구조가 만들어졌다. 한국인들이 1970년대 미국과 남미의 의류 시장을 석권할 수 있었던 것도 대한민국 제조업의 덕분이었다. 소위 공돌이 공순이라 불리는 우리들의 부모님들이 밤을 새워 옷을 만든 덕분이다.

역사에 가정이란 없다고 한다. 그렇지만 만약 1949년에 공산당이 국민당을 물리치고 중화인민공화국이 세워지지 않았다면 우리의 운명도 달라졌을 것이 분명하다. 우리는 1945년에 이미 남북으로 갈라졌으니 당장 통일을 이루는 것은 어려웠다. 그렇다 하더라도 적어도 우리 민족끼리 총칼을 겨누었던 한국 전쟁의 참화는 일어나지 않았을 것이다. 중국이 북한에 한반도를 적화통일 시키라고 부추기지는 않았을 테니 말이다. 또한 설사 북한이 오판해서 대한민국을 침략했다 하더라도 당시 중국 땅을 지배하던 정부가 국민당이었다면 절대 북한을 도와주는 일은 없었을 것이다. 그렇지만 중국의 공산화는 우리에게 경제 발전을 일으켜 세울 수 있는 하나의 기회가 되었다. 중국은 공산화가 되면서 산업화가 늦어졌고 이 기간 동안 우리는 부단한 노력을 통해 한강의 기적을 이루어낼 수 있었다.

한국과 중국 그리고 일본

우리가 사는 지역을 극동 아시아라 한다. 여기에 속하는 나라가 대한민국, 일본, 그리고 중국과 북한이다. 극동 아시아에 속하는 나라가 몇 안 되다 보니 체육 행사는 동아시안 축구 게임이 유일하지 않을까 싶다. 그렇지만 경제면을 따져 보면 중국이 세계 2위, 일본이 세계 3위, 대한민국은 세계 11위로 탄탄한 입지를 차지하고 있다. 만약 우리나라가 북한과 통일을 이룩한다면 극동 아시아의 경제는 미국과 유럽에 버금가는 거대한 경제 블록을 형성할 것이 분명하다. 그렇기에 대한민국과 일본, 중국이 제대로 경제 협력을 이룬다면 엄청난 영향력을 발휘할 것이다. 그러기 위해서는 일본과 중국의 적대적인 감정부터 해소해야 한다. 그럴 가능성은 전혀 없겠지만 일본의 수상이 난징의 난징 대학살 기념관에 가서 무릎을 꿇고 자신들의 만행에 대해 사죄한다면 분위기는 일순간에 달라질 것이다. 그리고 삼국이 협력해서 극동 아시아를 세계 최고의 경제 중심으로 만들어 가자고 한다면 어떻게 될까? 그렇게 되면 산업혁명으로 인해 유럽이 부상한 것처럼 극동 아시아 3국이 세계 경제를 이끌어 가는 선구자 역할을 할 수 있지 않을까 하는 기대를 해본다. 그렇지만 일본은 우익이 문제이고 중국은 공산당의 입김이 너무 세다는 게 걸림돌이다.

같은 극동 아시아라고 하지만 3개국은 달라도 너무 다르다. 언어는 물론이고 문화와 생활 풍습이 완전히 다르다. 우린 집안의 구조가 온돌이지만 중국은 침대를 사용하고 일본은 다다미를 쓴다. 중국의 기와지붕은 둔탁한 선으로 이어진다. 이에 반해 일본은 날카롭게 하늘을 향해 올라선 것이 특징이다. 한국은 중국과 일본의 중간 형태로 부드럽게 뻗어있다. 가장 한국적인 아름다움이 이런 선에서 나타난다. 중국의 칼은 고기를 내리쳐서 자르도록 둔탁하면서 크다. 일본 칼은 생선회를 잘라야 하므로 예리하고 가늘다. 한국의 칼은 역시 중간 형태다. 중국의 젓가락은 큰 음식을 들기에 좋도록 굵고 긴 것이 특징이다. 일본 젓가락은 회를 집어먹어야 하니 날카롭다. 우리의 젓가락은 역시 중국과 일본 것의 중간 형태로 만들어졌다. 예절도 우리는 중국과 일본의 중간 정도로 치부할 수 있다.

공자의 나라라고 하지만 중국인들의 예절은 그리 곱상하지 않다. 말을 할 때도 큰 소리가 나오기 일쑤이고 거스름돈을 줄 때는 탁자 위에 던진다. 반면 일본인들과 작별 인사를 할 때는 고개를 숙이고 한참을 기다려야 한다. 이미 인사를 끝냈다고 생각했는데 아직도 고개는 밑을 향하고 있으니 말이다. 일본인들은 전화를 끊을 때도 상대방이 보이지 않는데도 고개를 숙여 인사한다. 우리는 중국과 일본 사이에 살다 보니 어느 곳에도 속하지 않는 우리 고유의 전통문화를 만들어냈다.

불가분의 관계

요즘 중국이 우리나라의 경제를 옥죄고 있다. 1980년대에는 미국이 기침하면 일본은 감기에 걸리고 우리 경제는 독감에 걸린다는 말이 있었다. 당시에는 우리 경제에서 미국이 차지하는 비중이 절대적이었다. 그렇지만 세월이 흘러 그 역할을 중국이 떠안고 있다. 만약 사드 사태와 같은 일이 다시 벌어지면 또다시 우리 경제가 요동칠 것이 분명하다.

10여 년 전에 우리나라 정부에서 중국에서 수입한 마늘에 대해 위생 문제를 제기했다. 썩은 마늘이 많았고 포장의 위생 상태도 엉망이었다. 대한민국 정부에서 이런 이유를 들어 중국산 마늘의 수입을 금지했다. 이에 중국 정부는 한국의 휴대폰 수입을 금지하는 보복 조치로 맞불을 놓았다. 이런 조치는 마늘에 비해 휴대폰의 가격이 월등하기 때문에 절대적으로 우리한테 불리한 상황이었다. 결국 우리나라 정부는 슬그머니 마늘 수입 금지 조치를 없었던 일로 해버렸다. 중국이 많은 산업 분야에서 우리를 추월하고 있지만 아직도 무역 수지에서는 우리가 흑자를 내고 있는 상황이다. 그렇기 때문에 수출 주도형의 우리 경제 구조하에서 전체 수출의 1/4을 차지하는 중국을 빼놓고는 이야기하기 어렵다.

미중 무역 전쟁에서 미국이 중국에 가장 큰 불만을 나타내는 문제가 연간 3,500억 달러가 넘는 무역 적자다. 우리나라는 매년 중국에 약

500억 달러 이상의 무역 흑자를 기록하고 있다.

한때 한강의 기적을 이룬 대한민국은 중국과 수교하면서 다시 경제가 도약하는 계기를 마련했다. 역사를 거슬러 올라가면 우리나라는 항상 중국의 문물을 받아들여야 하는 형편이었다. 기록을 보면 중국을 방문했던 우리의 선비들은 중국의 찬란한 문화와 예술, 문물에 놀라움을 금치 못했다고 한다. 돈 좀 있는 집안에서는 중국의 비단이나 도자기를 사다가 이를 주위에 자랑하는 것을 낙으로 삼았다고 전해진다.

그렇지만 중국이 1949년 공산화가 되면서 세상은 바뀌었다. 중국이 계획경제로 뒷걸음치는 동안 우리나라가 경제개발 5개년 계획을 시작으로 급속한 경제 발전을 이루었다. 중국이 잠시 잠을 자고 있는 사이에 우리가 저만치 뛰쳐나간 셈이다. 만약 중국이 공산화가 되지 않고 장제스에 의해 통일을 이룩했다면 경제적인 측면에서는 많은 변화가 있었을 것으로 추측이 된다. 지금 중국이 세계의 공장으로 변화한 것으로 보면 그런 예측이 가능하다. 중국의 공산화는 우리가 경제 개발을 하는 시간을 잠시 벌어준 측면이 있다. 만약 중국이 먼저 산업화를 이루었다면 우리가 경제 개발을 할 수 있는 기회를 얻기 어려웠을 것이란 생각이 든다.

제조업은 산업의 중추

미국과 중국의 무역 전쟁이 점입가경이다. 미국의 대중국 무역 수지 적자가 일 년에 3,500억 불이 넘으니 쉽게 끝날 것처럼 보였다. 그렇지만 중국의 버티기가 만만치 않다. 중국도 미국 제품에 대해 보복 관세를 부여하며 맞불을 놓고 있다. 중국 정부는 인민들에게 애국심에 호소하며 단합을 요구하고 있다. 많은 미국 기업들은 중국의 공급자들에게 공장을 베트남을 비롯한 다른 나라로 이전할 것을 요구하고 있다. 다른 나라에서 생산되는 제품은 중국 제품과 같은 고율의 관세를 물지 않아도 되기 때문이다.

미중 무역에서 가장 많은 혜택을 보고 있는 나라는 타이완이다. 타이완 업체들은 우리와 마찬가지로 인건비 상승 때문에 대부분 중국으로 이전했다. 그렇지만 중국에서도 인건비가 급격히 상승하고 중국 업체들과의 경쟁으로 인해 이중고를 겪고 있었다. 그렇지만 미국의 중국에 대한 보복 관세는 타이완에 이를 만회할 기회가 되고 있다. 타이완 업체들은 발 빠르게 생산 거점을 중국에서 타이완으로 옮기고 있다. 중국 내에서도 많은 업체의 탈중국화가 나타나고 있다. 눈치 빠른 중국인들은 생산 거점을 베트남이나 미얀마, 방글라데시 등으로 옮기고 있다.

미국과 일본, 타이완 정부는 중국 내에서 생산하던 공장들을 자국으로 유치하기 위해 안간힘을 쓰고 있다. 어느 나라나 고용이 가장 큰 사회 문제로 대두하고 있기 때문이다. 이들 나라에서는 본국으로 돌아오는 제조업체에 대해 세금을 감면해 주거나 토지 등을 저렴한 가격에 제공하는 등의 혜택을 부여하고 있다. 그렇지만 우리나라 정부에서는 중국에서 돌아오려는 기업들에 대해 거의 관심을 두지 않고 있다. 물론 말로는 이런 업체들을 유치한다고 하지만 실제로 그러한 노력이 거의 보이지 않는다. 심지어 정부의 말을 믿고 돌아온 업체들 중에는 서류 심사와 인허가 문제로 인해 공장을 가동하지 못하고 문을 닫는 경우도 발생하고 있다.

우리나라에서는 제조업이 산업에서 차지하는 비중이 상당히 높고 고용 유발 효과도 크다. 이번 코로나 사태로 인해 제조업의 중요성이 다시 부각되었다. 또한 코로나 사태로 초창기에 마스크 수급이 한계에 달한 적이 있었다. 이렇듯 일부 제조업은 전략적으로 육성해 나가야 할 필요가 있다. 이런 점을 감안한다면 정부에서도 중국 내에서 한국으로 돌아오려는 기업에 대해 보다 적극적으로 유치하려는 노력을 해야만 한다.

우린 중국을 잘 모른다

우리나라의 역사에서 중국이 등장하지 않는 경우는 없었다. 중국과의 관계는 고구려 때를 제외하고는 1897년 10월 12일 대한제국이 성립될 때까지 매년 조공을 바쳐야 하는 처지였다. 우리 민족은 당나라와 원나라, 청나라 등 중국으로부터 숱한 침략을 받았다. 이들은 우리나라를 정벌하고 나서 성을 쌓지 못하고 군사 훈련이나 무기를 개발하지 못하도록 했다. 군사력을 키워 자신들에게 위협을 가하는 것을 두려워했기 때문이다. 그렇지만 통일 신라 시대 이래 한반도에서는 감히 중국에 대항한다는 것은 꿈조차 꾸지 않았다. 오히려 임진왜란 때에는 중국의 도움을 받아 왜구들을 몰아내기까지 했다. 우리 선조들은 중국을 대국이라 믿고 그들의 학문과 문화를 받아들이는 것에 만족해했다.

박지원의 『열하일기』를 읽어보면 조선 시대조차 우리는 중국에 대해 너무 몰랐다는 것을 알 수 있다. 조선의 임금과 선비들은 그가 쓴 글을 보고 중국의 문화와 풍습에 대해 경탄을 금치 못했다. 그동안 우리나라에서는 『열하일기』만큼 중국에 대해 자세하게 적은 기록이 없었기 때문이다. 그렇지만 그가 접해본 중국은 극히 일부분이었다. 특히 박지원조차 중국의 남부는 근처에도 가보지 못했다.

1488년 조선의 선비인 최부가 제주도에서 배가 풍랑을 만나 표류를 하다가 저장성 타이저우(台州) 인근에 도착한 기록이 있다. 그는 조선의 첩자로 오인받아 모진 고문을 받기까지 했다. 그리고 1796년 무관인 이방익이 역시 고향인 제주도에 들렀다가 풍랑을 만나 타이완 인근까지 표류하다가 구조된 일이 있다. 그는 그동안 조선인이 전혀 경험해 보지 못한 중국의 강남 일대를 돌아보는 특별한 체험을 했다. 정조의 명을 받아 박지원은 그의 중국 체험담을 『표해록』으로 남겨 놓았다. 그는 이를 통해 그동안 미지의 땅이었던 중국의 남쪽 상황을 자세하게 기록해 놓았다. 이러한 그의 공적은 수세기에 걸쳐 수없이 중국을 방문했던 사신보다도 훨씬 낫다는 평가를 받았다. 조선은 중국에 대해 전혀 알지 못했기 때문에 항상 수동적으로 움직일 수밖에 없었다.

제5장

—

중국의
변화

중국의 굴기

코로나 바이러스의 역설

2020년은 우한 독감으로 시작해서 코로나 바이러스로 끝난 한 해였다. 전 세계가 코로나 바이러스 사태로 혼돈과 좌절의 시기를 보냈다. 초반에 이 사태를 방치해서 전 국민을 공포로 몰아넣었던 중국은 우한을 비롯한 여러 도시를 완전 봉쇄하는 전략으로 이를 재빠르게 정상화할 수 있었다. 이에 반해 이를 중국만의 일이라고 방관하던 유럽과 미국은 2020년 말까지도 백신 외에는 마땅한 해결책을 마련하지 못하고 있다. 설사 백신을 접종한다고 하더라도 코로나 바이러스를 종식하려면 많은 시간이 소요될 것으로 예측하고 있다. 코로나 바이러스에 무기력했던 미국과 유럽의 여러 나라는 선진국이라는 명예에 큰 상처를 남겼다. 그동안 경제와 문화, 예술 분야에서 세계를 선도했다는 것이 별 의미가 없는 일이 되어 버렸다. 분명 코로나 바이러스 사태 이후 지각 변동이 일어날 것이 분명하다. 그동안 유럽이나 미국이 추구했던 자유 질서가 이 사태에서는 별로 도움이 되지 못했다. 정부의 통제가 먹혀들지 않았고 오히려 코로나 사태는 정부가 만들어낸 음모라는 가짜 뉴스까지 퍼졌다. 모든 나라의 경제가 마이너스 성장률을 기록할 수밖에 없었다.

이에 반해 중국은 예년과 비교하면 그리 높지는 않지만 플러스 경제 성장률을 기록하는 기염을 토했다. 모든 나라가 피폐한 경제 상황으로 인해 폐업, 실직 등 어려움을 겪는 와중에도 중국은 지속적인 성장세를 유지했다. 이런 긴급 사태에서는 오히려 중국식의 강력한 통제 방법이 효과를 거두었다는 것은 아이러니하다. 중국식 사회주의가 우월하다고 주장하고 나서는 이유다.

상황이 이러하니 서방 세계에서 중국식 사회주의에 대한 연구를 해봐야 한다는 의견이 나오기 시작했다. 이쯤 되면 세계의 많은 독재 국가도 중국식의 권력 체제에 정당성을 부여하게 되지 않을까 하는 걱정이 되기도 한다. 중국이 바라는 바다.

20세기는 서구식 민주주의와 소련의 공산주의의 이념적 대결이었다. 1989년 소비에트 연방이 무너짐에 따라 미국의 승리로 귀결되었다. 21세기는 서구식 자본주의와 중국의 사회주의식 자본주의의 대결장으로 변모했다. 중국은 자신을 따르는 나라들을 규합해서 미국과 맞짱뜨고 싶어 한다. 중국의 굴기다. 그렇지만 그동안 중국을 따르던 나라들은 별로 없었다. 어쩌면 코로나 바이러스 사태가 그걸 반전시킬 수 있는 좋은 기회라 여겨진다. 위기는 기회이기 때문이다.

중국의 굴기

21세기 들어 중국의 기세가 하늘을 찌를 듯하다. 세계의 모든 경제학자는 머지않은 시기에 중국의 경제가 미국을 추월할 것으로 예상하고 있다. 학자들마다 조금씩 견해가 다르기는 하지만 대략적으로 짧으면 2028년, 길면 2035년경이 되지 않을까 전망하고 있다. 20여 년 전만 하더라도 상상할 수 없었던 대사건이다.

중국인들은 그동안 자신들의 나라가 세계의 중심이라 믿었다. 그 꿈이 이제 현실이 되는 날을 맞이하게 되는 셈이다. 중국이 미국을 따라잡을 수 있는 것은 비약적인 경제 발전 덕택이다. 중국은 개방 이후 매년 10% 내외의 경제성장률을 기록해 왔다. 이를 바탕으로 2019년에는 미국 GDP의 70% 선까지 육박했다. 이 여세를 몰아 2026년에는 22조 8천억 달러로 미국을 5천억 달러 정도 앞설 것으로 예상이 된다. 그렇지만 예상하지 않았던 코로나 바이러스 사태로 이 시기가 앞당겨질 것 같다. 중국은 코로나 바이러스 사태의 와중에도 탄탄한 경제 기조를 유지하고 있는 반면 미국 경제는 아직도 혼돈 속에서 벗어나지 못하고 있는 상황이기 때문이다.

그렇다고 미국이 이를 순순히 용납하지는 않을 것이다. 이미 미국은 중국과 무역 전쟁을 선포해 놓은 상태다. 중국으로부터 수입되는 제품에 고율의 관세를 부과하는 한편 중국 내 미국의 지적 재산권을 인정해 달라고 요구하고 있다. 또한 반도체를 비롯한 첨단 부품의 공급 사슬을 끊어 내려는 시도를 하고 있다.

이에 맞서는 중국의 도전도 만만치 않다. 중국은 그동안 덩샤오핑이 주창했던 도광양회를 과감히 탈피하고 미국의 응징에 대항하고 있다. 한때 영국과 미국을 따라잡겠다고 객기를 부렸던 1960년대 초와는 완전히 다른 판세다. 대약진 운동 당시에는 맨몸으로 우격다짐했다면 21세기의 중국은 든든한 자본과 탄탄한 기술력으로 무장했다. 이를 뒷받침하는 것이 천인계획이다. 국내외의 인재들을 파격적인 조건으로 끌어모으는 전략이다. 내가 아는 한국인 중에 이 제안을 받아들이고 중국에서 연구를 계속하는 분이 있다. 정착금으로 2백만 위안을 받고 주택과 연구실, 그리고 연구비를 별도로 지원받는 방식이다. 이들이 만들어낼 새로운 연구 과제들은 21세기를 이끌어갈 신세계가 될 것으로 보인다.

4차 산업혁명의 리더

중국의 발전은 눈부시다. 아직도 불량품 때문에 골치를 앓는 중국산 제품이 있기는 하다. 그렇지만 휴대폰, 공기 청정기 등 요즘 중국에서 생산되는 제품은 디자인은 물론 품질까지 호평을 받는다. 게다가 5G를 선도하는 화웨이의 통신 장비, 세계 시장을 석권하고 있는 드론은 물론 자동화 설비는 세계 최고의 수준을 자랑한다.

18세기 유럽에서 일어난 산업혁명은 인류 역사에서 크나큰 전환점이 되었다. 그동안 사람들이 일일이 만들던 것을 기계가 대신하면서 산업화의 시대로 들어섰다. 찬란한 문화와 역사를 자랑하던 중국의 시대가 종말을 맞이한 것이다. 황하 문명의 중국은 종이, 화약, 나침반, 인쇄술을 개발해 인류 역사에 지대한 공헌을 했다. 그렇지만 산업혁명 이후 중국은 유럽의 기세에 눌려 변변하게 대응조차 하지 못했다. 산업혁명의 결과물로 중국은 홍콩을 비롯한 여러 지역을 유럽 국가에 넘겨주는 치욕을 맛보았다.

이젠 다르다. 중국은 4차 산업혁명에서 새로운 역사를 쓰려고 하고 있다. 드론뿐만 아니라 바이오, AI, 사물인터넷 등 다양한 부문에서도 괄목할 만한 성장세를 이어 나가고 있다. 실제 드론은 세계 시장을 90% 이상 장악하고 있어 이 분야에서는 타의 추종을 불허하고 있다. 중국의 각종 전시회에 참석해 보면 중국의 기술력이 우리보다 한참 앞서 있다는 것을 느낀다. 우리나라의 중소기업들은 자신들의 기술이 우월하다고 주장하지만 이미 중국에서는 그 단계의 기술을 넘어선 것이 많다.

화웨이의 5G 통신 기술은 세계 최고로 친다. 화웨이는 기술뿐만 아니라 가격 면에서도 누구와 상대해도 이길 수 있는 경쟁력을 지니고 있다. 어느 나라나 5G를 도입하려면 화웨이에 요청해야 할 상황이다. 미국이 화웨이를 공격하고 있는 것도 중국이 4차 산업혁명의 리더가 되는 것을 원치 않기 때문이다. 만약 4차 산업혁명에서 중국이 성공을 거둔다면 세계 경제의 쏠림 현상이 더욱 심화할 수밖에 없다. 만약 그런 일이 벌어진다면 중국의 사회주의 경제가 서구식 자본주의보다 우위에 설 수 있다는 결론이 난다. 미국과 유럽 국가들에게는 악몽의 순간이 닥치는 셈이다.

유럽에서도 중국식 사회주의 경제에 대한 연구가 활발하다. 공산당의 정책에 일사불란하게 움직일 수 있는 역동성은 유럽처럼 자유로운 경제 환경에서는 절대 생겨날 수 없는 장점이다. 4차 산업혁명이 어떻게 진행될지 벌써부터 궁금해진다.

중국의 발전 공식

내가 처음 중국을 방문한 것은 1994년이었다. 당시 심천은 한창 개발 중이었다. 높은 건물에 노동자들이 개미처럼 다닥다닥 붙어 외장 작업을 하고 있었다. 대나무로 만든 지지대 위에 발판을 얹어놓고 그 위에서 작업하는 모습이 무척 위태롭게 보였다. 그 모습이 아직도 생생하게 기억난다. 30년 가까이 된 지금까지도 중국경제 발전의 원동력은 14억이 넘는 인적 자원이다.

중국의 개방 정책이 펼쳐지던 시기에는 자본도 기술도 전무한 상태였다. 덩샤오핑이 개방 정책을 펼치면서 서방 세계에 내던진 화두는 "우리에겐 저렴한 인건비의 노동력이 무궁무진하다."는 것이었다. 값싼 노동력은 인건비 상승과 노사 분규에 시달리던 홍콩, 대만, 한국 기업들에는 천국과 같은 곳이었다.

저렴한 인건비로 세계의 공장이 된 중국의 다음 단계는 기술 축적이었다. 그것은 튼튼한 내수 기반이 뒷받침될 수 있었기 때문이다. 즉 시장을 내어줄 테니 기술을 달라는 것이었다. 전형적인 사례가 고속철이다. 중국은 일본 카와사키와 독일 지멘스의 기술을 도입해서 고속철을 깔았다. 그리고 기술을 하나씩 축적해서 중국식 고속철을 탄생시켰다. 이제 중국의 고속철은 가격과 품질, 운영 능력이 세계 최고다. 이런 경쟁력을 바탕으로 미국과 브라질에도 진출한다. 이제 우리나라를 비롯한 다른 나라의 업체들은 명함도 못 내미는 수준으로 전락했다. 이 정도면 나중에 기술을 전수해준 독일이나 일본에 중국산 고속철도가 깔려도 전혀 이상할 것이 없다.

이런 상황을 인식한 외국 기업들은 중국 진출에 주저하지 않을 수 없다. 시장이 크긴 하지만 중국에 기술을 빼앗기는 것은 시간문제이기 때문이다. 그래서 중국이 택한 것이 기술을 가진 외국 기업을 아예 사버리는 전략이다. 우리나라의 쌍용자동차가 그렇게 넘어갔다가 다시 돌아왔다. 또한 스웨덴의 볼보도 통째로 중국 지리자동차로 인수되었다. 이렇게 되면 기술뿐만 아니라 브랜드까지 함께 얻는 효과도 있다. 골프채로 유명한 일본의 혼마도 중국 기업에 넘어갔다. 경영이 어려운 유럽의 명품 업체들도 중국 기업이 인수해 주길 기대하는 눈치다. 중국의 저력이 이곳저곳에서 나타나고 있다.

미국은 반도체와 같은 첨단 부품에 대한 공급을 제한하는 등 중국에 물리적 압박을 가하고 있다. 앞으로도 이런 조치는 계속 이어질 전망이다.

이에 대한 중국의 대응은 기술 자립과 내수 진작이다. 반도체 자체 생산에 천문학적인 비용을 투입하고 있다. 또한 그동안 중국은 수출로 경제의 활로를 열었지만 앞으로의 전망은 그리 밝지 않다. 이를 되살리는 방법은 14억 인구가 창출해 내는 내수다. 중국은 내수 진작을 통해 경제의 연착륙을 살려 나갈 계획이다. 실제로 2008년 세계 금융 위기 당시 4조 위안을 풀어 내수를 진작해서 성공한 사례가 있다. 내수 시장의 활성화 여부에 따라 미국의 추격에서 벗어날 수 있는지가 판가름 난다.

우린 자동차를 만들 거야

중국의 기술 발전은 가히 비약적이다. 2000년 초에 중국 총리였던 주룽지가 우리나라의 777 손톱 깎기를 들고서 큰소리쳤던 이야기가 지금도 생생하게 기억난다.

중국 관리들에게 "왜 우리는 이런 손톱깎이조차 제대로 만들지 못하느냐?"는 질책이었다. 그러했던 중국이 이제 첨단 제품들을 쏟아내고 있다.

내가 중국 진출 초기에 미국으로 전기 스쿠터를 수출했었다. 스쿠터는 이우 인근의 용캉이라는 공업 도시에서 생산된다. 우리가 수출하던 제품은 천리마라는 상표의 스쿠터였다. 당시 스쿠터의 품질은 형편없었다. 가장 큰 문제는 배터리의 용량이 충분하지 않아 먼 거리를 운행하는 것 자체가 불가능했다. 우리 회사에서도 시장을 가는 용도로 전기 스쿠터를 몇 대 운용했지만 아예 사용할 수가 없었다. 배터리 용량 때문에 시장 근처에는 가지도 못하고 다시 돌아와야 할 정도였다. 천리를 간다는 상표와는 전혀 어울리지 않는 수준이었다. 항상 이런 문제점을 제기했지만 공장에서는 이를 해결할 능력이 되지 않았다. 당시에는 전기 스쿠터용 배터리를 만드는 중국 회사들의 기술 수준이 그리높지 않았다.

그날은 두 개의 컨테이너를 선적하기 위해 검수를 나간 날이었다. 공장장이 직접 나와 제품 상태를 확인해 주었다. 그리고는 이것이 마지막으로 나가는 물건이라고 설명해주었다. 내가 "왜 더 이상 스쿠터를 만들지 않느냐?"고 물었더니 돌아오는 대답이 의외였다. "내년부터는 우리가 자동차를 생산하기 때문에 이제 더 이상 스쿠터를 만들지 않는다."고 했다. 처음엔 내가 잘못 알아들었는가 하고 내 귀를 의심했다. 고작 스쿠터 따위를 만들던 공장에서 첨단 기술이 집약된 자동차를 만들다니…. 그래서 다시 물었다. "자동차를 만든다고?" 그랬더니 돌아오는 답이 "그렇다"였다.

원래 북방 사람들은 뻥이 세다. 당연히 북방 사람들이 그런 말을 했다면 역시 "뻥이군" 하고 넘어갔을지 모른다. 그런데 남방 사람이 그런 말을 하니 뻥이 아닌 것 같다는 생각도 들었지만 그래도 이를 믿기가 어려웠다. 스쿠터에 들어가는 부품은 아무리 많아 봐야 200여 개에 불과하다. 이에 반해 자동차는 3만 개나 되는 부품이 조립되어야 완성되는 현대 공업의 꽃이다. 그래서 공장장이 하는 말에 별로 신빙성이 없어 보였다. 그들이 스쿠터를 더 이상 만들지 않으니 공장을 다시 방문할 일이 없어졌다. 그리고 자동차 공장에 대한 생각은 우리의 기억 속에서 금방 잊혔다.

다음 해에 텀블러를 개발하기 위해 용캉에 있는 보온병 공장을 방문할 일이 있었다. 중국의 보온병은 90% 이상이 용캉에서 생산된다. 보온병 공장에서 이런저런 이야기를 나누다가 스쿠터 공장에 대한 말이 나왔다. 그런데 보온병 공장 사장이 그 공장에서 얼마 전부터 자동차를 생산한다고 알려 주었다. 작년에 스쿠터 공장장이 하던 말이 뻥이 아니었던 것이다. 그 공장이 중국의 중견 자동차 회사인 종타이(眾泰汽車)자동차다. 하도 기가 막혀서 말이 나오지 않았다. 중국의 저력을 직접 체험할 수 있는 기회였다.

중국은 세계의 패권국이 될 수 있을까?

2030년경이 되면 중국은 미국을 넘어 세계 최고의 경제 대국이 되리란 전망이다. 물론 여기에는 단서가 붙어 있다. 현재의 중국 경제성장률이 그대로 유지되고 돌발 사태가 벌어지지 않는다는 전제하에서 그렇다. 그렇지만 중국이 이를 실현하기 위해서는 넘어야 할 산이 너무 많다.

첫째, 주변에 너무 적이 많다. 중국은 14개국과 국경을 맞대고 있다. 그런데 그중에서 중국과 친하게 지내는 나라가 거의 없다. 특히 인도와는 전쟁도 불사하겠다는 의지를 불태우고 있고, 베트남, 필리핀, 인도네시아, 말레이시아 등과는 남중국의 영해를 두고 다툼을 벌이고 있다. 만약 국지적인 분쟁이 일어날 경우 중국 편을 드는 나라가 없을 것이 분명하다. 주변 국가가 중국에 대해 적대적이라면 항상 위협을 느낄 수밖에 없다.

이에 반해 미국은 북쪽으로는 캐나다, 남쪽 국경은 멕시코와 맞대고 있다. 이들 나라가 미국에 대항하겠다는 생각을 전혀 가지고 있지 않다. 동서로는 대서양과 태평양을 맞대고 있다. 다른 나라에서 미국을 공격하려면 엄청난 해군력과 공군력을 동원해야 하는데 지구상에는 그런 나라가 없다. 물론 일부 반미 성향을 가진 중동 국가들은 은근히 중국이 미국을 이겨주기를 바라고 있다. 그렇지만 이런 국가들은 이란을 비롯한 중동의 몇몇 국가에 지나지 않는다. 중국이 미국에 대항하려면 같은 생각을 가진 나라들을 많이 규합해야 한다. 그렇지만 그런 나라가 별로 없다는 점에서 설득력을 잃는다.

둘째 포용력이 없다. 미국이 세계의 패권을 쥐게 된 것은 세계 1, 2

차 대전의 결과물이었다. 유럽의 모든 나라가 두 차례 걸친 기나긴 전쟁에 이전투구를 하다 보니 재정이 고갈되었다. 당장 먹고사는 문제를 고민해야 할 암담한 상황이었다. 이에 반해 미국은 전쟁의 소용돌이에 속에서 전략 물자를 팔아 엄청난 부를 창출할 수 있었다. 2차 대전이 끝날 무렵 미국은 세계 GDP의 1/4을 생산하고 있었다. 1944년 7월 미국 뉴햄프셔주 브레튼 우즈(Bretton Woods) 회의에서 미국은 세계 각국에 대해 모든 것을 공여하겠다고 선언했다. 즉 미국과 협력하면 모든 국가의 안보와 해양에서의 안전을 책임지겠다고 했다. 또한 미국 시장을 개방해서 모든 나라의 물건을 사주겠다고 약속했다. 그리고 그 약속을 지켰다. 덕분에 유럽의 많은 국가가 미국 시장에 진입하면서 경제적 번영을 이루어낼 기회를 얻었다. 중국에는 이런 포용력을 기대하기 어렵다.

셋째, 중국은 새로운 문명을 창출할 능력이 부족하다. 우리가 지금 사용하고 있는 혁신적인 기술은 모두 미국에서 나왔다. 전기는 물론 텔레비전과 전화기, 휴대폰, 컴퓨터, 자율자동차 등은 미국인들의 혁신적인 사고에서 만들어졌다. 중국이 세계의 공장이라고는 하지만 새로운 문명을 만들어낼 만한 능력은 가지고 있지 않다. 중국은 싼 노동력으로 남의 기술을 모방해서 만들어내는 것이 고작이다. 세계에서 가장 많은 가입자를 보유한 위챗도 다른 나라의 SNS 시스템을 흉내 낸 것에 불과하다. 선진 문명을 창출해 내지 못하는 한 세계의 지도국의 역할을 담당하기 어렵다. 즉 중국이 미국을 넘어서려면 현재의 구조를 완전히 뒤집을 수 있는 변혁이 필요하다.

중국을 어떻게 바라봐야 하나

중국은 경제적 동반자

중국은 우리에게 결코 반갑지 않은 존재였다. 역사 이래로 수많은 침략을 받았고 근래에는 한반도의 통일을 방해하는 존재였기 때문이다. 물론 임진왜란 당시에는 절체절명의 순간에 우리를 도와주기도 했다. 그렇지만 1992년 수교 이후 우리와 중국은 경제적 동반자로 엄청난 경제 발전을 이루었다. 중국과의 수교는 우리에게 축복과도 같은 일이었다. 중국 덕분에 우리는 한강의 기적 이후 제2의 경제적 도약을 할 수 있는 기회를 가졌다.

중국도 마찬가지다. 한국의 자본과 기술은 중국 경제의 든든한 버팀목이 되었고, 세계 2의 경제 대국으로 거듭나는 계기가 되었다. 아직도 중국의 컴퓨터나 휴대폰 등 첨단 제품이 만들어지려면 한국산 부품이 절대적으로 필요하다.

중국의 개방은 한국뿐만 아니라 홍콩과 타이완에도 경제적 부흥을 가져왔다. 중국 개방 정책의 일등공신은 홍콩이다. 서방 세계에서 중국의 개방 정책에 대해 의심하고 주저하고 있을 때 가장 먼저 투자한 인물은 홍콩의 최고 재벌인 리카싱이었다. 홍콩의 과감한 투자 덕분에 중국 심천과 산토우에 최초로 경제 특구가 만들어졌다. 이를 바탕으로 중국의 개방 정책은 물을 만난 물고기처럼 일사천리로 진행될 수 있었다.

물론 중국의 개방 정책으로 홍콩도 특수를 누릴 수 있었다. 중국에서 생산된 모든 제품이 홍콩항을 통해 수출되었고 덕분에 홍콩항이 세계 최대 항구로 올라설 수 있었다. 당연히 홍콩의 무역 회사들도 최대의 호황을 누릴 수 있었다. 중국과의 교역은 오로지 홍콩을 통해서만 가능했기 때문이다.

그렇지만 여기까지였다. 1997년 중국에 반환된 홍콩은 그 이후 경제적 쇠락을 면치 못하고 있다. 홍콩이 개방 당시에 보여 주었던 역동성이 이제 사라져 버렸다. 공룡처럼 커버린 중국의 경제력 때문에 홍콩이 지닌 매력이 신기루처럼 사라져 버렸다. 이 점은 우리에게 시사하는 바가 크다. 우리의 경쟁력이 없어지는 순간 중국으로부터 외면받을 가능성이 농후하다.

중국을 우습게 생각하지 마라

우리 기업들이 중국에서 실패하는 이유는 여러 가지가 있다. 한국식 경영 방식을 고집하는 것도 있고 관리자들을 모두 한국인으로 배치해서 발생하는 문제도 있다. 그렇지만 가장 큰 이유는 우리가 중국을 너무 우습게 안다는 것이다. 요즘은 많이 세련되었다고 하지만 아직도 중국인들이 국제적인 감각이 떨어지는 것은 사실이다. 이런 이유로 우린 중국인들을 아래로 본다. 그래서 모든 것을 우리 위주로 따라오게 하려고 한다. 그렇지만 중국은 많은 부문에서 우리를 앞서고 있고, 항공 우주 분야에서는 달 탐사선까지 쏘아 올리고 있다.

중국 사업에서는 중국인들의 특성을 아는 것이 가장 중요하다. 이를 무시하고 우리식으로 밀어붙이면 항상 문제가 야기될 수밖에 없다.

우린 불같은 다혈질의 성격을 가지고 있다. 상담을 하다가 일이 틀어지면 쉽게 화를 내고 판을 깨뜨린다. 이런 상담은 결코 성사되기 어려울 뿐만 아니라 수세에 몰릴 가능성이 농후하다. 항상 상대방의 이야기를 경청하고 결정은 천천히 하는 것이 좋다. 또한 중국에 대한 공부를 많이 해야 한다. 중국 역사와 문화에 대해 알아야 중국인들과의 대화가 원활하게 이어질 수 있다. 물론 중국어를 할 수 있다면 금상첨화다.

중국을 어떻게 접근해야 하는가

14억이 넘는 인구가 살고 있는 중국은 모든 기업가에게 매력적인 시장이 아닐 수 없다. 그래서 우리나라의 기업들 역시 중국에 큰 관심을 가지고 도전장을 내밀고 있다. 그렇지만 많은 기업이 힘 한번 못 쓰고 중국 시장에서 퇴출되고 말았다.

중국 시장이 크다고 하지만 대단히 폐쇄적이다. 미국이나 유럽처럼 공정한 경쟁을 기대하는 것은 어리석은 짓이다. 센카쿠 열도나 우리의 사드 사태와 같은 일이 일어나면 중국 정부는 중국인들의 애국심을 유발해서 불매 운동을 일으킨다. 사드 사태 때문에 롯데는 엄청난 투자비조차 포기하고 철수했다. 세계 최고의 품질을 자랑하는 삼성전자의 가전제품도 시장 점유율이 5% 미만이다. 또한 자국 기업 제품에 대해서는 각종 특혜를 주지만 외국 기업이 만든 제품에 대해서는 차별을 둔다. 전기 자동차에 쓰이는 배터리가 전형적인 예다. 중국산 전기 자동차에 대해서는 정부에서 보조금을 지급한다. 그렇지만 설사 중국에서 생산했다 하더라도 외국 기업의 차에 대해서는 보조금을 주지 않는다.

이런 점을 감안하면 중소기업의 경우에는 직접 시장을 개척하는 것보다는 중국인들과의 합작이 바람직하다. 업종마다 다르겠지만 직접 시장을 뚫는 것은 많은 시간과 노력이 필요하다. 그렇지만 이에 비해 얻어지는 결과가 만족스럽지 못한 경우가 많다. 합작사를 구하는 것 역시 시간이 많이 걸리기는 하지만 중국 시장에 접근할 수 있는 가장 빠른 길이다.

무엇보다 중국에 진출하기 전에 중국을 제대로 알아야 한다. 우리나라에서 만드는 제품의 대부분은 이미 중국에도 있다. 어설픈 제품을 가지고 중국에 가봐야 고생만 할 뿐이다. 중국을 알기 위해서는 많은 곳을 방문하고 많은 사람을 만나봐야 한다. 또한 모든 것을 우리식으로 접근하는 것은 위험하다. 우리가 판매부터 관리까지 일일이 간섭하면 일이 깨질 가능성이 높다. 일단 중국 파트너가 결정되면 모든 것을 믿고 맡기는 것이 현명하다.

중국 신랑 외국인 신부

그동안 단일 민족이라고 외쳤던 우리나라에서 다문화 가정이 지속적으로 늘어나고 있다. 2018년 우리나라의 다문화 가정의 학생 수가 12만 2천 명으로 전체 학생의 3.4%라고 한다. 우리나라에서 처음 다문화 가정의 학생 수를 조사한 2006년 당시에 5만 명 내외인 것과 비교하면 급격하게 늘어나고 있다는 것을 확인할 수 있다. 나라별로는 베트남 출신 부모의 비율이 29%로 가장 많고 중국, 필리핀순이다. 우리나라에서 다문화 가구가 생겨나기 시작한 것은 1990년대 이후다.

아주 특별한 경우도 있었다. 1989년 12월 22일 올림픽 공원에서 우리나라의 탁구 국가 대표 선수였던 안재형과 중국의 간판 스타 자오즈의 결혼식이 있었다. 이 결혼식은 수교가 되지 않은 적성 국가의 선수들이 이루어낸 사랑의 결실이었기에 세계적인 화제가 되었다. 또한 1992년 한중 수교가 순조롭게 이루어지는 계기를 마련했다. 한중 수교 이후에는 많은 한국 남성과 중국 여성들이 국제결혼을 하는 추세가 이어졌다. 당시에는 경제적인 차이가 가장 큰 요인으로 작용했다.

우리나라의 농촌 총각들은 국내에서 결혼 대상자를 찾기 어려웠기 때문에 외국으로 눈을 돌렸다. 산업화에 따른 필연적인 상황이었다. 1970년대 일본이 그랬고, 1990년대 대한민국이 같은 길을 걸었다. 이미 대한민국에는 필리핀, 태국 등에서 들어와 다문화 가정을 꾸린 세대가 많았다. 한중 수교 이후 가장 쉽게 접근할 수 있었던 나라가 중국이었다.

그렇지만 중국의 경제력이 커지면서 상황은 급반전되고 있다. 요즘에는 한국 여자들과 중국 남자가 결혼하는 경우도 많아졌다. 또한 중국의 농촌에서도 파란 눈을 한 외국 여성들을 심심찮게 발견할 수 있다. 대부분 중앙아시아에서 중국의 농촌 총각들에게 시집온 여성들이다.

우리나라와 같이 중국의 여성들도 농촌의 총각들에게 시집을 가지 않으려는 추세다. 이런 영향 때문에 중국의 농촌에는 나이 지긋한 총각들이 늘어만 가고 있다. 중국의 일부 지역에서는 북한에서 탈출한 여성들을 이런 총각들에게 팔아넘기는 인신매매 조직이 활개를 치고 있다.

중국의 부상이 반갑지 않은 중국인

중국이 부상하는 것은 미국에는 대단히 위협적인 사건이다. 이대로 가면 중국이 미국을 따라잡는 것은 시간문제다. 그래서 트럼프 대통령은 재임 기간 내내 중국 때리기에 몰입했다. 새로 들어선 바이든 정부도 이 여세를 계속 몰아갈 것이 분명하다. 이런 싸움이 전혀 반갑지 않은 이들은 미국 내에서 생활하는 중국인들이다.

중국인들이 미국에 처음 발을 내디딘 것은 1863년 시작된 대륙 횡단 철도의 건설 때문이었다. 당시 미국은 흑인들의 노예 해방으로 인해 노동력이 절대적으로 부족한 상황이었다. 이들을 대체할 인력으로 쿨리라 불리는 중국인 노동자들이 미국으로 들어왔다. 철도 건설에 투입된 중국인 노동자들은 흑인 노예 못지않은 혹독한 노동 조건에서 일해야 했다. 폭파 작업과 같은 위험한 환경에서 일하다 보니 노동자의 1/3이 사망하기도 했다. 그렇지만 값싼 중국인 노동력은 미국 기업들에는 대단한 매력이었다.

1937년 개통된 샌프란시스코의 금문교도 중국인 노동자들의 희생 하에 건설되었다. 중국인들은 이런 고난을 이겨내고 미국에 정착했다. 이런 영향으로 미국의 샌프란시스코에는 세계에서 가장 큰 차이나타운이 만들어져 있다.

중국의 힘이 커질수록 미국인들의 중국에 대한 적개심이 늘고 있다. 미국 내에서 생활하는 중국인들은 이런 상황이 가시방석에 앉은 것처럼 여겨진다. 자신들의 마음속의 고향이라 여기는 중국의 부상이 반갑기는 하지만 그렇다고 이를 반길 수도 없는 입장이다. 주위에서 자신들을 대하는 눈빛이 예전과 같지 않음을 인식하고 있다.

이주 2, 3세대들은 사고방식이 중국과는 거리가 멀다. 이들은 미국에서 태어났고 미국식 교육과 생활 방식에 더 익숙하다. 그럼에도 불구하고 자신들을 중국 편이라 생각하는 이웃들이 야속하기만 하다.

지난번 미국에서 생활하는 대만인 친구와 통화하니 "중국으로 돌아가라."고 저주를 퍼붓는 이웃들이 하나둘씩 늘어난다며 걱정했다. 이들에게는 중국이 세계의 패권국이 되는 것이 그리 중요하지도 달갑지도 않다. 미국과 중국이 세계의 리더 국가로서 서로 협력해서 발전시켜 나가길 바라고 있다.

미국은 적이자 동경의 대상

중국에 최대의 적은 미국이다. 중국 정부는 대놓고 이렇게 말하지 않는다. 그렇지만 내가 만나본 많은 중국인은 확실하게 미국은 자신들의 적이라 표현한다. 그렇다고 미국 문화를 싫어하는 것은 아니다. 중국인들이 가장 많이 이용하는 패스트푸드점은 KFC이고 가장 많이 마시는 음료는 코카콜라다. 작년 상하이에 코스트코가 문을 열었을 때 워낙 많은 인파가 몰려 일찌감치 문을 닫아야 했다. 상하이에 디즈니랜드가 개장했을 때에도 비슷한 상황이 벌어졌다. 중국인들이 가장 좋아하는 영화도 '스파이더맨'이나 '슈퍼맨' 등 미국에서 들여온 영화다. 할리우드에서도 중국인들 기호에 맞게 영화를 각색하기도 한다. 앞에서 설명한 바와 같이 요즘 중국 젊은이들은 스타벅스에서 차 대신 커피를 마시며 시간을 보낸다. 중국 젊은이들에게 있어 미국의 문화는 신세계나 다름없다. 그래서 이에 대한 호기심도 많고 부럽기도 하다.

내가 젊은 시절에 품었던 생각과 비슷하다.

중국에서 돈깨나 있다고 자랑하는 이들의 자녀들은 대부분 외국에서 공부한다. 중국의 고위층 자녀들 역시 마찬가지다. 미국에서 학위를 따면 중국에서 취업하거나 사업할 때 큰 도움이 된다. 중국의 IT 업계 많은 CEO도 미국에서 공부하고 미국 IT 기업에서 근무한 경험을 바탕으로 사업을 키웠다. 그래서 한때 중국의 젊은이들은 미국으로 유학 가는 것을 꿈으로 삼은 적도 있다.

요즘은 어린아이들까지 미국이나 유럽으로 유학을 보내는 것이 유행처럼 되어 버렸다. 미국은 싫지만 삶을 영위하기 위해서는 미국이라는 배경이 큰 도움이 되는 것은 사실이다. 또한 많은 중국인은 기회가 된다면 중국에서 돈을 벌어 미국에서 살고 싶어 한다. 미국에서 누릴 수 있는 많은 것들이 중국에서는 가능하지 않기 때문이다.

21세기는 극동 아시아의 시대

21세기 세계의 중심축은 극동 아시아로 쏠릴 것 같다. 중국이 세계의 패권을 미국과 다투고 3위의 경제 대국인 일본이 건재하다. 또한 세계 10위권의 대한민국이 버티고 있다. 만약 3개국이 합의하고 러시아의 동부 지역까지 연계가 된다면 유럽 연합과 같은 엄청난 극동아시아 경제 협력체가 만들어질 수 있다. 만약 이렇게만 된다면 극동 아시아가 세계 경제를 이끌어가는 견인차 역할을 하게 될 것이다. 그러기 위해서는 서로 양보하고 이해하는 협력 관계가 필수적이다.

무엇보다 일본의 발상 전환이 필요하다. 일본은 대한민국과 중국을 침략한 것에 대해 반성하고 진정한 사과를 해야 한다. 만약 일본의 지도자가 대한민국과 중국에 대해 그들이 저질렀던 만행에 대해 진심으로 사과한다면 일순간에 극동 아시아에 순풍이 불 것이 분명하다. 극동 아시아의 3국이 협력한다면 못 할 게 없다. 또한 16억 명이 넘는 인구가 지닌 엄청난 구매력은 세계에서 가장 큰 시장이 될 것이 분명하다. 만약 정부에서 나서서 하지 못한다면 민간단체와 경제계에서 나서주는 것이 바람직할 것이다. 무엇보다 우리의 마음가짐이 필요하다. 일본은 한반도와 중국을 침략했던 가해자다. 중국은 일본의 침략을 받은 피해자인 동시에 우리를 괴롭혔던 가해자이다. 우린 중국과 일본 모두에게 침략을 받은 피해자다. 그런 면에서 피해 당사자인 우리가 중국과 일본을 거시적인 안목에서 포용할 필요가 있다. 그렇게 함으로써 극동 아시아의 경제와 평화를 주도적으로 펼쳐나갈 바탕을 만들어야 한다.

앞서 설명한 대로 북한의 김정일은 두 차례에 걸쳐 중국을 방문하고 나서 "천지가 개벽했다."는 말로 중국의 경제 발전에 대해 감탄을 했다. 북한은 그때 개방 정책을 시작했어야 했다. 늦은 감이 있지만 이제라도 북한이 개방을 통해 극동 아시아의 일원으로 경제 협력체에 동참했으면 하는 바람이다. 경제 협력을 통해 지속적으로 만나고 교류하면 훗날 통일로 가는 기틀을 마련하지 않을까 생각한다. 만약 우리가 통일을 이룬다면 세계 5위 정도의 경제력을 갖추는 것은 시간문제일 것이다. 꿈같은 이야기지만 전혀 불가능한 일은 아니다. 그날을 기대해 본다.